W0300463

STEFAN SCHOMANN

# Letzte Zuflucht Schanghai

STEFAN SCHOMANN

# Letzte Zuflucht Schanghai

Die Liebesgeschichte
von Robert Reuven Sokal und
Julie Chenchu Yang

HEYNE

FSC
Mix
Produktgruppe aus vorbildlich bewirtschafteten Wäldern und anderen kontrollierten Herkünften

Zert.-Nr. SGS-COC-1940
www.fsc.org
© 1996 Forest Stewardship Council

Verlagsgruppe Random House FSC-DEU-0100
Das für dieses Buch verwendete
FSC-zertifizierte Papier *Munken Premium Cream*
liefert Arctic Paper Munkedals AB, Schweden.

Copyright © 2008 by Wilhelm Heyne Verlag, München,
in der Verlagsgruppe Random House GmbH
Umschlaggestaltung: Hauptmann & Kompanie Werbeagentur, Müchen – Zürich
Umschlagfoto: Privatbesitz Robert und Julie Sokal
Innenillustrationen: Doris Detre
Lektorat: Berrit Barlet
Layout/Herstellung: Udo Brenner
Satz: Leingärtner, Nabburg
Druck und Bindung: GGP Media GmbH, Pößneck
Printed in Germany 2008
ISBN 978-3-453-15260-1

www.heyne.de

# Inhalt

# Prolog

Wenn den Bewohnern von Ningpo etwas ausgesprochen Seltenes und Kostbares begegnet, eine kapitale Rarität, dann nennen sie das einen »großen gelben Fisch«. Gemeint ist ein begehrter und entsprechend teurer Vertreter aus der Familie der Adlerfische. Zwar gehen gewöhnliche Exemplare davon den Fischern ab und zu ins Netz, ein wirkliches Prachtstück aber zappelt nur selten darin.

Die Liebesgeschichte zwischen Julie Chenchu Yang, Tochter einer angesehenen Familie aus Ningpo, und Robert Reuven Sokal, einem jungen jüdischen Flüchtling aus Wien, ist so ein großer gelber Fisch. Ein faszinierender Einzelfall, eine Romanze gegen alle Wahrscheinlichkeit und Erfahrung. Nicht von ungefähr ereignet sie sich mitten im 20. Jahrhundert, zu einer Zeit, in der das Unerhörte vorherrscht, und in einer fernen Stadt, in der Ausnahmen die Regel sind: in Schanghai. Rund 18 000 jüdische Emigranten, vorwiegend aus Deutschland und Österreich, finden dort Ende der Dreißigerjahre Zuflucht. Sie haben sich diesen Ort nicht ausgesucht; er wäre wohl sogar die letzte Wahl für sie gewesen, wenn sie denn eine gehabt hätten. Ein Moloch am anderen Ende der Welt, Gangsterstadt und Sündenpfuhl, geprägt von einem mörderischen Klima und einer kaum begreiflichen Kultur. Ein Ort auch, an dem bereits Krieg herrscht. Aber als sich nach dem so genannten Anschluss Österreichs und den Novemberpogromen beinah alle in Frage kommenden Staaten hinter bürokratischen Barrikaden verschanzen, bleibt als letzter Ausweg nur die ferne Hafenstadt im Jangtse-Delta. Zu viele und zu verschiedene Mächte rivalisieren dort um die Vorherrschaft, so dass es keine Zentralgewalt gibt, die ein Visum verlangt. Eine Laune der Geschichte: Hätten stattdessen Panama oder Dschibuti freie Einreise gewährt, so wären die Flüchtlinge eben dort gestrandet. Kaum einer von ihnen hatte sich bis dahin je mit China befasst. Und selbst während ihres fast zehn Jahre währenden Zwangsaufenthalts bleibt der Kontakt auf das Nötigste beschränkt. Bestenfalls kommt es zum Austausch von Missverständnissen. Chinas wahre Mauer, die Sprache, zu überwinden gelingt nur wenigen. Viele essen nicht ein einziges Mal chinesisch und pflegen mit den Einheimischen kaum Umgang. Geschweige denn, dass sie sich in einen oder eine von ihnen verlieben. Von den 18000 heiraten vielleicht zehn einen chinesischen Partner. Während heute kaum ein westlicher Junggeselle in Schanghai lange allein bleibt, scheint eine solche Verbindung für die mittellosen, verstörten, sich in diesem Provisorium nur widerwillig einrichtenden Emigranten schlicht abwegig. Eine flüchtige Liebschaft vielleicht, ein Techtelmechtel mit einer Tänzerin aus einem Nachtklub, das mag gelegentlich vorkommen. Doch an eine ernsthafte Verbindung, eine Ehe gar mit einer Asiatin, einem Asiaten, daran ist kaum zu denken.

Robert Sokal wagt es gleichwohl. Der aufstrebende, wissbegierige Biologiestudent verliebt sich an der Universität in eine hübsche junge Chinesin. Eine tastende, unverhoffte und kuriose Romanze nimmt ihren Lauf. Sehr zum Unbehagen beider Familien, die darin, gelinde gesagt, nur eine Mesalliance sehen können. Julies Eltern fürchten, ihre Tochter an einen »Bettelstudenten« und »Barbaren« zu verlieren; Roberts Eltern erscheint seine Verbindung mit einer »Asiatin« als skandalöser Irrweg. Doch hartnäckig halten beide aneinander fest, an ihrer stillen, stolzen, ja verwegenen Liebe, die ihnen wohl niemand aus ihrer Umgebung zugetraut hat. Es ist, rein äußerlich betrachtet, keine leidenschaftliche Liebesgeschichte, was auch an den asiatischen

Gepflogenheiten, der jugendlichen Scheu und am nüchternen Naturell der beiden angehenden Naturwissenschaftler liegen mag. Die Umstände aber lassen ihre Liebe dennoch zum Abenteuer werden, und trotz dieser Umstände, den gewaltsamen, weltumspannenden Umwälzungen jener Zeit, wird sie ein Leben lang halten. Obwohl die beiden erst um die zwanzig sind, als sie einander kennenlernen, haben sie zu diesem Zeitpunkt schon so viel erlebt, dass es für ein ganzes Menschenleben reichen würde. So ist ihre Geschichte zugleich die zweier Familien, zweier Kulturen, zweier Kontinente.

Die aus Europa emigrierte Flüchtlingsfamilie fühlt sich in Schanghai entwurzelt. Robert aber findet Halt in der Welt der Bücher: Lernen, Wissen, Forschen – das spielt in seinem Fall eine existenzielle Rolle. Zu Hause in Wien ein eher unauffälliger Schüler, kommt seine Hochbegabung nun in China zum Vorschein. Die Welt ist aus den Fugen, doch solange er herausragende Leistungen erbringt, bleiben ihm die ärgsten Zumutungen erspart. Wissenschaft wird zur Ersatzheimat. Schanghai 1943, das scheint freilich kein geeignetes Sprungbrett für eine Forscherkarriere zu sein. Die Universitäten sind von der westlichen Welt völlig, aber auch vom übrigen China weitgehend abgeschnitten. Und doch entwickelt Robert Sokal sich schließlich zu einem der bedeutendsten Biologen der Gegenwart. Einer der raren Vertreter seiner Zunft, die wissenschaftliches Neuland erschlossen haben – wohl gerade weil er von Beginn an zu selbstständigem Denken gezwungen war. So lässt sich seine Geschichte auch als eine Hommage an den Typus des Autodidakten lesen, als eine Fallstudie über die Wonnen der Wissbegier.

Schanghai bildet schon damals einen *Hot Spot* kultureller Vielfalt und einen Knotenpunkt globaler Handelsströme. Erst recht in diesen wilden, wütenden Dreißigerjahren, als es sich so kosmopolitisch darstellt wie kaum eine zweite Stadt der Erde: ein Sammelsurium von Menschen verschiedenster Nation und Herkunft, ein dreckiges Weltwunder. Protzig und halbseiden, abgefeimt und kannibalisch, lasterhaft und seelenlos. Seine Wolkenkratzer ragen höher auf als in Europa, seine Banken zählen zu den größten der Welt, und seine Pferderennen, sein Symphonieorchester oder seine Grand Hotels brauchen keinen Vergleich mit ihren westlichen Pendants zu scheuen. In der gleichen Stadt aber leben eine Million chinesischer Flüchtlinge, krepieren jährlich Tausende auf den Straßen, und ein Viertel aller Kinder stirbt noch im Säuglingsalter. *The Shanghai mind* – dieser schillernde Begriff bezeichnet ein geschärftes Bewusstsein jenseits von Gut und Böse. Recht oder Unrecht, Wahrheit oder Lüge, derlei moralische Währungen besitzen hier keine Gültigkeit. Und doch findet sich Unschuld inmitten aller Liederlichkeit, gewährt diese Stadt Asyl noch mitten im Kampf.

Schanghai, diese Weltstadt wider Willen, wirkt wie ein Prisma, das die Konflikte der Zeit anders bricht, als wir sie zu sehen gewohnt sind. Wie ein Logenplatz liegt sie inmitten der pazifischen Kriegsarena. Das ganze Ausmaß der Zeitenwende, die sich damals in Ostasien vollzogen hat, wird uns wohl erst heute bewusst.

Wie anders, wie viel solider und gemütlicher, scheint dagegen das Wien der Dreißigerjahre, die glorreiche Kapitale der ehemaligen Donaumonarchie, eine über Jahrhunderte gewachsene und gefestigte Kulturstadt im Herzen Europas. Und doch war auch diese Welt dem Untergang geweiht. Hier nimmt unsere Geschichte ihren Anfang.

# I

# ALTE WELT

*Lesen ist die höchste aller Freuden. Nur über Geschichte zu lesen, stimmt uns eher zornig als vergnügt. Man möchte schier wahnsinnig werden, wenn man etwa liest, wie ein guter Mann erschossen wird oder wie eine Regierung in die Hände von Eunuchen und Diktatoren fällt. Aber indem wir diese Verzweiflung empfinden, verspüren wir zugleich eine ästhetische Wirkung.*

LIN YÜ-TANG
(chinesischer Schriftsteller, 1895–1976)

# Die Sokal'schen Farben

Es war niemand zu Hause, nur ich. Die Glocke läutete – ich hielt den Atem an und spähte durchs Guckloch. Es kamen öfter SA-Leute, um die Mietsparteien zu kontrollieren. Doch es stand nur ein Bettler vor der Tür, und so öffnete ich nicht, sondern schlich zurück ins Zimmer. Da läutete es abermals, und ich äugte noch einmal nach draußen. Irgendetwas stimmte nicht mit dieser Gestalt. Und plötzlich wurde mir klar, dass das mein Vater war. Kahl geschoren, ohne Brille, übel zugerichtet. Mehrere Zähne waren ihm ausgeschlagen worden, er wirkte ganz verwahrlost und versehrt, und ein zerlumpter Mantel umhüllte ihn bis zu den Knöcheln. Wer weiß, wo er den herhatte; er war ja schon im Sommer inhaftiert worden. Natürlich ließ ich ihn nun sofort herein, aber was sich danach zwischen uns abspielte, daran kann ich mich kaum mehr erinnern. Doch ich sehe mich noch heute durch das Guckloch spähen.

Sokal ist eine seltene Variante von Sokol. In beiden Fällen handelt es sich um dasselbe Tier, einen Falken nämlich. So heißt er in den meisten slawischen Sprachen. Es gibt auch eine gleichnamige Kleinstadt, keine hundert Kilometer nördlich von Lemberg. Von dort müssen die Vorfahren dieser Leute zu Beginn des 19. Jahrhunderts nach Lemberg gezogen sein. Die meisten Sokals sind Juden.

Mein Vater, Siegfried Sokal, wurde 1892 in Lemberg als zweites von vier Kindern geboren: Ludwig, Siegfried, Cornel und schließlich Rela, das war der Kosename für Aurelia. In den meisten jüdischen Familien findet sich bekanntlich ein Rabbiner unter den Vorfahren, so wie jeder russische Emigrant mindestens einen Großfürsten zum Onkel hat. Wir aber haben ausschließlich Farbenhändler hervorgebracht. Bereits der Vater meines Vaters, ja sogar schon dessen Vater, war in derselben Branche gewesen, ebenso wie später sein Bruder Cornel, wenngleich der keine glückliche Hand damit hatte. Mit vierzehn lief mein Vater von zu Hause fort, heimlich unterstützt von seiner Großmutter, die ihm ein Zweiguldenstück in den Strumpf steckte. In Wien fand er eine Anstellung in einer Farbenhandlung und legte dort auch seine Gesellenprüfung ab.

1910 wurde er in die k. u. k.-Armee eingezogen. Gerade als er seine Pflichtjahre abgeleistet hatte, brach der Krieg aus, so dass er im Ganzen gut sieben Jahre Soldat war, zum Schluss als Zahlmeister seiner Kompanie. Er diente an der italienischen Front und überstand dort die Isonzoschlachten. Er war ein treuer Patriot, wenngleich nicht unbedingt ein Monarchist. Den Kaiser aber liebte er, wie fast alle österreichischen Juden. In späteren Jahren wählte er dann sozialdemokratisch. Als er aus dem Krieg nach Wien zurückkam, erlangte er seinen Meisterbrief und eröffnete schließlich ein Geschäft im X. Bezirk, in Favoriten: *Farben-Sokal* am Antonsplatz.

Meine Mutter, Klara Rathner, wurde 1893 geboren. Sie wuchs im galizischen Jablonow auf, einem kleinen Ort in der Nähe von Kolomea, wo ihr Vater Isidor der Direktor einer Baron-Hirsch-Schule war. Dieser jüdische Baron hatte seinen Reichtum dem Bau etlicher Eisenbahnlinien zu verdanken, darunter dem Orient-Express. Die von ihm gegründeten Schulen sollten dazu beitragen, die jüdische Bevölkerung der weniger entwickelten Landstriche zu assimilierten Bürgern zu erziehen. Infolgedessen war Jiddisch dort verboten, die Kinder sollten die jeweilige Landessprache lernen. Obwohl Isidor eigentlich Isaak hieß und natürlich Jiddisch sprach, sowohl seines Umfelds wegen als auch, um sich mit den Eltern der Schüler zu verständigen, war es in seinem Hause verpönt. Weshalb es dann auch bei uns nie gesprochen wurde. Als ich mich später in Schanghai mehr ins Jiddische vertiefte, missfiel das meiner Mutter sehr. Für sie war das ein Jargon. Das wenige Jiddisch, das ich kann, habe ich also ausgerechnet in China erlernt.

Isidor und seine Frau Jeanette hatten ebenfalls vier Kinder: Manja, Frieda, Klara und Salo. Jedes von ihnen war an einem anderen Ort zur Welt gekommen, jeweils nach einer weiteren Beförderung des Vaters. Denn es gab etliche solcher Baron-Hirsch-Schulen in der Donaumonarchie, und Isidor wurde alle paar Jahre versetzt. Bis der russische Einfall in Galizien die Familie 1917 nach Wien vertrieb. Aus Angst vor den Russen legten sie fast die gesamte Strecke, also annähernd tausend Kilometer, zu Fuß zurück. Anfangs hatten sie sich noch auf einem Hügel bei Jablonow im Wald versteckt. Doch als sie ihr Städtchen in Flammen aufgehen sahen, wussten sie, dass es kein Zurück mehr gab.

Beamte galten in dieser Familie als das männliche Ideal. Für seine erste Tochter, Manja, hatte der Vater einen Bahnbeamten als Bräutigam auserkoren, einen Ingenieur Ölberg, der dann in den Dreißigerjahren Bahnhofsvorsteher von Kolomea wurde. Für die zweite, Frieda, den angehenden Juristen Lonio Lagstein. Nur meine Mutter fiel aus dem Rahmen. Es hatte wohl etliche Kandidaten gegeben, sogar einen Verlobten, aber daraus war nichts geworden. Sie war schon Ende zwanzig, als sie, auf Vermittlung einer gemeinsamen Freundin hin, meinen Vater kennenlernte, den sie 1922 heiratete. Einen Kaufmann! Das war höchst problematisch für die Familie. Doch von den vier Geschwistern erging es ihr nachher am besten, zumindest, so lange noch normale Verhältnisse bestanden.

In ihren ersten Wiener Jahren arbeitete sie als Bürokraft bei der Phönix-Versicherung. Etliche ihrer Verwandten hatten dort Posten inne, so auch ihr Schwager Lonio, der später sogar meinen Vater dazu brachte, eine Lebensversicherung bei der Phönix abzuschließen. Er hieß eigentlich Samuel, auf Hebräisch Schmuel, auf Jiddisch Schmil, und dann kam noch als polnische Koseform die Endung *-onio* dran, Schmilonio. Woraus schließlich Lonio wurde. Kaum jemand aus unserer Familie wurde im Übrigen so gerufen, wie es in den Papieren stand: Meine Cousine Felicia firmierte als Fela, Manja stand für Amalia, und Onkel Salo hieß eigentlich Alexander.

Nach ihrer Heirat führte meine Mutter das gepflegte Leben einer Wiener Dame. Sie war als Kind blond gewesen, später mit Hilfe von

Wasserstoffperoxyd, und sie hörte es gerne, wenn man sie mit einem Filmstar verglich. Sie ging viel ins Kaffeehaus, besuchte Theater, Operette und Volksoper, und als sie einmal in der Gesellschaftsspalte der Zeitung erwähnt wurde, wenn auch an letzter Stelle, da glaubte sie, es geschafft zu haben:

> »Der Jägerball war ein Stelldichein der schönsten Frauen und Mädchen, und der Saal bot mit seinem immergrünen Kleide ein berauschendes Bild. Die Logen waren besetzt mit hohen gesellschaftlichen Persönlichkeiten. Man sah Frau Bundeskanzler in weißem Satin, ferner Prinzessin Elvira von Bayern in perlenbestickter Toilette, Gräfin Waldberg in Schwarz. Die Gemahlin des Schweizer Gesandten kam in fließender Seide, ihr Töchterchen dagegen als echte Aargauerin. Die Damen Frau Kommerzialrat Köckeis, Sortriades, Klara Sokal erschienen in eleganten blauen Dirndln.«

Ich kam am 13. Januar 1926 zur Welt, als erstes und einziges Kind. In unseren Kreisen waren Einzelkinder damals die Regel. In jenen Jahren wohnten wir noch in der Nähe des Geschäfts, wo der Vater mittlerweile auch eine Farbenerzeugung aufgebaut hatte; Fabrik wäre ein zu hoch gegriffenes Wort dafür. Aus dem einen Geschäft wurden bald zwei und schließlich drei: eines am Antonsplatz, eines in der nahen Inzersdorfer Straße und das dritte in der Erdbergstraße im III. Bezirk, zwischen Donaukanal und Schlachthof. Jedes Geschäft hatte einen Lehrling und einen Gesellen, insgesamt beschäftigte *Farben-Sokal* ein Dutzend Mitarbeiter. Wie das Stammhaus, so lagen auch die Filialen in klassischen Arbeiterbezirken, da dort die Maler und Anstreicher wohnten. Zudem renovierte die Arbeiterschaft ihre Wohnungen eigenhändig, während Leute aus bürgerlichen Kreisen einen Handwerker damit beauftragten. Die Sokal'schen Farben waren von hoher Qualität, mein Vater hatte zahlreiche Stammkunden. Er fand an seiner Arbeit sehr viel Freude, ganz abgesehen davon, dass sie auch finanziell einträglich war.

So ein Geschäft war damals zugleich eine halbe Drogerie. Da gab es Pinsel, Besen und Bürsten zu kaufen, aber auch Putzmittel, Parfums und feine Seifen. Wandfarben, Öllacke und Beizen standen chromatisch geordnet in großen Stellagen. Bei der Arbeit trug der Vater immer einen Kittel über dem Anzug. Die Mutter schickte ihm öfter jüdische Freundinnen vorbei, doch wenn er dann nach Hause kam, beklagte er sich meist, dass sich mit denen kein Geschäft machen ließe. Er stellte auch nur ein einziges Mal einen jüdischen Lehrbuben ein, mit dem es jedoch prompt Probleme gab. Mein Vater war sicher kein Antisemit, aber in dieser Hinsicht hegte er gewisse Vorbehalte. Er selbst nahm nie einen Pinsel in die Hand; wenn es bei uns etwas anzustreichen gab, beauftragte er einen seiner Kunden oder einen Angestellten damit.

Mein Vater war knapp 1,70 Meter groß und vollschlank, hatte ein rundes Gesicht und trug eine Brille. Sein Haar war in jüngeren Jahren schwarz und mit Hilfe von Brillantine, die er natürlich auch in seinen Läden führte, nach hinten gekämmt. Auf manchen Fotos zeigt er fast asiatische Züge. Auch ein Porträt seines Vaters lässt einen tatarischen Einschlag erkennen. Es dürfte also irgendwann ein Eurasier am Stammbaum der Sokals mitgewirkt haben.

Die Mutter war etwas kleiner als der Vater. Sie nannte ihn Fritz, er sie Klara oder Klärchen, und mich riefen sie Berti. Bis zu meinem achten Lebensjahr schlief ich in einem großen Gitterbett aus Messing. Schon als ich klein war, pflegte sich Großmutter Jeanette, die Direktorengattin, zu mir an diesen goldenen Käfig zu setzen und lange Gedichte von Schiller und Goethe auswendig zu rezitieren. *Das Lied von der Glocke*, den *Ring des Polykrates*, den *Zauberlehrling*. Sie hatte einen leichten östlichen Akzent. Ein Sprachforscher hätte wohl auch bei ihrer Tochter Klara noch einen anderen Zungenschlag herausgehört; die Muttersprache der Kinder war vermutlich Polnisch gewesen. Gelegentlich unterhielten sich meine Eltern auch untereinander auf Polnisch, obwohl mein Vater das sehr ungern tat. Sie benutzten es nur dann, wenn sie nicht wollten, dass ich etwas verstünde – weshalb ich bis heute ein paar Hundert Worte Polnisch kann. Mein Vater sprach und schrieb noch fließender deutsch als meine Mutter, überaus korrekt und orthographisch fehlerfrei.

Durch den Zustrom der Flüchtlinge war die jüdische Bevölkerung Wiens damals auf über 200 000 angewachsen; in den Zwanzigerjahren ging ihre Zahl wieder etwas zurück. Grob gerechnet war jeder zehnte Wiener ein Jude. Auch die Eltern meines Vaters waren noch während des Ersten Weltkriegs nach Wien geflohen. Mein Großvater hieß Rubin Sokal; ihm zum Gedenken wurde ich Robert genannt, der deutschen Entsprechung dazu. Später habe ich noch das hebräische Äquivalent Reuven als zweiten Vornamen angenommen.Die Großmutter hieß zufällig genauso wie meine spätere Frau, Julie Sokal. Während ich beide Großmütter noch in lebhafter Erinnerung habe, waren die Großväter schon vor meiner Geburt gestorben.

Als ich vier Jahre alt war, bestand die Mutter darauf, in einen besseren Bezirk umzusiedeln. Von da an wohnten wir auf der Wieden, in einem umgebauten Südbahnhotel in der Favoritenstraße. Als ich das Haus das erste Mal sah, war es funkelnd erleuchtet und machte mit dem Aufzug, der Portiersloge, dem Teppich und den Palmenkübeln in der Eingangshalle einen fast mondänen Eindruck. Wir bezogen eine geräumige Wohnung im Mezzanin. Während ich in der Regel in meinem Zimmer aß, wurden gute Freunde und Verwandte im Speisezimmer bewirtet. Uns weniger nahestehende Gäste wurden ins Herrenzimmer gebeten. Der Salon war für heutige Begriffe ein beinah nutzloser Raum. Die vergoldeten Barockmöbel waren abgedeckt und wurden nur zu besonderen Anlässen gelüftet. Am Plafond hingen kristallene Lüster, an den Wänden verschnörkelte Armleuchter. Daneben gab es noch drei Kabinette: die Schlafzimmer für die Eltern, für mich und für das Dienstmädchen. Hinzu kamen ein Badezimmer, ein Klosett, eine Küche, ein Vorzimmer mit Antiquitäten sowie ein langer Gang, auf dem ich manchmal Fußball spielte. Wie Tausende anderer jüdischer Mütter auch träumte meine davon, dass ich Arzt werden sollte. Ich würde dann die Wohnung übernehmen und darin zugleich meine Praxis einrichten, während sie sich eine kleinere Unterkunft in der Nähe besorgen wollten.

Sie war auch der unerschütterlichen Überzeugung, ich sei meinem Alter voraus. Deshalb lag ihr daran, mich möglichst früh auf die Schule zu schicken; nicht umsonst kam sie selbst aus einem Direktorenhaus. Als Jännerkind musste ich eine besondere Aufnahmeprüfung ablegen, um vorzeitig eingeschult werden zu können. Der Schulrat gab mir ein paar elementare Rechenaufgaben zu lösen und stellte so heikle Fragen wie »Welche Farbe hat das Gras?«. Ich bestand die Prüfung glänzend. Die Volksschule verlief dann ohne nennenswerte Ereignisse. Bis auf den ersten Tag, an dem die Mutter und das Dienstmädchen mich eskortierten und ich prompt Reißaus nahm. In heller Aufregung wandte die Mutter sich schließlich an einen Polizisten. Der fing mich auch tatsächlich ein und drohte, mich zu arretieren, falls ich noch einmal davonliefe. So fügte ich mich denn, und seither habe ich nie wieder die Schule geschwänzt.

Ich konnte überhaupt ein ziemlich aufsässiger Bub sein. Wenn mir etwas nicht passte, sperrte ich mich ins Klosett ein. So dass der Vater eines Tages den Schlosser holen und die Tür so umbauen ließ, dass man den Hebel auch von außen umlegen konnte. Ansonsten war er gutherzig und schlug mich nur ein einziges Mal, als ich im Trotz eine Uhr beschädigt hatte. Zu Uhren pflegte er ein fast obsessives Verhältnis, er war überhaupt sehr genau und präzis. So trug er stets zwei Taschenuhren bei sich, um die Zeit vergleichen zu können – es hätte ja eine um eine Minute nachgehen können. Er schwor sein Leben lang auf Omega, meine Mutter ließ er aber auch eine Schaffhausen tragen.

Von ihr bekam ich dagegen öfter »Petsch«, wie das bei uns zu Hause auf Jiddisch hieß. Meist auch nicht unverdient. Doch einmal, als ich sechs Jahre alt war, widerfuhr mir schreiendes Unrecht. Da spielte ich im nahen Draschepark. Die Gouvernante tratschte mit einer Freundin und beachtete mich nicht. Es gab dort einen Automaten, wo man Vogelfutter kaufen konnte. Ich hatte ein Portemonnaie voller Kleingeld dabei, alles in allem vielleicht zwei Schillinge. Zuerst wollte ich einfach nur die Tauben füttern, warf zehn Groschen ein, schüttete das Futter auf den Boden, und die Tauben machten sich auch sehr erfreut darüber her. Dann kaufte ich ein weiteres Päckchen und begann mich mehr und mehr für diese Maschine zu interessieren. Was würde geschehen, wenn ich zwei Geldstücke hintereinander einwürfe? Würde ich eines zurückbekommen oder gleich zwei Päckchen erhalten? Also warf ich zwanzig Groschen ein und probierte danach noch alle möglichen Kombinationen aus. Zum Schluss hatte ich keine Münzen mehr, dafür einen ganzen Stoß Vogelfutter.

Das war mein erster Schritt in die Wissenschaft. Ich hatte ein Experiment angestellt: Wie würde dieses System sich verhalten? Zu Hause aber herrschte blankes Entsetzen über meine Handlungsweise, und sie wurde auch in der ganzen Verwandtschaft erörtert. Ich war ein Verschwender, ein Spieler! Sie hätten es noch verstanden, wenn ich mir Schokolade gekauft hätte. Aber Vogelfutter! Hinzu kam, dass man mit Geld grundsätzlich nicht spielte. Besonders mein Vater war ein erklärter Gegner des Glücksspiels. Zum einen, weil sein Vater ein großer Kartenspieler gewesen war, weshalb das Geschäft in Lemberg wohl auch nie sonderlich gut ging. Zum anderen hatte er selbst als Lehrling einmal seine Ersparnisse beim Spiel verloren, was ihm dann wahrhaftig eine Lehre war. Meine Mutter traf sich gern mit Freundinnen zum Rummy, und obwohl sie dabei nie um Geld spielten, sondern lediglich zum Zeitvertreib, sah mein Vater selbst das höchst ungern.

Er war ein ausgezeichneter Arithmetiker und konnte rasch im Kopf rechnen, das rührte noch von seiner Zeit als Zahlmeister beim Militär her. Einmal steigerte ich mich in eine Krise hinein, weil der Lehrer am nächsten Tag das große Einmaleins prüfen wollte. Vor lauter Panik weinte ich sogar. Erst bearbeiteten mich die Mutter und das Stubenmädchen, und sowie der Vater nach Hause kam, schickten sie ihn zu mir. Nicht einmal sein Nachtmahl bekam er zuvor. Am goldenen Gitterbett trichterte er mir dann die Multiplikationstabellen ein. Am nächsten Tag fragte der Lehrer nur: »Wie viel ist neun mal sieben?« Mehr geschah nicht, und ich habe auch nicht versagt.

Wir besaßen ein Grammophon und allerhand Opernplatten, vor allem Verdi und Rossini. Aus einem Nagel und einem Fleischbrett hatte ich mir außerdem einen eigenen Phonographen angefertigt, auf dem ich munter Schellackplatten drehte. Einige Arien konnte ich mitsingen: *Oh, wie so trügerisch sind Weiberherzen!* Und schon dachte meine Mutter, ich sei eines dieser jüdischen Musikgenies, ein zweiter Rubinstein. Sie schaffte einen eleganten Flügel von Lauberger & Gloss an, aus Nussbaumholz gefertigt und mit einer Wiener Mechanik versehen. Ich musste Klavierstunden nehmen, doch schon nach wenigen Wochen streikte ich und ließ mich weder durch gutes Zureden noch durch Einschüchterungsversuche dazu bewegen, meine pianistische Laufbahn wieder aufzunehmen. Danach wurde auf dem Flügel kaum je wieder gespielt, er schmückte nur fortan das Herrenzimmer.

Bald nach dem Umzug in die Favoritenstraße kauften meine Eltern das erste Radio, und später bekam ich sogar einen eigenen Empfänger. Dieser sogenannte Detektorapparat stand am Kopfende meines Bettes und war technisch kaum ausgereifter als mein Phonograph. Er bestand aus einer mit Kupferdraht umwickelten Spule, einem Quarzkristall und einem dünnen Draht, fast so fein wie das Schnurrbarthaar einer Katze. Brachte man ihn mit dem Kristall in Berührung, konnte man in den Kopfhörern mit etwas Glück der Stimme von Radio Wien lauschen.

Im IV. Bezirk gab es etliche Stadtpalais aus der Zeit Maria Theresias, doch die Mehrzahl der Leute kam aus bürgerlichen Verhältnissen. Ich kannte zum Beispiel niemanden, der einen Wagen hatte. Als in der Sommerfrische einmal der Vater eines Mitschülers mit dem Auto vorfuhr, war das ein großes Ereignis. Alles in allem unterschied sich meine Kindheit kaum von der nichtjüdischer Bürgerkinder. Wir fühlten uns selbstverständlich als Österreicher, besonders mein Vater, nachdem er dem Staat sieben Jahre lang treu gedient hatte. Religiös waren wir nicht sonderlich, damals schon gar nicht. Meine Eltern gingen einmal im Jahr in die Synagoge: zum Versöhnungsfest, dem Jom Kippur. Tante Frieda und Onkel Lonio waren etwas frommer als wir, weshalb wir die Feiertage gewöhnlich bei ihnen verbrachten. Da Religion Pflichtfach war, nahm ich am mosaischen Unterricht teil und besuchte auch öfter die Synagoge in der Humboldtgasse, ohne dass dies tiefere Spuren hinterlassen hätte.

Die Sommer verbrachte ich in privaten Kinderheimen. Einmal waren wir in einem Schlössel in Reichenau am Semmering untergebracht. Der Heimleiter hieß sinnigerweise Grünwald, das Palais lag im idyllischen Höllental. Als Teil eines bunten Abends führten wir im dortigen Filmtheater ein Schattenspiel auf. Es handelte von einem menschenfressenden Fürsten im Fernen Osten, der zu guter Letzt unschädlich gemacht werden konnte. Ich gab den Erzähler und hatte unter anderem folgendes Couplet zu singen:

*In dem Lande der Chinesen*
*Bin ich gar noch nie gewesen.*
*Erstens ist der Weg zu weit*
*Und zweitens hab ich keine Zeit.*

Das war mein erster Kontakt mit China.

# Das kaiserliche Schwert

Chenchu bedeutet Perle, kostbare Perle sogar. Ein naheliegender Name in der amphibischen Landschaft der Yung-Mündung mit ihrem Labyrinth aus Flüssen, Seen und Kanälen und einer alteingesessenen Perlenindustrie. Dort kam ich am 10. Juni 1924 zur Welt. Zumindest glaubte ich das fünfzig Jahre lang, bis ich mit Robert eines Abends in einem zweitklassigen China-Restaurant in Michigan saß. Dort hing eine Tabelle, welche die chinesischen Mondjahre den um ein paar Wochen verschobenen Sonnenjahren des westlichen Kalenders gegenüberstellte. Da erst kamen wir dahinter, dass ich, in einem Jahr des Schweins geboren, eindeutig dem Jahrgang 1923 angehöre. Das Ganze lässt sich nur durch meine jugendliche Aufgeregtheit erklären, die damals, als ich die für unsere Heirat erforderlichen Papiere beibringen und dafür auch mein Geburtsdatum umrechnen musste, von mir Besitz ergriffen hatte. So dass ausgerechnet ich, zu deren Stärken Mathematik immer gezählt hatte, mich um ein Jahr zu meinen Gunsten irrte.

Ich stamme aus Ningpo, einer von Wasser umgebenen, von Wasser durchdrungenen und dank des Wassers florierenden Stadt. Ihr Name bedeutet »besänftigte Wellen«. Als sie ihn im 14. Jahrhundert von Kaiser Tschu Yün-Tschang, dem Begründer der Ming-Dynastie, erhielt, war es bereits ihr dritter oder vierter Name. Die früheren hatten sich nicht bewährt, die Stadt war mehrfach vom Wasser fortgeschwemmt worden. Mal war es als Taifun vom Himmel gekommen, mal als Hochwasser aus den Flüssen, mal als Springflut vom Meer her. Tatsächlich zeigte das kaiserliche Machtwort Wirkung, und Ningpo blieb fortan von katastrophischen Fluten verschont. Was aber vor allem auf kluge Entwässerungsmaßnahmen zurückzuführen war: Ausgebaute Altarme und künstliche Seen stellten der Flut eine Falle, Dämme leiteten sie in die Irre, und ein Netz aus mit Schleusen versehenen Kanälen regulierte den Wasserstand und den Verkehr.

Von den südchinesischen Bergen her durchströmt der Fenghua Tschiang goldbraun und träge das Schwemmland, bis von Westen her ein zweiter, etwas klarerer und hellerer Fluss, der Yüyao Tschiang, im rechten Winkel einmündet. Eine Weile lang treten beide auf der Stelle, und das Wasser dreht sich kräuselnd um sich selbst. Vielleicht war es dieses Patt, das die Einheimischen bewog, das Ergebnis der Fusion mit einem neuen, dritten Namen zu bezeichnen: Yung Tschiang. Direkt unterhalb der Einmündung lag der Hafen, der sowohl für die Binnen- wie für die Hochseeschifffahrt große Bedeutung besaß. Zwanzig Kilometer weiter mündet der Yung Tschiang dann ins Meer. Bereits zu Zeiten Tschu Yün-Tschangs kreuzten 8000 Dschunken und Fischerboote in den küstennahen Gewässern. Zugleich diente Ningpo als eine der wenigen Pforten Chinas zur Welt. Schon im 7. Jahrhundert landeten arabische Seefahrer hier an, und dort, wo in meiner Kindheit die Moschee stand, soll es bereits vor tausend Jahren eine gegeben haben. Bis Mitte des 17. Jahrhunderts wurde aller Güterverkehr mit Japan ausschließlich über Ningpo abgewickelt, das dem Inselreich von allen Häfen am nächsten lag. Alle paar Jahre lief ein Konvoi seiner großen, gravitätischen Handelsschiffe in die Mündung des Yung Tschiang ein. Sie brachten Silber, Perlen, Lackwaren und Schwefel und segelten dann beladen mit Tee, Holz, Seide, Büchern und Jade wieder nach Japan zurück.

Schiffe aus Ningpo nahmen an den kaiserlichen Expeditionen nach Südostasien und in die »westlichen Meere« teil, nach Indien und sogar bis nach Sansibar. In den Häfen des ostchinesischen

Meeres waren die mit Kulleraugen und Phönixfiguren verzierten Ningpo-Dschunken ein vertrauter Anblick. Sie trugen Namen wie *Glückliche Meerfahrt, Unbesiegbare Stärke* oder *Ewige Tugend.* Diese Schiffe kannten weder Kiel noch Ballast und segelten doch bis hinauf nach Korea und hinunter nach Taiwan, ja, später kreuzten sie sogar in San Francisco auf.

Umgekehrt errichteten portugiesische Händler bereits im frühen 16. Jahrhundert einen Stützpunkt in Ningpo. Kurz darauf segelten Holländer von Taiwan herüber und versorgten bald halb Europa mit Porzellan, Seide und Chinoiserien. Mitte des 19. Jahrhunderts erhielt Ningpo dann wider Willen noch internationaleres Gepräge: Während des ersten Opiumkrieges besetzten englische Truppen die Stadt, und in der Folge wurde sie zusammen mit Kanton, Amoy, Futschou und Schanghai als Freihafen für ausländische Mächte geöffnet. Neben Engländern und Japanern richteten bald auch Franzosen, Dänen und Russen Stützpunkte ein. Auch Kaufleute aus deutschen Hansestädten ließen sich den lukrativen Chinahandel nicht entgehen.

In meiner Kindheit lebten jedoch nur mehr rund sechzig Ausländer in der Stadt, nachdem Schanghai uns weitgehend das Wasser abgegraben hatte. Die Fremden siedelten sich in der »Internationalen Niederlassung« am Westufer des Yung Tschiang an. Ihre Uferzeile nannten sie »Bund« (sprich: Band) – ein Wort indischen Ursprungs, wie etwa auch Bungalow, das mit den Engländern zu uns kam. Der Bund von Ningpo war der erste und anfangs bedeutendste in China, während sein Pendant in Schanghai erst Jahrzehnte später zu erstrahlen begann. Tresorartige Bankgebäude, stattliche Villen, klobige Speicher, neugotische Kirchen und das ehrwürdige Telegrafenamt reihten sich zu einer kolonialen Galerie aneinander. Dort, am Bund von Ningpo, bin ich groß geworden. Von unserem Haus blickten wir auf einen nie versiegenden Strom aus Dschunken und Lastkähnen, Dampfschiffen, Flößen und Fähren. Noch vor Tagesanbruch segelten Tausende von Fischerbooten aus dem nahen Hafenstädtchen

Chinhai ins Mündungsgebiet. Die größeren Kutter tuckerten auch aufs offene Meer hinaus, zu den Fischgründen rund um die Chusan-Inseln, die als die reichsten in Ostasien galten. Sie kehrten stets voll beladen zurück. Nur das Wasserflugzeug, das einige Male wie ein mythischer Vogel auf dem Fluß gelandet sein soll, habe ich nie gesehen.

Mein Vater war der Quarantänearzt dieses geschäftigen Fluss- und Seehafens und betrieb außerdem eine gut gehende Privatklinik. Sein Vorname lautete Chuan-ping, was so viel wie »Großverdiener« bedeutet. Wenn er mit Ausländern zu tun hatte, schrieb und nannte er sich Luke C.P. Young. 1893 geboren, entstammte er einer Familie von Kräuterärzten aus Tientai, einem gut hundert Kilometer südlich gelegenen Bergdorf. Seine Eltern waren früh gestorben. Es müssen ehrbare Leute gewesen sein; selbst die Kragenbären, denen sie beim Kräutersammeln mitunter begegneten, hieß es, hätten Respekt vor ihnen gezeigt. Ich selbst habe nur mehr die drei Brüder meines Vaters erlebt. Der erste war Feinmechaniker und wusste alle nur erdenklichen Gerätschaften zu reparieren. Der zweite hatte sich erfolgreich der Naturheilkunde verschrieben. Er praktizierte Akupunktur und Akupressur und rückte seinen Patienten mit Schröpfköpfen und warmen Kräuterstäben zu Leibe. Seine Klinik lag unweit der Apothekenstraße, einem Spalier kleiner Läden, in dem es vom Fledermauskot bis zum Schlangenschnaps jede noch so ausgefallene Arznei zu kaufen gab. Der dritte Bruder schließlich war das schwarze Schaf der Familie, ein Schürzenjäger und Tunichtgut.

Mein Vater studierte an einer von Missionaren geführten Hochschule westliche Medizin. Danach arbeitete er eine Zeit lang als Praktikant am renommierten Hsieh-Ho-Spital in Peking und unterrichtete außerdem an der Shantung Christian University in Tsinan, der modernsten medizinischen Fakultät Chinas. Anschließend ließ er sich in Ningpo nieder, wo sein Bruder bereits erfolgreich praktizierte. Dieser drängte ihn, sich eine Frau zu nehmen, und schaltete einen Heiratsvermittler ein. Und so kam meine Mutter ins Spiel.

Sie stammte aus einer klassischen Mandarin-Familie. Die Wus kamen ursprünglich aus Chusan, der größten jener vorgelagerten Inseln. Ihr Vater war ein hoher Beamter gewesen, zuständig für Seefahrt und Marine. Mutters Vorname lautete Ping-mei, was so viel wie »friedfertige Schwester« bedeutet. Sie war zwei Jahre jünger als mein Vater und noch stark von der feudalen Tradition geprägt. So war sie mit gebundenen Füßen aufgewachsen, die in China über Jahrhunderte hinweg den Inbegriff weiblichen Liebreizes bildeten. Sie kündeten sowohl von Wohlstand – diese Frau brauchte nicht zu arbeiten – als auch von aristokratischem Geschmack. Als Ausdruck holder Abhängigkeit banden sie die Frauen an die Sphäre des Hauses. Es heißt, diese überempfindlichen »Lotoslilien« hätten ihren Besitzerinnen ungeahnte Lustgefühle beim Liebesspiel beschert. Doch dürften diese in keinem Verhältnis zu den erduldeten Schmerzen gestanden haben. »Kleine Füße, viele Tränen«: Bereits im Alter von sechs Jahren wurden den Mädchen Bandagen angelegt, die erst die Zehen unter die Sohle zwängten und dann den ganzen Fuß zusammenzurrten. Erst zu Beginn des 20. Jahrhunderts, im Zuge der Reformbewegung unter Sun Yat-sen, sah man diese feudale Praxis allmählich als überholt an. Dennoch wurden die Mädchen in ländlichen Gebieten noch bis in die Vierzigerjahre hinein verstümmelt.

Auf Drängen meines Vaters, der diesen Brauch als rückständig und widernatürlich anprangerte, lockerte Mutter nach der Heirat ihre Fesseln. Freilich war es unmöglich, ihren Füßen völlige Freiheit zu gewähren. Sie empfand dabei derartige Schmerzen, dass die Zehen halb gebunden bleiben mussten. Sie konnten ohne die Gewalt, die sie gebrochen hatte, gar nicht mehr sein. Wenn Mutter ausging, nahm sie auch für kurze Strecken immer eine Rikscha. Meine Großmutter besaß noch winzigere Füße, keine acht Zentimeter lang. Ich habe sie noch als Greisin erlebt. Sie schmauchte gerne Wasserpfeife und ernährte sich fast nur mehr von *Tso*, der allseits beliebten Reisgrütze. Wenn wir Kinder sie besuchen kamen, setzte sie uns eine große Schüssel davon vor, mit Schnittlauch und Erdnussbutter verfeinert und mit einem »tausendjährigen« Ei garniert. Dann hockte sie sich mit ihrer Pfeife zu uns und tischte allerhand Geschichten auf. Bis heute zählt *Tso* zu meinen Leibspeisen.

Unsere Mutter war zeitlebens stolz auf ihre Familie. Kaiser Kuang Hsü hatte die Dienste ihres Vaters derart zu schätzen gewusst, dass er ihm ein juwelenbesetztes Schwert zum Geschenk gemacht hatte. Unser Großvater nahm es allnächtlich zu sich in sein großes Bett. Nicht etwa, um sich verteidigen zu können, sondern um seine Hochschätzung dieser Ehrengabe zu bezeugen. Leider lebte er nicht sehr lange. Das Schwert vermachte er seinem jüngsten Sohn. Niemand weiß, wo es geblieben ist; vermutlich haben es die Kommunisten geraubt, als sie die Familie, wie alle Angehörigen der alten Oberschicht, enteigneten und zerschlugen und damit jener Welt, die das Schwert repräsentierte, endgültig den Garaus machten.

Besagter Brautwerber schwärmte also bei Familie Wu von diesem gescheiten, verantwortungsbewussten und gut aussehenden Mediziner. Doktor Yang sähe einer glänzenden Karriere entgegen. Ihm gegenüber pries er wiederum meine Mutter in den höchsten Tönen, sie, die einer überaus vornehmen Familie angehöre und sowohl die *Vier klassischen Schriften* wie auch die *Fünf kanonischen Bücher* studiert habe. Vor allem aber gelte sie als eine der vier Grazien von Ningpo! Ihr Gesicht sei ebenmäßig geformt, ihre Augen sanft und rein und ihre Erscheinung voller Liebreiz. Man kann sich die Überredungskünste dieses Menschenmaklers unschwer vorstellen, nicht umsonst heißt es in China, dass »jemand lügt wie ein Heiratsvermittler«. Was freilich fast auch ein jüdischer Spruch sein könnte.

Schließlich begaben sich die Gebrüder Yang ins Haus der Wus. Sie suchten jedoch nicht Ping-mei auf, sondern ihren ältesten Bruder, der als Familienoberhaupt agierte. Aber auch sie wollte den Bewerber natürlich in Augenschein nehmen. Also nahm sie eine Schüssel, machte sich damit in einer Hofecke zu schaffen und gab vor, ein paar Taschentücher zu waschen. So vermochte auch mein Vater einen Blick auf seine Zukünftige zu werfen, die sonst normalerweise nie eigenhändig Wäsche wusch. Wenig später wurde die Hochzeit auf einen astrologisch günstigen Tag festgesetzt.

»Großverdiener« und »friedfertige Schwester« kamen aus grundverschiedenen Milieus und hatten wenig gemeinsam, was ihren Lebensstil und ihren Charakter anbetraf. Kein Wunder, dass es in ihrer Ehe zu Konflikten kam. Sie stammte aus besseren Verhältnissen, zudem aus einer weltoffenen Handelsstadt, während er in einem Bergdorf aufgewachsen war. Gleichwohl gab er sich betont fortschrittlich, während sie ihrer tradierten Rolle zu entsprechen suchte. Sie war nach den Prinzipien der konfuzianischen Ethik erzogen worden, die in China zweitausend Jahre lang als moralische Richtschnur diente. Manieren waren dabei wichtiger als Einsicht, Anpassung ging über Individualität. Frauen hatten vor allem tugendhaft zu sein. Das begann damit, dass sie ihre Gefühle im Zaum hielten, dass sie nicht laut sprachen und beim Lachen nicht die Zähne zeigten, und endete schlimmstenfalls in völliger Selbstaufgabe. Es war Sache der Frau, sich dem Mann und seiner Familie unterzuordnen. »Heiratest du einen Hund«, lautet ein geflügeltes Wort, »musst du dem Hund folgen. Heiratest du einen Hahn, musst du dem Hahn folgen.«

Wir waren neun Geschwister. Hsiuchu, die »anmutige Perle«, wurde 1920 geboren. Zwei Jahre später kam unser Bruder Wanchün zur Welt, wörtlich 10 000 Chün, eine Gewichtseinheit für Edelmetalle. Die Namen der beiden folgenden Mädchen endeten ebenfalls auf »Perle«, wobei jeweils ein anderes Adjektiv vorangestellt war. Wohingegen die Namen der Jungen in bewährter Wortmagie sämtlich mit »10 000« begannen, worauf verschiedene Gewichtseinheiten für Gold oder Silber folgten.

Noch bevor Mingchu, die »glänzende Perle«, 1924 zur Welt kam, erhielt Vater durch Vermittlung eines amerikanischen Arztes eine befristete Assistentenstelle an einer Universitätsklinik in St. Louis. Dort bildete er sich vor allem über Haut- und Geschlechtskrankheiten fort. Alle paar Wochen erreichte uns ein Brief von ihm. Laut Hsiuchu lag einmal ein Foto bei, das ihn zusammen mit einer amerikanischen Studentin zeigte. Vermutlich war das Ganze harmlos, doch Mutter reagierte bestürzt und telegrafierte ihm postwendend: »Komm sofort zurück!« Wobei man zur Erklärung sagen sollte, dass sich in China damals nur Verheiratete gemeinsam fotografieren ließen.

Natürlich blieb er in St. Louis, bis seine Assistentenstelle auslief. Bei seiner Rückkehr überreichte er Mutter drei Geschenke: ein elegantes orangefarbenes Kleid mit schwarzem Schleifenband, das sie zusammen mit dem Erdbeerlikör in einer Kammer einschloss. Dort verwahrte sie auch die ominösen Porzellantassen, auf deren Boden, sobald man Tee eingoss, ein Frauenkopf zum Vorschein kam. Das dritte Geschenk war noch intimer, und wir bekamen es später nie wieder zu Gesicht: ein Büstenhalter. So etwas gab es damals in China kaum; stattdessen trugen die Frauen maßgeschneiderte Westen.

Nicht lange, und unser Vater machte sich einen Namen in Ningpo. Er eröffnete ein eigenes Krankenhaus, wofür Mutter ein Gutteil ihrer Mitgift veräußerte: goldene Armreifen, mit Rubinen besetzte Ringe und Haarspangen aus Jade. Sie war eine pflichtbewusste Ehefrau, die ihren Mann selbstlos unterstützte. Das Hospital trug den patriotischen Namen *Kwang Hua*, glorreiches China, und lag nicht weit von unserem Haus entfernt. Es verfügte über fünfzig Betten und beschäftigte ein Dutzend Ärzte und Pflegerinnen. Als Quarantänearzt hatte Vater außerdem die Besatzungen und Passagiere der eingelaufenen Schiffe zu untersuchen und eingeführte Nahrungsmittel zu inspizieren. Gelegentlich pflegte er auch Kontakt zum Roten Kreuz. Vater war zeitlebens ein aufmerksamer und verständnisvoller Arzt. Er nahm die Hausdiener ebenso ernst wie den britischen Konsul. Dass er in Amerika studiert hatte, verlieh ihm beträchtliches Prestige. Da sein Bruder zudem diese Klinik für Naturheilkunde betrieb, war der Name unserer Familie bald in ganz Ningpo gleichbedeutend mit Hoffnung und Heilung. Man brauchte nur Yang zu heißen, schon galt man etwas in unserer Stadt.

Wie sich bald zeigte, blieb unsere Schwester Mingchu geistig zurück. Die Familie gab ihrer Amme die Schuld, die eine starke Raucherin gewesen war und sogar während des Stillens vor sich hingepafft hatte. Doch so schädlich dies auch sein mochte, bei Mingchus Krankheit handelte es sich vermutlich um das Downsyndrom, um einen genetischen Defekt also. Jedenfalls bekam Lienchu, die »Lotusperle«, eine andere Amme. Die übrigen vier Kinder waren allesamt Buben. Sie kamen kurz hintereinander zwischen 1930 und 1934 zur Welt: Wanchung, Wanyung, Wanfeng und Wanch'uan. Da sie erheblich jünger waren und jeder von ihnen sein eigenes Kindermädchen hatte, verbrachten wir Älteren wenig Zeit mit ihnen. Wir führten ein freies, ungebundenes Leben, in das die Eltern sich nur selten einmischten. Dennoch war niemand von uns je wirklich allein. Erst in Amerika musste ich lernen, was es heißt, weitgehend auf sich gestellt zu sein. Zwei treue Dienerinnen lebten bei uns. Ah Cheng war für das Haus und die Kinder zuständig, Ah Wong für die Küche. Beide waren arm und verwitwet. Ah Cheng hatte ihren Mann erst vor Kurzem verloren: Um den Neujahrsfeierlichkeiten auszuweichen, wo man unzählige Freunde und Verwandte bewirten muss, hatte er auf einem Schiff angeheuert, das dann in einem Sturm gesunken war.

Ich wuchs unter den Fittichen meiner Schwester Hsiuchu auf, mit der ich auch aufs Internat ging. Schon der Umstand, dass wir überhaupt eine Schule besuchten, zeigt, dass wir zumindest der Mittelschicht angehörten. Mädchen aus armen Familien gingen damals nicht zur Schule, reiche Familien dagegen engagierten einen Hauslehrer. Als ich sechs Jahre alt war, machte ich nachts im Internat einmal ins Bett. Gottlob nahm sich Hsiuchu meiner an. Sie wusch in aller Stille die Wäsche, breitete dann meine Kleider über die Matratze, damit ich wieder schlafen konnte und die feuchten Stellen mit meiner Körperwärme trocknete. Am Morgen weckte sie mich lange vor den anderen, wusch die Wäsche erneut und drapierte sie über Stühle und Tische.

In jenem Sommer wurde Ningpo stark von Fliegen heimgesucht. Sie waren einfach überall! Die Schulbehörde rief einen Wettbewerb aus, welche Klasse die meisten Fliegen fangen konnte. Aus Zeitungen falteten wir Sammelbehälter – Papiertüten gab es damals in China nicht – und fertigten Klatschen aus Pappe und Bambusstecken. Außerdem kauften wir Atemmasken gegen die Ausdünstungen in den befallenen Gebieten und den unseren Tüten entströmenden Gestank. Wir brachten Abertausende zur Strecke! Da ich am besten rechnen konnte, wurde ich mit der Buchführung betraut. Das war meine erste Erfahrung mit Biostatistik. Ich lagerte die Fliegen vorübergehend zu Hause ein, auch als Beweismittel, falls die erhabene Schulbehörde meine Angaben überprüfen wollte. Eines Tages fragte Mutter: »Was stinkt denn hier so?« Da die Jagd fast vorüber war, ließ sie mich gewähren. Unter allen Schulklassen der Stadt errangen wir den zweiten Preis. Ein großes Banner, das unseren Eifer, unseren Teamgeist und die umsichtige Leitung unseres Lehrers rühmte, schmückte fortan das Klassenzimmer.

Zusätzlich zum Schulunterricht verpflichtete Mutter in den Ferien einen Hauslehrer, der unserem klassischen Chinesisch auf die Sprünge helfen sollte. Er hatte einst auch sie schon unterwiesen: ein hagerer, schulmeisterlicher Mann. Jeden Morgen übte er Tai-Chi, und wir versuchten mehr oder weniger tollpatschig, ihn nachzuahmen. Er trichterte uns das *Buch der Wandlungen*, das *Buch der Lieder* und die *Frühlings- und Herbstannalen* ein, nicht zu vergessen die 300 kanonischen Gedichte aus der Tang-Zeit. Mehrere Bücher hatten wir von der ersten bis zur letzten Silbe auswendig zu lernen. Bei der Prüfung kam die Reihe als Erstes an Hsiuchu. Sie rezitierte im Stehen, so dass sie über den Lehrer hinweg aus dem Fenster schauen konnte, vor dem Wanchün das betreffende Buch in die Höhe hielt. So bestand sie ihre Prüfung. Und doch entsprach sie später dem konfuzianischen Frauenideal weit eher als ich, war immer unbescholten, aufopfernd und stetig.

Ningpo besaß eine lange Tradition als Stätte der Gelehrsamkeit. Legendär war die Bibliothek der Familie Fan. Ein von wuchtigen Mauern umschlossenes Reich, das wir nur vom Hörensagen kannten. In den fast 400 Jahren ihres Bestehens war es allenfalls einem Dutzend Fremden gestattet worden, die Bibliothek zu betreten. Ihr Begründer, Fan Chin, war stellvertretender Kriegsminister gewesen. Auf seinen Inspektionsreisen durch die Provinzen hatte er gezielt nach raren Klassikern gefahndet, nach unterschiedlichen Ausgaben ein und desselben Werkes, nach Annalen der Lokalgeschichte. Konnte er ein seltenes Buch nicht erwerben, ließ er es abschreiben. Im Laufe seines Lebens trug er mehrere zehntausend Bände zusammen. Begreiflicherweise hatte Fan panische Angst vor Feuer und Wasser. Auch deshalb war die Bibliothek von einem weitläufigen Garten umgeben, dessen Zierteiche zugleich als Löschreservoirs dienten. Die Pavillons waren, wo nicht aus Stein, so aus hartem, haltbarem Rotholz gefertigt. Im Frühling ließ er seine Schätze zum Lüften in den Garten schaffen.

Fans Nachfahren waren noch über Generationen hinweg mit der Inventur beschäftigt. Er hatte eine penible Hausordnung hinterlassen: Rauchen und trinken waren verboten, Tische und Stühle durften nicht umgestellt werden. Die Räume waren mit mehreren Schlössern gesichert, zu denen verschiedene Personen je einen Schlüssel hatten. Kein Buch durfte die Bibliothek verlassen, kein Fremder sie je betreten. Es gab jedoch einmal ein Mädchen, das derart vom Lesen besessen war, dass sie diesen verbotenen Garten um jeden Preis erkunden wollte. Zielstrebig heiratete sie einen der Urenkel Fan Chins. Erst nach der Hochzeit erfuhr sie, dass Frauen laut Bibliotheksordnung der Zutritt untersagt war.

1841, während des Opiumkrieges, drangen britische Militärs mit Gewalt in den Büchergarten ein. Nicht, um die Klassiker zu studieren, sondern weil sie gute Landkarten suchten. Im Lauf der folgenden Jahrzehnte wurden viele Werke gestohlen, verscherbelt, verschlampt oder auf Nimmerwiedersehen verliehen. Zu unserer Zeit, als die zwölfte Generation dort lebte, waren Fans Nachfahren verarmt. Es hieß, sie seien halbe Analphabeten und könnten die Bücher gar nicht mehr lesen.

Anfang der Dreißigerjahre wurde unser Haus allmählich zu klein, so dass wir in ein im englischen Stil gehaltenes Stadthaus gleich neben dem britischen Konsulat zogen. Eine hohe Mauer umschloss Haus und Hof, zur Sicherheit wie auch als Schutz vor Überschwemmungen. Doch gleich im ersten Jahr trat der Yung Tschiang über die Ufer. Das Hochwasser drückte das Tor auf und ergoss sich in den Hof. Dort standen große Bottiche, in denen wir das Regenwasser sammelten. Trotz ihres Gewichts dümpelten diese Tanks nun in der Flut, und wir Kinder machten uns einen Spaß daraus, damit umherzurudern. Schwimmen konnten wir übrigens nicht, das war allgemein kaum üblich. Nur Wanchün brachte es sich selbst so leidlich bei. Er war schon damals ein Draufgänger.

Während des Umzugs hütete eine betagte Dienerin das alte Haus, in dem noch einige Möbel standen. Da der Strom bereits abgeschaltet worden war, zündete sie Kerzen an. Dabei fing ein Moskitonetz Feuer, und bald brannte das Dach lichterloh. Die Hafenpolizei schickte sofort zwei Löschboote los: »Das Haus von Doktor Yang brennt! Das Haus von Doktor Yang brennt!« Sie wussten nicht, dass wir schon umgezogen waren. Schließlich brachten sie das Feuer unter Kontrolle und die Dienerin in Sicherheit. Vater schickte ein paar Leute hinüber, blieb aber selbst am Fenster stehen. »Was kann ich dagegen schon ausrichten?«, seufzte er. »Ich bin Arzt und kein Feuerwehrmann.« Dieser Brand war der erste Schlag, der uns traf. Noch hatten wir Glück und er streifte uns nur.

Einige Wochen später lud er die Polizisten und Feuerwehrleute in unser neues Haus ein. Sie kamen in voller Montur. Mutter holte den Erdbeerlikör aus dem Schrank, und wir Kinder hatten unseren Spaß mit diesen tollen Kerlen.

# Auf gut Deutsch

Meine zweite Berührung mit China erfolgte über einen Schulfreund ungarischer Abstammung, der seltsamerweise Cathay hieß, genau wie der alte englische Name für China. Tatsächlich war sein Vater als Kapitän zur See etliche Male nach Fernost gefahren. Was mir gehörig imponierte, war ich doch bis dahin nur ein einziges Mal im Ausland gewesen. Dazu hatte ich den Vater so lange bearbeitet, bis er nachgab: »Genug davon, am Sonntag fahren wir ins Ausland.« Wir nahmen einfach die Straßenbahn nach Preßburg, ins heutige Bratislava. Doch statt sich die Stadt anzuschauen, studierte er vor allem die Auslagen der Farbengeschäfte.

Es ging uns mittlerweile so gut, dass der Vater mit dem Gedanken spielte, sich ein Auto zuzulegen. Doch die Mutter riet ihm davon ab, womöglich würde es die Begehrlichkeit der Steuerbehörde wecken. Steuern zu zahlen war in jener Zeit eher Verhandlungssache: Der Finanzbeamte kam in den Laden, schaute sich um und sagte, soundsoviel müssen Sie entrichten. Mein Vater galt allgemein als ehrbarer Geschäftsmann. Ich erinnere mich noch, wie er eines Tages strahlend nach Hause kam, weil er zum »Großkaufmann« ernannt worden war, nachdem der Umsatz der Firma eine gewisse Grenze überschritten hatte. Er besaß ein gutes Auge für Farben und war stolz darauf, dass er, wenn ihm jemand ein bestimmtes Taubenblau oder Resedagrün als Muster brachte, genau diese Farbtöne mischen konnte. Wir hatten alle Pigmente, die ganze Palette. Im Geschäft roch es nach Wasch- und Schmierseife, nach Riemenfett und Kerzenwachs, nach Leinöl, Firnis und nach Terpentin, ja sogar nach Kölnisch Wasser. Einmal führte ich einen Schulfreund durchs Magazin, und wir schnupperten an den großen Glasballons. Einer davon war nicht etikettiert. Ich öffnete den Stöpsel, steckte meine Nase hinein – und fiel fast in Ohnmacht. Salmiak! Ich ermunterte den Freund, daran zu riechen, aber er war schon vorgewarnt.

Tante Rela, die Schwester meines Vaters, war seit sieben Jahren mit einem angehenden Arzt namens Paul Beck verlobt. Sie stellte insofern nicht die beste Partie für ihn dar, als gut situierte Wiener Juden für gewöhnlich keine Ostjuden heirateten. Die beiden verliebten sich trotzdem ineinander; meine Tante war eine sehr schöne, elegante Frau. Doch er wollte sie partout nicht heiraten, bevor sie nicht genügend Mitgift beisammen hatte, mit der er sich dann eine Praxis einrichten konnte. Solch merkwürdige Sitten herrschten damals noch. Ihr Bruder Ludwig, der 1931 starb, vermachte ihr ein Gutteil seiner Ersparnisse. Mein Vater half ihr wohl auch etwas, und endlich stand einer Hochzeit nichts mehr im Wege. Gemeinsam mit Großmutter Julie, die im Haushalt mitzuhelfen hatte, bezogen die beiden eine stattliche Wohnung in Währing. Die andere Großmutter, Jeanette Rathner, lebte dagegen in recht ärmlichen Verhältnissen in der D'Orsaygasse im IX. Bezirk, zusammen mit ihrem Sohn Salo und dessen Familie. Salo hatte es zu nichts Rechtem gebracht. Eine Zeit lang versuchte er sich schließlich als Vertreter, arbeitete dann auch in einer unserer Filialen. Doch selbst dort hielt er nicht lange durch, und als er endlich das Handtuch warf, war mein Vater darüber genauso erleichtert wie er.

In jenen Jahren bekam ich eine Kinderkrankheit nach der anderen: Scharlach, Masern, Schafblattern. Schon früh lernte ich auch ein Krankenhaus von innen kennen. Wir männlichen Sokals haben alle eine Disposition zum Leistenbruch, und damals entschloss sich die Mutter, den meinigen beheben zu lassen. Zusammen mit dem Hausmädchen belegten wir ein komplettes Zimmer im Spital. Die Operation verlief erfolgreich, und später brachte dann auch mein Vater den Mut dazu auf. Ich war praktisch das Versuchskaninchen. Auch als mir in der Folge die Mandeln herausgenommen wurden, sagte die Mutter mir vorher nichts davon, was ich ihr noch jahrelang übel nahm. Kaum hatte ich mich in den Sessel gesetzt, presste der Doktor mir eine Äthermaske aufs Gesicht. Ich empfand das als eine Art von Vergewaltigung.

Die Mutter beherrschte unser Leben, oder vielmehr, sie schrieb es uns vor. Neben dem Dienstmädchen beschäftigten wir eine Zeit lang auch eine Gouvernante. Als ich älter wurde, bekam ich einen studentischen Hauslehrer, der mit mir jeden Nachmittag zwei Stunden über den Schularbeiten saß. Wir hatten eine Vielzahl guter Bücher, die mich von klein auf zum fleißigen Leser werden ließen. Außerdem gab es in unserer Nähe eine Bibliothek, wo man Bücher gegen Bezahlung ausleihen konnte. Dorthin pilgerte ich jede Woche und kam mit einem Stoß Literatur zurück. Karl May zum Beispiel, alles von Kästner, die *Odyssee*, auch viel englische und amerikanische Werke wie *Doktor Doolittle* und *Onkel Toms Hütte*. Meinen Atlas studierte ich ebenso leidenschaftlich wie unser betagtes Konversationslexikon. Tante Frieda und Onkel Lonio besaßen eine neuere Ausgabe, da ihre Tochter Fela schon aufs Gymnasium ging. Wären wir in Wien geblieben, hätten meine Eltern sicher noch ein neues Lexikon für mich angeschafft. Zum Geburtstag bekam ich oft dicke Jahrbücher, in denen es viel um technische Dinge ging, das Neueste aus der Luftfahrt zum Beispiel. Mitte der Dreißigerjahre wiesen sie schon einen stark nationalsozialistischen Einschlag auf. *Das neue Universum* etwa pries die 1935 eröffnete Großglockner-Hochalpenstraße kurzerhand als Fortsetzung der deutschen Autobahnen und als ein Verdienst Hitlers.

Über politische Vorkommnisse sprachen meine Eltern mir gegenüber nie. Ein einziges Mal, während der Unruhen im Februar 1934, blieb der Vater zwei oder drei Tage lang zu Hause und hielt das Geschäft geschlossen, weil die Lage zu unsicher war. Nach einer Polizeiaktion war es in Wien zu Großdemonstrationen und Massenverhaftungen gekommen. Das Regime unter Bundeskanzler Dollfuß verhängte das Standrecht, verbot die Sozialdemokraten, verbot überhaupt alle noch bestehenden Parteien und setzte den Wiener Bürgermeister ab. In einigen Bezirken kam es zu Straßenkämpfen, so auch in Favoriten. Am Ende beschoss die Armee die Gemeindewohnungen, in denen die Arbeiter sich verschanzt hatten. Über 1500 Tote bildeten die Bilanz dieser dramatischen Tage. Fünf Monate später wurde Dollfuß bei einem nationalsozialistischen Putschversuch erschossen.

Noch ließen diese Geschehnisse meine Kinderwelt unversehrt. 1935 musste ich die Aufnahmeprüfung fürs Gymnasium ablegen. Als ich herauskam, vergoss ich Tränen: Ich hatte einige Tintenkleckse gemacht und glaubte deshalb, dass die Prüfer meinen Aufsatz nicht würden lesen können oder wollen. Die Mutter ging sofort zum Lehrer. Der meinte nur, wenn das der einzige Makel sein sollte, dann würde das schon berücksichtigt werden. Sie reagierte in der Öffentlichkeit nicht selten übertrieben und drängte sich gern in den Vordergrund. Es gab Szenen, wo es mir peinlich war, zu ihr zu gehören. Doch oft war ihr Einsatz von Erfolg gekrönt.

Nach meiner trotz Tintenklecksen bestandenen Prüfung schrieb sie mich ins Akademische Gymnasium am Beethovenplatz ein, die renommierteste Schule von ganz Wien. Dort kam ich zum ersten Mal mit Wissenschaft in Berührung. Für den Naturkundeunterricht kauften wir uns Lupe und Pinzette und nahmen allerlei Blumen auseinander. Die Form und Vielfalt der pflanzlichen Strukturen weckten meine Neugierde, und dieses Botanisieren gewährte mir erste Einblicke in Bereiche, mit denen ich später viel zu tun bekam. Sonst aber verspürte ich kein ausgeprägtes Interesse an Biologie. Mein erstes Halbjahr verlief allgemein erfolgreich, bis auf Deutsch. Wir mussten einen Aufsatz zum Thema »Mein letzter Sonntagsausflug« schreiben. Ich war mit meinem Vater im Prater gewesen. Dort gab es einige Gulaschhütten, traditionsreiche Lokale, die von Ungarn betrieben wurden. Vor einer davon stand auf einer Tafel mit Kreide *Gulyássuppe* angeschrieben. Ich war stolz, mir dieses ungewöhnliche Wort eingeprägt zu haben, und buchstabierte es im Aufsatz entsprechend auf Ungarisch. Der Lehrer aber regte sich mächtig darüber auf und erteilte mir ein »nicht genügend«, das schließlich auch Eingang ins Halbjahreszeugnis fand. Daraufhin wurde großer Familienrat gehalten. Meine Mutter, die diesmal vergeblich interveniert hatte, meinte: »Der Mann ist ein Antisemit.« Es war das erste Mal, dass dieses Wort bei uns zu Hause fiel.

Wie sollte es nun weitergehen? Sie entschloss sich, mich vom Akademischen Gymnasium zu nehmen, und verfiel prompt ins andere Extrem. Ihre Freunde hatten ihr geraten, mich auf eine jüdische Schule zu schicken, dort wenigstens gäbe es keinen Antisemitismus. So kam ich aufs Chajes-Gymnasium, eine halbstaatliche Privatschule. Sie war nach Wiens populärem Oberrabbiner benannt, der einige Jahre zuvor gestorben war. Die Schule lag im XX. Bezirk, einem stark jüdisch geprägten Viertel weit entfernt von unserer Wohnung. Sie wurde konservativ geleitet, viele Kinder aus frommen Familien gingen dorthin. Der Unterricht besaß in allen Fächern hohes Niveau. Ich musste Hebräisch nachlernen, womit ich auch leidlich zurande kam. Anderes aber machte mir zu schaffen. So hatte meine Mutter nicht bedacht, dass mein Gabelfrühstück, wie wir das Pausenbrot nannten, nicht koscher war. Butterbrot mit Aufschnitt – das verstieß gegen die Gebote, weshalb meine Schulkollegen mich verspotteten. Ich wollte mich ihnen anpassen, wollte überhaupt mehr religiöse Orientierung. Diese Art von Erziehung aber war meiner Mutter zu jüdisch. Deshalb nahm sie mich zum Jahresende erneut aus der Schule und tat endlich das, was sie von Anfang an hätte tun sollen: Sie schickte mich auf die Bezirksoberschule. Zwei Jahre lang besuchte ich nun das Elisabeth-Gymnasium. Meine Deutschnoten fielen wieder wie gewohnt aus, auch in Latein, Englisch und Geographie war ich ein guter Schüler, und Mathematik hatte mir ohnehin nie Schwierigkeiten bereitet. Wäre der Hitler nicht gekommen, wäre überhaupt alles in Ordnung gewesen.

In den Schulpausen spielten wir Krieg. Es gab zwei verfeindete Lager, die in den Korridoren miteinander rauften. 1935 gingen wir als Italiener und Abessinier aufeinander los, 1936 als spanische Republikaner und Falangisten, 1937 als Chinesen und Japaner. Ich stand eigentlich immer auf der moralisch richtigen Seite, auf jener der nachmaligen Verlierer also. Als die Japaner nach dem inszenierten Zwischenfall an der Marco-Polo-Brücke südlich von Peking immer größere Gebiete Chinas besetzten, beschäftigte dieser Krieg zunehmend auch die Weltöffentlichkeit. Die Chinesen erweckten eindeutig mehr Sympathien. Mein Hauslehrer hatte die wilde Idee, sie sollten doch Benzin in die Jangtse-

Mündung schütten und es anzünden, um so eine Barriere gegen die Invasoren zu schaffen.

1937/38 war dann schon kein normales Schuljahr mehr. Schließlich brach die letzte Woche im unabhängigen Wien an, jene vor der für den 13. März anberaumten Volksabstimmung. Als ich mit meinem Vater durch die Kärntner Straße ging, marschierten auf dem einen Trottoir die Nazis dröhnend auf und ab, auf dem anderen sammelten sich die Nationalösterreicher. Auf deren Seite hielten auch wir uns, obgleich wir nicht aktiv mitdemonstrierten. Um uns herum trugen die Leute Schilder wie *»Mit Schuschnigg für Österreich!!!«* oder *»Ja zur Volksbefragung!«*. Sprechchöre hoben immer wieder an: *»Rot-Weiß-Rot bis in den Tod!«* Es war die erste politische Kundgebung, die ich hautnah miterlebte, auch wenn ich deren Tragweite noch nicht ermessen konnte. Über Hitler etwa wusste ich als Zwölfjähriger kaum mehr, als dass er ein Demagoge war und ein Erzfeind des Judentums. Erst in Schanghai erfuhr ich Näheres über die Nazis, wobei mir das ganze Ausmaß ihrer Verbrechen erst nach dem Krieg bewusst wurde.

Am 12. März 1938 hörten wir im Radio vom Einmarsch. Onkel Lonio mutmaßte: »In ein paar Tagen ziehen die Deutschen wieder ab. Die Österreicher werden das nicht zulassen.« Aber als die Wehrmacht wenige Stunden später in Wien Einzug hielt, hing plötzlich in jedem Fenster eine Hakenkreuzfahne. Und als ich am nächsten Morgen aus dem Haus ging, vor dem ein Zeitungsverkäufer seinen Stand hatte, warteten die Sonderausgaben mit tendenziösen Schlagzeilen und Hakenkreuzen auf den Titelseiten auf. Es war, wie Stefan Zweig hellsichtig schrieb, »der Anfang vom Ende, dann fiel der Stein aus der Mauer und die Mauer mit ihm«. Als die Volksabstimmung vier Wochen später nachgeholt wurde, votierten in Wien 99,5 Prozent für Hitler.

Im Juli wurden mein Vater und Onkel Lonio verhaftet, so wie Tausende anderer österreichischer Juden auch. Sie kamen erst nach Dachau, im Spätherbst dann nach Buchenwald. Das Geschäft lief zunächst unter Leitung eines loyalen Angestellten weiter. Dann übernahm es ein Ariseur, einer der von den Nazis eingesetzten Kommissare, die die Enteignung vollstreckten. Und das war das Ende von *Farben-Sokal*.

# Glorreiches China

Der britische Konsul, unser neuer Nachbar am Bund, lud uns gelegentlich zu Feierlichkeiten ein. Dabei trug Mutter gern das elegante Kleid aus Amerika. So auch zu Weihnachten, als wir Kinder an einer langen Tafel der Bescherung harrten. »Ho, ho, ho!«, polterte der Weihnachtsmann herein – kein Geringerer als der Konsul selbst, mit wallendem Bart und einem Sack voller Geschenke auf dem Rücken.

Wie so mancher Europäer brachte er unserer Kultur großes Interesse entgegen. Insgesamt aber gab es zwischen Chinesen und Ausländern wenig Berührung. Da sich deren Leben vor allem am Bund abspielte, sahen gewöhnliche Leute kaum je einen von ihnen. Sie wurden einerseits als Eindringlinge betrachtet, andererseits als Angehörige einer mächtigen Zivilisation, von der China vieles lernen konnte. Ihre Häuser, Schiffe, Brücken und Maschinen, aber auch ihre Mode und Musik erregten starke Neugier und wurden mit mehr oder weniger Geschick nachgeahmt.

Seit den für China enttäuschenden Folgen des Ersten Weltkriegs wurde die ausländische Präsenz zunehmend als imperialistisches Joch wahrgenommen. Statt Tsingtau und die übrigen deutschen Pachtgebiete zurückzugeben, hatte die Pariser Konferenz sie Japan zugesprochen, das zuvor schon Korea annektiert hatte. 1932 folgte die Besetzung der Mandschurei. Wie in vielen Hafenstädten, so flammten auch in Ningpo Unruhen auf. Sie wurden meist von Studenten, Lehrern und Geschäftsleuten geschürt. Alle paar Monate rief irgendeine Gruppierung zum Boykott japanischer oder überhaupt ausländischer Produkte auf. Heimische Händler wurden an den Pranger gestellt, weil sie japanische Waren verkauft hatten. Man sperrte sie in einen Käfig oder zwang sie, mit einem spitzen Papierhut durch die Straßen zu laufen – eine Praxis, die im Zuge der Kulturrevolution fröhliche Urständ feiern sollte.

Einmal musste ich eine Exekution mit ansehen. Ich war auf dem Heimweg, als ich in der Menge vor mir aufgebrachte Rufe hörte. Milizionäre trieben gefesselte Männer vor sich her, vermutlich Schwarzhändler. Sie trugen spitze Hüte und eine hölzerne Tafel mit ihrem Namen. Direkt vor mir kam die Gruppe zum Stehen, und ohne ersichtlichen Grund streckte ein Soldat einen davon mit der Pistole nieder. Das Blut schoss nur so aus seinem Hals. Schluchzend rannte ich nach Hause. Das Bild des blutüberströmten Körpers verfolgte mich noch jahrelang.

Ningpo profitierte aber auch von der ausländischen Präsenz. Schulen und Krankenhäuser wurden errichtet, Hafenanlagen, Straßen und Bahnverbindungen ausgebaut, Strom- und Telefonleitungen verlegt. In einem wuchtigen Ziegelbau ein paar Häuser weiter residierte eine der wichtigsten Zeitungen des Landes, das unter deutscher Ägide gegründete Handelsblatt *Yung Bao*. Im umgebenden Hafenviertel standen blaugraue Ziegel- und rotbraune Holzhäuser beieinander, architektonische Mischlinge mit englischen, holländischen, chinesischen und japanischen Zügen. Aus den Kontoren schallte das Klappern der Rechenbretter, Hafenarbeiter scharten sich um die Garküchen, sehnige Kulis zogen Berge von Ziegeln hinter sich her, und die Händlerinnen wedelten stoisch die Fliegen von ihrem Fisch.

Die Altstadt war damals noch von einer wuchtigen Mauer umschlossen, ein Erbe der Piratenzeit. Jedes Gewerbe konzentrierte sich in einer eigenen Straße, in der meist auch ein kleiner, dem jeweiligen Schutzpatron gewidmeter Tempel stand. Es gab eine Kerzenmachergasse, eine Bambushändlergasse, eine Hufschmiedegasse und eine Geldverleihergasse. Bunte Banner verkündeten die Spezialitäten der Tee- und Speisehäuser. Die Kaufläden lagen zu ebener Erde und standen zur Straße hin offen. Durchs östliche Stadttor gelangte man, vorbei an Werften, Holzlagern und Salzspeichern, zur Pontonbrücke. Ihre schwingenden Planken führten über achtzehn ausgemusterte Kähne hinweg ans Ostufer des Feng-hua Tschiang. Das Prinzip war uralt, schon vor tausend Jahren hatte eine ähnliche Konstruktion den Fluss überspannt. Sie hob und senkte sich mit den Gezeiten, auch Überschwemmungen konnten ihr wenig anhaben. Während unten die Boote zwischen den schwimmenden Pfeilern hindurchschlüpften, passierte oben ein steter Strom aus Fußgängern, Radfahrern, Hand- und Pferdekarren die Brücke.

Die einzige Unsitte unseres Vaters war das Rauchen, ansonsten ging er ganz in seiner Leidenschaft für den Beruf und die Familie auf. Mutter las gern Romane. Ab und zu schloss sie sich auch theaterbegeisterten Verwandten an und besuchte eine chinesische Oper. Mehrere Kaufmannsfamilien verfügten über verschwenderisch ausstaffierte Bühnen in ihren Höfen. Zu Feiertagen engagierten sie Schauspiel- und Musikensembles und luden Ningpos bessere Gesellschaft dazu ein.

Zum Zeitvertreib spielte Mutter mit Freunden und Verwandten Mah-Jongg. Der eigens dafür angefertigte Tisch besaß an jeder Seite ein schmales Schubbrett mit Vertiefungen für das Geld und die aus Elfenbein und Bambus geschnitzten Spielsteine. Die Erwachsenen setzten sich stets mit einer gewissen feierlichen Erregung an diesen Tisch, und solange sie spielten, bildete er den Mittelpunkt der Welt. Mah-Jongg war praktisch um die Ecke von unserem Haus erfunden worden. Chen Yü-men, ein umtriebiger Kaufmann und Beamter, hatte es um 1870 aus älteren Spielen synthetisiert. Bis heute navigieren die Mah-Jongg-Freunde in aller Welt mit Ausdrücken aus der Fischer- und Seemannssprache von Ningpo durch das Spiel.

Dank des regen Handels verfügte Ningpo über weitreichende Verbindungen. Es gab kaum eine Stadt in China, in der seine Kaufleute nicht vertreten waren. In Schanghai stellte die Ningpo-Gilde eine der mächtigsten Organisationen überhaupt dar, war Handelskammer, Kreditgeber, Klub und Syndikat zugleich. Auch in Ningpo selbst gaben die Kaufleute den Ton an, und über Mutters Familie standen wir mit dieser Welt zumindest noch lose in Verbindung. Und natürlich durch den nahen Hafen, auch wenn ich als Kind das Treiben dort nur flüchtig mitbekam. Es wurden Töpferwaren und Porzellan umgeschlagen, Baumwolle und Textilien, Alaun, Antimon und Speckstein, Fächer, Federn und Papier. Aus dem Hinterland kam vor allem Tee, dazu Raps, Hanf, Moschus und Rhabarber. Auch Menschen wurden seit Generationen exportiert. Sie gingen als billige Arbeitskräfte nach Amerika, Australien und Südostasien. Und sie befuhren die Meere, als Heizer, Trimmer, Kohlenzieher oder Köche. Gerade in den Zwanzigerjahren waren »Wasser-Chinesen« aus Ningpo auf deutschen Schiffen gefragt. In Hamburg gründeten sie einen eigenen Matrosenklub, auf den auch die chinesische Abteilung auf dem Ohlsdorfer Friedhof zurückgeht.

Auch Pökel- und Trockenfisch wurden im großen Stil exportiert. Jeder Ningponese kennt unzählige Fischarten und ist gewissermaßen von Haus aus Ichthyologe: Wir essen alles, was schwimmt. Kein Wunder also, dass ich später meine Diplomarbeit in Biologie über einen Speisefisch schrieb. Ob Stachelrochen oder Schwertschwänze, Geierschildkröten oder Algensuppe, ob glupschäugige Schlammspringer oder saugnapfbewehrte Neunaugen, stecknadelkleine Silberfische oder kolossale Elefantenmuscheln, ob Entenzungen, Gänsefüße oder Seegurken – nichts, was aus dem Wasser kommt, ist zu unansehnlich, als dass man es nicht auf das Köstlichste zubereiten könnte. Da all dieses Getier irgendwie gekühlt werden muss, gab es seit alters her eine Eisindustrie. Am Fuß der Berge ließ man an den wenigen Frosttagen des Jahres Wasser in flachen Becken gefrieren. Mit einem breiten Hobel wurde das Eis dünn wie Glas abgezogen und dann in Erdhöhlen gelagert, wo es sich bis in den August hinein hielt.

Eines Sommers wurde Vater ein Schiff gemeldet, auf dem die Cholera ausgebrochen war. Für gewöhnlich hatte er genügend Mitarbeiter zur Hand, aber zu der Zeit herrschten gerade Ferien. Was war zu tun? Schließlich hatte er eine Idee, die mir heute alles andere als geheuer ist. Er steckte uns Kinder in große Schwesternkittel und gab Hauben, Mundschutz und Handschuhe aus. Dabei schärfte er uns ein, nichts und niemanden anzufassen, und teilte jedem eine Aufgabe zu. Mir drückte er Ammoniak in die Hand: »Du gehst zu den Kranken, öffnest die Flasche und hältst sie ihnen unter die Nase. Wenn sie zucken, so leben sie noch. Wenn nicht, so sind sie tot.« Die meisten zuckten zwar noch, doch war ihnen sichtlich elend. Er ließ sie in Quarantänezelte im Garten der Klinik schaffen. Viele starben trotzdem, er konnte nichts mehr für sie tun.

In Amerika hatte Vater Gefallen an westlicher Lebensart gefunden. Schon in Tsinan war er Presbyterianer geworden, wenn auch eher, um den Missionaren gefällig zu sein. In späteren Jahren betrachtete er sich als Konfuzianer. Gemeinhin maß meine Familie der Religion keine besondere Bedeutung bei, so wie es die Mehrzahl der Chinesen seit je gehalten hat. Wir glauben zwar auch an einen Gott, doch ihn zu verehren gibt es viele Wege. Meine Mutter zum Beispiel besuchte ab und zu einen buddhistischen Tempel, doch dabei ließ sie es dann auch bewenden.

Wichtiger als die Religion war die Ahnenverehrung. Vaters Familie hatte ihre Ruhestätte in Tientai, und jedes Frühjahr machte der ganze Clan sich dorthin auf. Selbst Mingchu war dann mit von der Partie, und die bukolische Natur schien sie etwas zu beruhigen. Während sie geistig immer weiter zurückblieb, entwickelte sie sich körperlich normal. Als einzige von uns Töchtern glich sie eher dem Vater, nur dass ihr Gesicht keinerlei Ausdruck zeigte. Sie weinte nicht, sie lachte nicht, sie stellte keine Fragen. Sie konnte überhaupt nicht richtig sprechen.

Die Reise nach Tientai nahm einen vollen Tag in Anspruch. Erst fuhren wir mit dem Bus landeinwärts, dann in kleinen Booten, die von Kulis am Ufer getreidelt und zugleich von den Bootsleuten mit langen Bambusstangen vorwärtsgestemmt wurden. Schließlich mussten wir noch ein gutes Stück durch Felder und Bambuswald bergan steigen. Das mit Zementplatten verkleidete Grab wirkte fast wie ein Altar. Die meisten anderen bildeten dagegen nur unscheinbare Erdhügel in Form von Brotlaiben.

Die Bergketten schwingen sich dort bis auf 1200 Meter hinauf. Im Dunst wirkten ihre Silhouetten wie Wellen, die in der Ferne verebbten. Fast jedes Tal barg einen Tempel, wobei der in Tientai selbst der größte und älteste war. Seine Ursprünge reichten 1500 Jahre zurück. Die Schule von Tientai bildete eine der wichtigsten buddhistischen Strömungen in China und strahlte bis nach Japan aus. Das Hauptkloster lag in einem steilen, trichterförmigen Kessel. Seine mangogelben und litschiroten Mauern kontrastierten mit dem strotzenden Grün der Wälder. Am Gegenhang ragte ein Turm auf, in den die Asche der Toten gestreut wurde. In jedem Tempel thronte ein gold schimmernder Buddha, der jeweils für einen anderen Lebensbereich zuständig war: einer für Ehepaare, einer für Kinder, einer für Reisende. Es gab auch eine Halle des Medizinmeisters und einen Tempel der *Kuan In Pusa*, der weiblichen Verkörperung Buddhas. Auf ihrem langen Weg von Indien über den Himalaja hatte diese Gestalt eine Geschlechtsumwandlung erfahren. Weiß wie Porzellan und mit Lilien geschmückt, saß die haushohe Figur im Dämmerdunkel der Halle. Im Ganzen war sie einer Marienstatue nicht unähnlich, nur dass hinter ihr eine zweite, goldene Göttin stand, die mehr Arme hatte als ein Tintenfisch. Diese »tausendarmige« *Kuan In* galt als Inbegriff der Tüchtigkeit. Worum man sie auch bitten mochte, sie schaffte einfach alles. Zu ihren Füßen standen elegante Puppenschühchen: Opfergaben von Familien, deren Mädchen zum ersten Mal die Füße bandagiert worden waren.

Wir selbst besuchten meist ein kleineres Nebenkloster, das noch tiefer in den Wäldern lag. Niemand ahnte damals, dass die Berge von Tientai für uns schon bald zur Heimstatt werden sollten, fern von den Turbulenzen der Gegenwart und den Fährnissen der Welt. Obwohl Vater durchaus im gesellschaftlichen Leben stand, hielt er sich von den Niederungen der Politik fern. Wenn überhaupt, so stand er den Bestrebungen des »4. Mai« nahe, einer von Akademikern getragenen Kultur- und Reformbewegung.

Mediziner spielten auf Chinas Weg in die Moderne generell eine Vorreiterrolle. Sie waren früh mit westlicher Zivilisation in Berührung gekommen und hatten häufig auch im Ausland studiert. Chinas Rückständigkeit war ihnen daher schmerzlich bewusst. Der prominenteste war Sun Yat-sen gewesen. Er hatte 1905 eine Schwurbrüderschaft zur gesellschaftlichen Erneuerung gegründet, aus der später die Nationale Volkspartei, die Kuomintang, hervorging. Als die Mandschu-Dynastie 1912 abdankte, rief Sun die Republik aus. Doch bald zerfiel das riesige Land in verschiedene Einflusssphären, und allerhand Truppen und Cliquen rangen um die Vorherrschaft. Lediglich in Kanton vermochten Sun und seine Anhänger eine Regierung für Südchina zu etablieren.

Unter dem Eindruck der russischen Revolution näherte die Kuomintang sich damals vorübergehend der Kommunistischen Partei Chinas an, die 1921 in Schanghai gegründet worden war. Ein noch von Lenin gesandter Agent der Komintern sollte die beiden ungleichen Verbündeten beraten. Sun stellte ihn als »einen guten Freund, Herrn Borodin« vor. Mit bürgerlichem Namen hieß dieses politische Naturtalent Michail Grusenberg. Er stammte aus Lettland, und seine Muttersprache war Jiddisch – einer von gar nicht so wenigen Juden, die Anfang des Jahrhunderts im Fernen Osten eine wichtige Rolle spielten. Borodin, ein Bolschewik der ersten Stunde, sorgte für eine straffe Organisation der losen Allianz.

Als Suns rechte Hand agierte der junge General Tschiang Kai-schek, der später auch sein Schwager wurde. Er gehörte der gleichen Generation wie unsere Eltern an und stammte aus dem Bergdorf Siko im Bezirk Feng-hua, der zur Präfektur von Ningpo gehörte. 1926 startete Tschiang von Kanton aus die »Nordexpedition«, einen Sammlungs- und Befreiungsfeldzug, mit dessen raschen Erfolgen kaum jemand gerechnet hatte. Als dieser Ningpo erreichte, bereitete man dem charismatischen Strategen einen begeisterten Empfang. Viele örtliche Geschäftsleute unterstützten spätestens von diesem Zeitpunkt an die Kuomintang und hielten ihr bis zum bitteren Ende die Treue. Bis heute genießt Tschiang in der ganzen Region hohes Ansehen.

Die KP stand damals weitgehend im Schatten der Kuomintang, so auch in Ningpo. Zwar hatte sie auch hier einige Hundert Mitglieder, doch die beließen es bei gelegentlicher Agitation und begingen alljährlich am 5. Mai den Geburtstag von Karl Marx. Dabei besaß Ningpo, anders als die meisten Städte Chinas, ein echtes Proletariat. Außer am Hafen arbeitete es vor allem in den großen Seiden- und Baumwollwebereien, in den Seifen-, Kerzen- und Möbelfabriken und in den Seilereien. Auch in der Hut- und Mattenflechterei waren Tausende beschäftigt. Nicht zu vergessen die Zündholzproduktion: Halb China bezog sein Feuer aus den umliegenden Bergwäldern. In denen sich dann übrigens auch die kleine kommunistische Guerilla versteckte, als Tschiang die Volksfront aufkündigte und die eben noch mit ihm Verbündeten gnadenlos verfolgen ließ. 1928 hatte seine Armee das Land weitgehend unter Kontrolle. Nanking wurde Hauptstadt, und die Republik erstand als ein reichlich widersprüchlicher und korrupter Einparteienstaat wieder auf.

Für Ningpo ließen sich die Dreißigerjahre recht verheißungsvoll an. Zum Symbol des Fortschritts geriet die Ling-Brücke, die unterhalb des Pontonstegs über den Feng-hua Tschiang gespannt wurde. Das Geld dafür hatten die Ningpo-Gilde in Schanghai und örtliche Geschäftsleute aufgebracht, erbaut wurde sie von der Firma Siemens. Dank dieses kühnen, mit Tausenden von Nieten zusammengehaltenen Bogens vermochten nun selbst Busse und Lastwagen den Fluss zu überqueren.

1937 wurde unser weitgehend sorgenfreies Familienleben durch zwei Ereignisse nachhaltig erschüttert: durch eine japanische Fliegerbombe und durch eine junge Krankenschwester aus der Vorstadt. Unser Vater war ein treu sorgender Familienmensch und die ersten Jahre über auch ein ordentlicher Ehemann gewesen. Bis er sich dann mit dieser Pflegerin einließ. In der Klinik gab es einen Ruheraum, in dem er sich manchmal aufs Ohr legte. Eines Tages machte diese Frau sich dort an ihn heran. Sie deckte ihn mit einem Seidentuch in imperialem Gelb zu und zwitscherte etwas wie »Ich bedecke Dich wie einen Kaiser!«. Das wird ihm wohl gefallen haben, jedenfalls begann er ein Verhältnis mit ihr. Sie war noch blutjung, nur vier Jahre älter als Hsiuchu. Bald darauf wurde sie schwanger. Natürlich war Mutter tief verletzt, als sie dahinterkam. Als die Geliebte unserem Vater schließlich einen Sohn gebar, wollte er sie nach altem Brauch in unser Haus aufnehmen. Mutter sperrte sich jedoch dagegen, zunächst auch mit Erfolg.

Bis wenige Jahre zuvor war das Konkubinat noch gesetzlich erlaubt gewesen, sofern die Ehefrau keine Kinder bekommen konnte, der Sex mit ihr unbefriedigend war oder die Zweitfrau dem Mann ein Kind geboren hatte. Häufig wurden Mädchen aus armen Verhältnissen an reiche Familien verkauft. Kamen sie in eine halbwegs menschliche Umgebung, war ihr Los erträglich. Wenn nicht, war es die Hölle.

In dieser Hinsicht war unser Vater also keineswegs verwestlicht. Von nun an verlief die Ehe stürmisch. Nicht dass Mutter lautstark mit ihm gestritten hätte, das gehörte sich nicht. Aber die Spannungen blieben spürbar, und oft weinte sie im Stillen vor sich hin. Diesen schwelenden Konflikt nahmen wir dann auch in unsere neue Umgebung mit. Denn wenig später, Ende 1937, mussten wir Ningpo verlassen.

Ermutigt durch den Antikominternpakt mit Deutschland und Italien, hatte Japan China den Krieg erklärt. Es befand sich auf breiter Front auf dem Vormarsch. Rund um Schanghai jedoch leisteten Divisionen der Kuomintang erbitterten Widerstand. Damit hatten die Invasoren nicht gerechnet, und umso rigoroser versuchten sie, die chinesischen Nachschublinien zu unterbrechen. So wurde auch das strategisch wichtige Ningpo zum Kriegsziel.

Anfangs fielen lediglich zwei Bomben auf den Hafen. Wir hörten die Explosionen, und unsere Fenster bebten. Heftigere Angriffe folgten. Zwar heulten jedes Mal die Sirenen zur Vorwarnung, aber da waren die Flieger auch schon über uns. Es war Terror aus der Luft, eines der ersten Flächenbombardements einer Stadt überhaupt. Ein primäres Ziel war die Ling-Brücke. Doch sie hielt unerschütterlich stand. Seither stehen Produkte *made in Germany* in Ningpo hoch im Kurs, und die ältere Generation schwört auf Hörgeräte von Siemens.

Wer immer konnte, flüchtete tagsüber ins Hinterland. Später flogen die Japaner bis in die Berge hinein, bombardierten auch Tschiangs Heimatort Siko, wobei seine frühere Frau ums Leben kam. In Ningpo wurden viele Gebäude in Hafennähe geräumt, so auch die Klinik *Glorreiches China*. Eine dieser Attacken überstanden wir nur mit knapper Not. Mutter und ich pflückten gerade Feigen im Garten des Hospitals, als plötzlich Flieger heranjagten. Wir konnten nur noch in die Büsche hechten, da schlug auch schon eine Bombe in die gegenüberliegende Häuserzeile ein. Ein mörderisches Krachen erdröhnte, Staub wallte auf, abgerissene Gliedmaßen flogen durch die Luft. Zutiefst beunruhigt verkaufte Vater die Klinik dann auf schnellstem Wege. Zum Glück – denn später schlug dort tatsächlich eine Bombe ein.

Er hielt es für das Beste, nach Schanghai zu gehen. Dort hatten zwar ebenfalls heftige Kämpfe getobt, aber wie Hunderttausende anderer Chinesen auch glaubte er sich und seine Familie im Schatten der Westmächte sicherer. Japan würde es nicht wagen, die ausländischen Enklaven anzugreifen. Sie schienen wie ferne Rettungsinseln, und Ströme von Menschen setzten sich dorthin in Bewegung. Schanghais Bevölkerung schwoll auf fünf Millionen an. Mit einem Küstendampfer, der einst in Stettin gebaut worden war, glitten wir schließlich Ende Dezember flussabwärts in die Nacht hinaus. Eine Woche später folgte Vaters Konkubine mit ihrem Säugling heimlich nach.

# Phönix-Versicherungen

Nach dem sogenannten Anschluss ans Deutsche Reich versuchte die Mehrheit der österreichischen Juden verzweifelt, außer Landes zu kommen. »Es war der helle Wahnsinn, in Wien nach dem März 1938 ein Jud zu sein, aber man konnte sich's bekanntlich nicht aussuchen. Man konnte nur trachten, möglichst schnell wegzukommen«, befand Friedrich Torberg. In unserer unmittelbaren Umgebung bekamen wir von den Schikanen wenig mit, vielleicht, weil die Wieden kein besonders jüdischer Bezirk war. In anderen Vierteln aber mussten Juden zu dieser Zeit bekanntlich das Trottoir mit Zahnbürsten säubern. Darunter auch ein General a. D., mitsamt all seinen Orden und Abzeichen, und ein alter Rabbi, den man am Bart aus der Synagoge zerrte. Mit letzter Kraft erklärte er: »Was Gott gefällt, gefällt auch mir.«

Von uns wurde zum Glück niemand zu so einer Aktion gezwungen. Wir versuchten, so weit wie möglich unsichtbar zu bleiben. Ab Juni durften Juden keine Parks mehr besuchen oder sich auch nur auf Bänken niederlassen. Deshalb ging ich fast nur mehr in unserem Viertel spazieren. Dabei kam ich an einem Schaukasten vorüber, in dem der *Stürmer* aushing. Ich war neugierig, was die so über unsereinen schrieben, und las dieses Hetzblatt dann noch manches Mal. Viel Interesse weckte der Aushang ansonsten nicht.

Unser Dienstmädchen mussten wir entlassen. Wir verfügten nicht mehr über das nötige Einkommen, zudem durften Arier nicht mehr für Juden arbeiten – nur eine unter Hunderten von Maßregeln, die uns das Leben schwer machen sollten. Schulfreunde, mit denen ich jahrelang Kontakt gehabt hatte, sonderten sich von mir ab. Einige Schüler und Lehrer trugen Hakenkreuzabzeichen zur Schau. Den ungefähr 16000 jüdischen Kindern Wiens wurde es nicht erlaubt, das Jahr an ihren angestammten Schulen zu Ende zu bringen. »Deutschen Lehrern« konnte unmöglich weiter zugemutet werden, ihnen Unterricht erteilen zu müssen, so wenig es für »deutsche Schüler« tragbar war, mit ihnen in einem Raum zu sitzen. Wir wurden zwangsweise konzentriert, so dass ich die dritte Klasse im Sperlgymnasium beendete. Im vierten Schuljahr musste ich eine Hauptschule besuchen. Juden sollten überhaupt keine weiterführende Bildung mehr erhalten.

So weit die Schulprobleme. Das weitaus größte Problem war jedoch die Inhaftierung meines Vaters.

*Konzentrationslager Weimar-Buchenwald,*
*17. Oktober 1938*

*Meine Liebsten!*
*Ich habe Eueren l. Brief, wie auch die 10 RM, erhalten, wofür ich Euch herzlichst danke. Hoffentlich habe ich baldigst Gelegenheit, alles wettzumachen, was Ihr mir in der letzten Zeit angedeihen liesset. – Ich bin froh, daß die Last des Geschäfts mit 15. ds. Mts. von Dir abgewälzt wurde. Trachte mit dem Wenigen, was Dir zur Verfügung steht, auszukommen. Mir brauchst Du derzeit nichts zu schicken. Warum erwähnst Du von meiner liebsten Mutter mit keinem Worte? Was macht die l. Frieda, Fela und Deine Mutter? Ich danke für die mir übermittelten Grüße. Ich bin gesund u. es freut mich, daß Du wie auch unser l. Berti mir das gleiche berichtet. Viele unzählige Grüsse und Küsse an Dich, den lieben herzigen Berti, meine liebe Mutter wie auch an alle Verwandten*
*Euer Siegfried*

Es hatte insgesamt drei Verhaftungswellen gegeben. Die erste war gleich nach dem »Anschluss« über Österreich hereingebrochen und hatte vor allem politische Gegner erfasst. Darunter waren auch viele Juden, bevor dann im Juli und noch einmal nach den Novemberpogromen gezielte Massenaktionen gegen jüdische Bürger stattfanden. Nur wenige Male erreichte uns eine Karte oder ein Brief vom Vater. Sie waren in dem eigentümlichen Geschäftsdeutsch gehalten, das für ihn stets typisch gewesen war. Von den Bedingungen im Lager durfte »Schutzhäftling Sokal, Siegfried, Nr. 9690« nichts verlauten lassen, und wir unsererseits wagten kaum, uns Vorstellungen von Dachau oder Buchenwald zu machen. Nach vielen Gängen zur Gestapo erreichte meine Mutter schließlich, dass er auf freien Fuß gesetzt werden sollte, falls wir ein gültiges Visum und eine Schiffskarte vorweisen könnten. Auch Tante Frieda setzte darauf all ihre Hoffnungen. So unmenschlich die KZs damals auch waren, dienten sie doch noch nicht als Vernichtungslager. Die Inhaftierungen verfolgten unter anderem den Zweck, jüdische Familien zur Emigration zu nötigen, um so deren Eigentum möglichst schnell und komplett konfiszieren zu können. So bekam es meine Mutter auch mit der »Zentralstelle für jüdische Auswanderung« zu tun, die Adolf Eichmann kurz zuvor eingerichtet hatte. Personell wie logistisch bildete diese »organisatorische Lösung der Judenfrage« eine Vorstufe der Vernichtung. Es gab die ersten Deportationen im großen Stil; am Ende charterte die Gestapo sogar Sonderschiffe »zur Erhöhung der China-Transporte«.

Rhodesien, Kuba, Paraguay, alle möglichen Länder waren damals im Gespräch. Eine Zeit lang schien Mexiko ein Ausweg. Aber es dauerte nicht lange, bis sich das wieder zerschlug, noch bevor ich angefangen hatte, Spanisch zu lernen. Dann kursierte das Gerücht, dass der litauische Konsul bestechlich wäre. Meine Mutter stellte sich auch an vor dem Konsulat, doch zum Glück wurde nichts daraus.

Mein Vater war bis dahin immer sehr unternehmungslustig gewesen. Schon als Kind hatte es ihn ja in die Welt hinausgezogen, mit seinen zwei Gulden im Strumpf. Mitte der Dreißigerjahre wollte er nach Palästina auswandern, weniger aus ideologischen Gründen, sondern weil ihm zu Ohren gekommen war, dass dort Möglichkeiten zum Aufbau einer Farbenfabrik bestünden. Die Schiffspassage nach Haifa hatte er bereits gekauft. Doch genau zu der Zeit kam es zu Unruhen zwischen jüdischen Siedlern und Palästinensern, daraufhin ließ meine Mutter ihn nicht fahren. Dafür war wenig später die Türkei im Gespräch. Wir hatten Beziehungen zu einem türkischen Geschäftsmann namens Lutfiallah Ay geknüpft, der dann auch ein Freund der Familie wurde. Er vermittelte Kontakte in die Türkei, so dass mein Vater Ende 1938 nach Istanbul hätte fahren wollen. Ich hatte mir sogar schon ein Türkischlehrbuch besorgt. Aber dann kam es dort zu einer Regierungskrise, und so zerschlug sich das Ganze wieder. Gerade, als wir dringend einen Ausweg suchten.

Schließlich blieb China als letzte Fluchtmöglichkeit. Schanghai war der einzige Ort der Welt, für den kein Visum erforderlich war. Ein Sonderfall, eine bürokratische Anomalie. Der französische und der britisch dominierte internationale Sektor besaßen exterritorialen Status, der Rest stand unter japanischer Besatzung. Die Vertragsmächte konnten sich nie auf eine Visumpflicht einigen. Die verzweifelten Emigranten hatten dieses Schlupfloch entdeckt, und von da an begann der Exodus nach Schanghai. Meine Mutter wollte jedoch ganz sichergehen, und so verschaffte sie uns bei der chinesischen Botschaft, die seit dem deutschen Einmarsch zum Konsulat herabgestuft worden war, zusätzlich ein Visum. Übrigens hatte China, als eines von nur ganz wenigen Ländern weltweit, offiziell gegen die deutsche Vereinnahmung Österreichs protestiert. Wie erst nach dem Krieg bekannt wurde, half der damalige Konsul in Wien, Dr. Feng-Shan Ho, vielen hunderten bedrängter Juden, indem er großzügig Visa ausstellte und ihnen auch sonst beistand, wie er konnte. Wofür er schließlich postum vom Staat Israel als einer der »Gerechten unter den Völkern« geehrt wurde. Auch wenn für Schanghai allein kein Visum erforderlich war, erleichterte es doch den Verkehr mit den Nazibehörden und beschleunigte die rettende Ausreise. Entgegen den Anweisungen seiner Vorgesetzten hielt Ho an seiner generösen Praxis fest, selbst dann noch, als das Haus, in dem das Konsulat untergebracht war, beschlagnahmt wurde, weil es einem jüdischen Besitzer gehörte. Mitgefühl zu zeigen und helfen zu wollen, erklärte er später, sei nur natürlich gewesen für ihn. »Menschlich gesehen sollte das immer so sein.«

Während der Novemberpogrome wurden alle Wiener Synagogen in Brand gesteckt. In der Folge verschärften sich die staatlichen Schikanen noch. Jüdischen Bürgern wurden die Führerscheine abgenommen, Anwälte, Ärzte und Apotheker durften nicht mehr praktizieren. Auch in Theatern, Kinos und Museen hatten wir nun Hausverbot, selbst den Tieren im Zoo sollte unser Anblick nicht länger zugemutet werden. Unsere Wohnung wurde von der NSDAP »angefordert«; wir mussten sie binnen zweier Wochen räumen. Meine Mutter setzte eine Annonce in die Zeitung, woraufhin den ganzen Tag lang Leute kamen, um unsere Sachen zu besehen. Sie wussten natürlich, dass es sich um jüdisches Gut handelte und dass wir gezwungen waren, es umgehend zu veräußern. Auch der Flügel wechselte zu einem Spottpreis den Besitzer. Kurz vor Weihnachten übernahm dann ein Nazibeamter die Wohnung, welch schöne Bescherung für ihn. Tante Frieda überließ uns eines ihrer Zimmer in der D'Orsaygasse, Onkel Lonio war ja ebenfalls interniert. Ihm gegenüber fühlten sich meine Eltern in der Pflicht. Als nämlich die Phönix-Versicherung in Konkurs gegangen war, hatte er seine Abfindung in unsere Firma investiert. Doch nun war alles beschlagnahmt worden, und auch wenn wir dafür nicht verantwortlich waren, fühlten wir uns doch moralisch verpflichtet, ihn zu entschädigen, sobald sich eine Gelegenheit dazu böte.

Im ersten Stock dieses Hauses wohnten Onkel Salo und Tante Gisela mit Sohn Kurt und Großmutter Jeanette, darüber wir mit Tante Frieda und Cousine Fela. Fela war zu dieser Zeit wie eine große Schwester für mich. Sie bewegte sich in Sphären, die ich nur vage ahnen konnte. Aus irgendeinem Grund sang sie dauernd das *Selbstmörderlied*, einen gerade populären Schlager. Sie hatte bereits im ersten Semester Medizin studiert, war dann jedoch, wie alle Juden, der Universität verwiesen worden. Im Februar wurde sie nach England evakuiert. Dorthin gelangte dank eines Kindertransportes auch noch der kleine Kurt, freilich nur er allein. Sein Vater Salo war nach dem Ersten Weltkrieg polnischer Staatsbürger geworden, weshalb er und Tante Gisela in Wien wenigstens vor unmittelbarer Verfolgung verschont blieben. Doch es war klar, dass auch sie nicht würden bleiben können, und nachdem sie Kurt außer Gefahr wussten, setzten sie sich schließlich kurz vor Kriegsausbruch nach Polen ab. Wir haben nie wieder von ihnen gehört.

Den ganzen Winter über stand meine Mutter fast täglich auf irgendeinem Amt an. Fast ebenso schwer wie Einreise- waren Ausreisegenehmigungen zu erlangen. So hatte man etwa eine steuerliche Unbedenklichkeitsbescheinigung vorzuweisen, dass auch wirklich alles Geld abgeführt worden war. Als sie endlich alle Papiere beisammen hatte, begann das Warten.

> **Jeder Häftling darf im Monat 2 Briefe oder 2 Postkarten empfangen und auch absenden. Nur die Zeilen sind zu beschreiben. Schlecht lesbare Briefe können nicht zensiert werden und werden vernichtet. Pakete dürfen nicht empfangen werden. Nationalsozialistische Zeitungen sind zugelassen, müssen aber von dem Häftling selbst bestellt werden.**
> **Der Tag der Entlassung kann jetzt noch nicht angegeben werden. Besuche im Lager sind verboten. Anfragen sind zwecklos.**
>
> *Der Lagerkommandant*

Onkel Lonio kehrte schließlich am 11. Jänner zurück, ausgerechnet an seinem Geburtstag. Wir überlegten, ob es womöglich das System der KZs sei, dass man am Geburtstag entlassen würde. So dass wir meinen Vater voller Hoffnung erwarteten, denn seiner stand am 10. Februar an. Aber der Tag verstrich, ohne dass er zurückkam. So sehr meine Tante sich auch freute, dass ihr Mann wieder zu Hause war, so litt sie doch auch mit der Schwester, deren Unglück andauerte. Bei jedem Läuten zuckten wir zusammen. Etliche Male hatte es Durchsuchungen und Festnahmen im Haus gegeben, weshalb wir untereinander Klingelsignale vereinbart hatten. Einmal stand die Frau eines ehemaligen Kunden in Begleitung eines SA-Mannes vor der Tür: Sie hätten gehört, wir gedächten Schmuck zu veräußern. Allein der Anblick dieser Uniform schüchterte meine Mutter wie erwartet ein, und so trat sie ihnen zu einem »Freundschaftspreis« einen Ring, eine Omega und eine Schaffhausen ab. Ähnliche Erpressungsversuche waren nach Vaters Inhaftierung auch im Geschäft vorgefallen, wo Kunden und Konkurrenten, manche ebenfalls in Uniform, Waren zu einem Bruchteil des tatsächlichen Wertes an sich brachten.

Dann kam jener Tag Ende Februar. Mit dreizehn hätte ich unter normalen Umständen noch nicht alleine die Wohnung gehütet, doch in Zeiten wie diesen war man genötigt, schneller erwachsen zu werden. Schon dass mein Vater uns gefunden hatte, war erstaunlich. Ob wir ihm von der Zwangsräumung überhaupt hatten schreiben dürfen? Vielleicht war er zuerst in die Favoritenstraße gegangen und dort wahrscheinlich von dem Nazi nicht sehr freundlich empfangen worden. Von seinem Leben im Lager hat er mir gegenüber auch später nie etwas erzählt. In jenen Tagen traute ich mich nicht, ihn zu befragen, und hinterher wollte ich keine bösen Erinnerungen wecken. Doch für jemanden, dessen Welt bereits in Unruhe geriet, wenn die Uhr eine Minute nachging, muss es die Hölle gewesen sein. Das wenige, das ich über seine Lagerzeit weiß, erfuhr ich später vom Onkel und von der Mutter. Wie alle Insassen dieser Kasernen der Grausamkeit wurden die beiden Männer häufig misshandelt und geschlagen. In einem Kalksteinbruch mussten sie von früh bis spät an die achtzig Pfund schwere Steine schleppen. Streckenweise bergauf, zurück ging es dann im Laufschritt. Und das alles im rauen thüringischen Winter, bekleidet nur mit ihrer dünnen Häftlingskluft. Wenn sie wenigstens ein Haus gebaut hätten – aber sie trugen die Felsblöcke lediglich von einem Ort zum anderen. Es verging kein Tag, an dem nicht etliche Gefangene erschossen wurden oder infolge der unerträglichen Bedingungen ums Leben kamen. Endlich wieder zu Hause, erging es dem Vater dann ebenso wie zuvor dem Onkel: In den ersten

Nächten schwitzten sie so heftig, dass man jeden Tag das Bettzeug wechseln musste.

Er wollte nun so schnell wie möglich fort und begab sich unverzüglich aufs Polizeipräsidium. Unser Reisepass wurde dann auf »Siegfried Israel Sokal« ausgestellt, »begleitet von Klara Sara Sokal und einem Kind«. Ein dickes »J« prangte neben dem Hakenkreuzadler. Als Nächstes schrieb der Vater einen offiziellen Brief, in dem er seine Auswanderungsabsicht bekundete und seine Vermögensverhältnisse deklarierte.

*Wien, den 18. März 1939*

*An die Devisenstelle Wien*
*Überwachungsabteilung*

*Unter Bezugnahme auf Ihre Anfrage vom 9. März teile ich ergebenst Folgendes mit. Mein einziger verbliebener Vermögenswert besteht in einer Lebensversicherung beim Nachfolgeunternehmen der Phönix. Sonstige Vermögenswerte habe ich nicht. Ich bin Jude und beabsichtige auszuwandern.*

*Siegfried Sokal*
*früher Wien IV., Favoritenstr. 66*
*jetzt Wien IX., D'Orsaygasse 1/16*

Dann ließ der Vater sich sein Gebiss reparieren. Den schwersten Eingriff jedoch schob er auf. Infolge der Lagerstrapazen hatte sich sein Leistenbruch zu einem Hodenbruch geweitet. Die ganzen Gedärme waren in den Hodensack gerutscht, der sich dadurch riesig aufblähte. Aber er konnte sich nicht dazu entschließen, das noch in Wien beheben zu lassen. So lief er immer mit einer schweren Binde herum, die den Unterleib mittels einer Stahlfeder zusammenpresste. Ich litt mit ihm, schämte mich seiner Schwäche jedoch nicht, da wir und unsere jüdische Umgebung ja wussten, dass er unschuldig in diese Misere geraten war. Doch das KZ hatte ihn auf Dauer verändert. Aus einem selbstbewussten, erfolgreichen Geschäftsmann war ein kranker und unsicherer Mensch geworden, der sich schwer tat, seine alte Rolle wieder einzunehmen.

# Die Stadt der Fremden

Am nächsten Morgen liefen wir in Schanghai ein. Man konnte die nächtliche Überfahrt von Ningpo kaum eine richtige Reise nennen, nur 130 Seemeilen trennen die beiden ungleichen Schwestern. Und doch trug unsere Übersiedlung Züge einer Emigration. Wir wanderten innerhalb ein und desselben Landes aus. Aber gab es dieses Land überhaupt noch? China war nicht mehr Herr im eigenen Haus, zumindest nicht in seinen wichtigsten Räumen. Abgesehen von den Sonderrechten der Vertragsmächte war es vor allem die japanische Expansion, welche die Einheit des Landes zunichte machte. Bis 1937 hatte Japan die gesamte Nordhälfte der Küste in seine Gewalt gebracht, dazu weite Teile des Hinterlandes und den Unterlauf des Jangtsekiang. Eine Million Soldaten hielt diese Gebiete besetzt.

Damals glaubte die Welt noch, aus weiter Ferne Zeuge eines asiatischen Bruderzwistes zu werden. Doch der erwies sich als Generalprobe zum Zweiten Weltkrieg und gipfelte im Dezember 1937 in der Mordorgie von Nanking, einem der brutalsten Kriegsverbrechen aller Zeiten. Binnen weniger Wochen verwüsteten und notzüchtigten japanische Truppen die halbe Hauptstadt und töteten auf grausamste Art mehrere Hunderttausend Menschen. Selbst Hitlerdeutschland protestierte damals gegen diese Metzelei. Um Schanghai wurde erbittert gekämpft. Unaufhörlich bombardierte die gegnerische Luftwaffe die Stadtteile unter chinesischer Hoheit. Ganze Straßenzüge fielen in Schutt und Asche, Hunderte von Fabriken und Werkstätten wurden zerstört. Als die Japaner trotz technischer Überlegenheit kaum vorankamen, setzten sie ihre ersten Kamikazekämpfer ein, die mit Dynamit bestückt in die feindlichen Stellungen rannten. Es war die blutigste Schlacht seit Verdun. 100- bis 200 000 Chinesen und etwa 40 000 Japaner fielen ihr zum Opfer.

All dies lag erst zwei Monate zurück. Doch als wir im Morgengrauen einliefen, nahmen wir von den Verheerungen kaum etwas wahr. Vor der Mündung des Jangtsekiang passierte uns lautlos und drohend ein japanischer Marinekonvoi. Begleitet vom Choral der Nebelhörner fuhren wir in den Whangpoo ein und machten schließlich kurz hinter der Einmündung des Soochow Creeks mitten in Schanghai fest.

Wir zogen in die französische Konzession, die der Krieg ebenso ausgespart hatte wie die Internationale Niederlassung. Diese war Ende des 19. Jahrhunderts aus der anfangs rein britischen Konzession hervorgegangen und seither erheblich gewachsen. Anders als Hongkong waren diese beiden Territorien keine Kolonien, aber doch wertvolle Stützpunkte, in denen die ausländischen Mächte weitreichende Privilegien hatten, freilich auch administrative Pflichten. Zähneknirschend respektierten die Japaner vorerst die Neutralität beider Zonen. Nur in Hongkew, dem schon seit Jahrzehnten unter japanischer Botmäßigkeit stehenden Teil der Niederlassung, war heftig gekämpft worden. Auch der Bund, die große Uferpromenade, war nicht gänzlich verschont geblieben. Chinesische Fliegerbomben, die eigentlich japanischen Kriegsschiffen gegolten hatten, waren versehentlich über dem *Cathay* und dem *Palace Hotel* sowie dem weiter stadteinwärts gelegenen Vergnügungspalast *Great World* niedergegangen. Fast 1700 Chinesen und einige Dutzend Ausländer waren ums Leben gekommen. Den Bewohnern der Konzessionen mochten erste Ahnungen kommender Katastrophen dämmern.

Diese Handels- und Sonderwirtschaftsverbandszonen waren faktisch autonom. Die gut 2000 Hektar umfassende Internationale Niederlassung wurde weder von China noch von den Vertragsmächten direkt regiert, sondern von einem aus führenden Mitgliedern der Geschäftswelt gebildeten Stadtrat. Einem Klub aus mächtigen Männern, die sich einig waren in dem Bestreben, um jeden Preis die Stellung zu halten. In der Praxis führten die Briten dort das Regiment, dazu gab es einige amerikanische und japanische Stadträte, früher auch einen deutschen, und mittlerweile hatten sogar einige betuchte Chinesen ein solches Amt inne. Die halb so große französische Konzession wurde von einem Konsul geführt und besaß noch stärker kolonialen Zuschnitt. Auch dort regierte ein Magistrat, der die Chinesen zwar früher einbezogen, ihnen jedoch ebenfalls kaum Befugnisse zugestanden hatte. Zudem verfolgten diese Delegierten hemmungslos ihre eigenen Interessen, und die Polizei fraternisierte mit der Unterwelt.

Groß-Schanghai, das sowohl die Altstadt als auch die weit nach Norden und Westen ausgreifenden Wohn- und Industriegebiete umfasste, ließe sich entsprechend als chinesische Konzession bezeichnen. Es hatte direkt der Regierung in Nanking unterstanden und wurde nun von den japanischen Militärbehörden verwaltet, später erneut von Nanking aus, wo das Regime der Kollaborateure unter Wang Tsching-wei seinen Sitz nahm. Wang hatte einst mit Sun Yat-sen in Japan studiert und lange als dessen Ziehsohn gegolten. Für ein vereiteltes Attentat auf den chinesischen Prinzregenten war er 1910 zu lebenslanger Haft verurteilt worden, aus der ihn die Revolution ein Jahr später befreit hatte. Er konnte Tschiang Kai-scheks Aufstieg nie verwinden und zettelte wiederholt Komplotte gegen ihn an. Dessen ungeachtet spielte er einige Jahre lang als Ministerpräsident eine wichtige Rolle. Doch wie das chinesische Sprichwort sagt: »Auf einem Berg können keine zwei Tiger leben.« Wang wurde kaltgestellt und reiste schließlich 1936 in undurchsichtiger Mission nach Deutschland, wo er bei Hitler antichambrierte. Nun hielt er seine Stunde für gekommen und paktierte mit den Japanern.

Siegfried Sokal als Gefreiter, vor Ausbruch des Ersten Weltkrieges.

Klara Rathner als junge Schönheit, kurz vor der Flucht aus Galizien 1917.

Klara Sokal, Mitte der Dreißiger Jahre in Wien.

Die Hochzeit von Klara Rathner und Siegfried Sokal, Mai 1923.

Das alte Wien:
Anfang 1939, als Juden schon keine Theater mehr besuchen durften, schlich der junge Robert sich inkognito in den *Rosenkavalier*, um vor der Emigration wenigstens einmal in der Oper gewesen zu sein.

Ein Papiersack aus der Farbenhandlung von Siegfried Sokal.

Eine glückliche Familie: Klara, Robert und Siegfried Sokal, um 1927.

Robert verlebte eine unbeschwerte Kindheit. Im Sommer besuchte die Familie gern das Freibad in Baden bei Wien.

Eine begeisterte Menschenmenge feiert in Wien die Annexion Österreichs, März 1938.

Unter Aufsicht der neuen Obrigkeit wird ein jüdisches Geschäft mit antisemitischen Parolen beschmiert.

Schändung des von Juden gern besuchten Café Rembrandt im II. Bezirk.

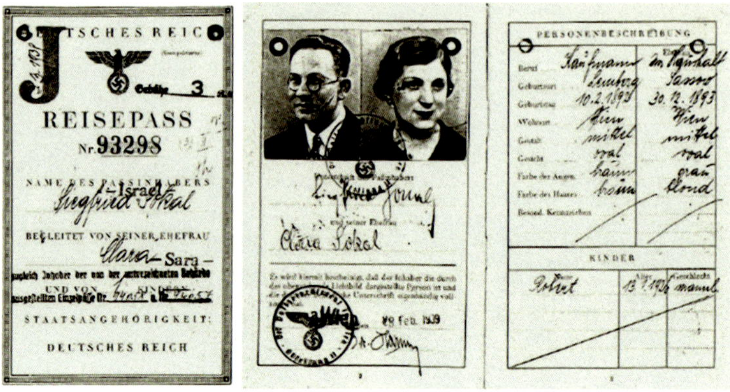


Der Reisepass, mit dem Roberts Eltern Europa verließen.

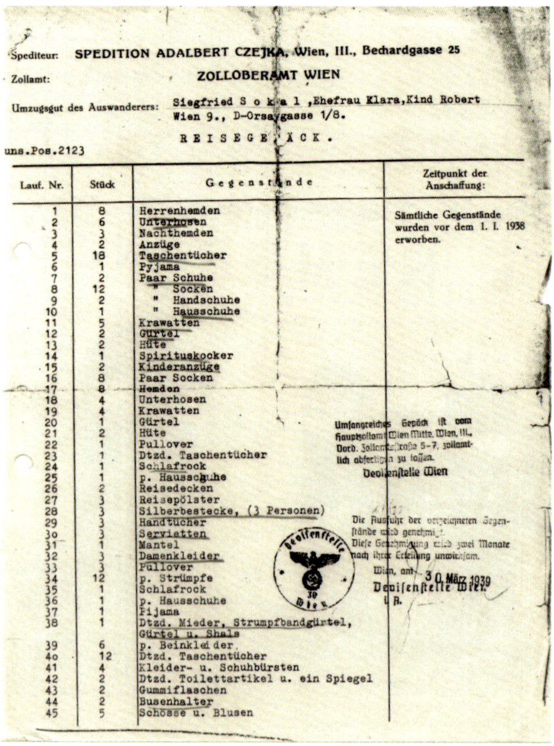

Spediteur: SPEDITION ADALBERT CZEJKA, Wien, III., Bechardgasse 25
Zollamt: ZOLLOBERAMT WIEN
Umzugsgut des Auswanderers: Siegfried S o k a l ,Ehefrau Klara,Kind Robert
Wien 9., D-Orsaygasse 1/8.

R E I S E G E P Ä C K .

uns.Pos.2123

| Lauf. Nr. | Stück | Gegenstände | Zeitpunkt der Anschaffung: |
|---|---|---|---|
| 1 | 8 | Herrenhemden | Sämtliche Gegenstände wurden vor dem 1. I. 1938 erworben. |
| 2 | 6 | Unterhosen | |
| 3 | 3 | Nachthemden | |
| 4 | 2 | Anzüge | |
| 5 | 18 | Taschentücher | |
| 6 | 1 | Pyjama | |
| 7 | 2 | Paar Schuhe | |
| 8 | 12 | " Socken | |
| 9 | 2 | " Handschuhe | |
| 10 | 1 | " Hausschuhe | |
| 11 | 5 | Krawatten | |
| 12 | 2 | Gürtel | |
| 13 | 2 | Hüte | |
| 14 | 1 | Spirituskocker | |
| 15 | 2 | Kinderanzüge | |
| 16 | 8 | Paar Socken | |
| 17 | 8 | Hemden | |
| 18 | 4 | Unterhosen | |
| 19 | 4 | Krawatten | |
| 20 | 1 | Gürtel | |
| 21 | 2 | Hüte | |
| 22 | 1 | Pullover | |
| 23 | 1 | Dtzd. Taschentücher | |
| 24 | 1 | Schlafrock | |
| 25 | 1 | p. Hausschuhe | |
| 26 | 2 | Reisedecken | |
| 27 | 3 | Reisepölster | |
| 28 | 3 | Silberbestecke, (3 Personen) | |
| 29 | 3 | Handtücher | |
| 30 | 3 | Servietten | |
| 31 | 1 | Mantel | |
| 32 | 3 | Damenkleider | |
| 33 | 3 | Pullover | |
| 34 | 12 | p. Strümpfe | |
| 35 | 1 | Schlafrock | |
| 36 | 1 | p. Hausschuhe | |
| 37 | 1 | Pijama | |
| 38 | 1 | Dtzd. Mieder, Strumpfbandgürtel, Gürtel u. Shals | |
| 39 | 6 | p. Beinkleider | |
| 40 | 12 | Dtzd. Taschentücher | |
| 41 | 4 | Kleider- u. Schuhbürsten | |
| 42 | 2 | Dtzd. Toilettartikel u. ein Spiegel | |
| 43 | 2 | Gummiflaschen | |
| 44 | 2 | Busenhalter | |
| 45 | 5 | Schösse u. Blusen | |

Umfangreiches Gepäck ist vom Hauptzollamt Wien Mitte, Wien, III., Vord. Zollamtsstraße 5-7, zollamtlich abfertigen zu lassen.
Devisenstelle Wien

Die Ausfuhr der verzeichneten Gegenstände wird genehmigt.
Diese Genehmigung wird zwei Monate nach ihrer Erteilung unwirksam.
Wien, am 30. März 1939
Devisenstelle Wien
i. A.

Die Gepäckliste der Sokals, wenige Tage vor Abreise erstellt.

Schon vor der massenhaften Flucht von Juden aus Europa waren die Schiffsverbindungen in den Fernen Osten ein lukratives Geschäft. Unten: Das Billett der Sokals für die Passage von Triest nach Schanghai.

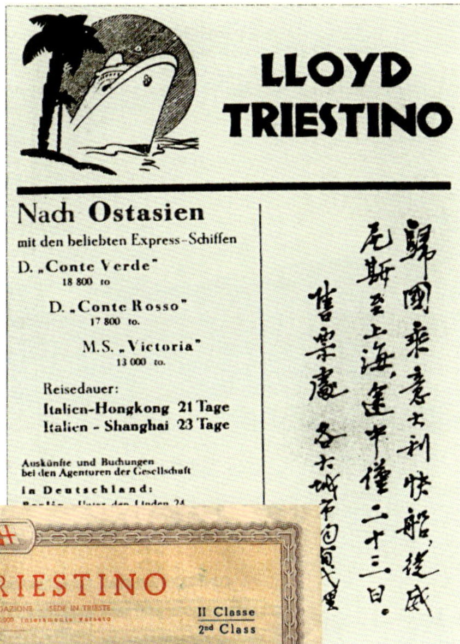

LLOYD TRIESTINO

SOCIETÀ ANONIMA DI NAVIGAZIONE · SEDE IN TRIESTE

SERIE 120 № 0253

II Classe / 2nd Class

CONTRATTO PER BIGLIETTO DI PASSAGGIO
CONTRACT FOR PASSAGE TICKET

Da / From: Trieste — a / to: Shanghai — Nave / Vessel: " Conte Rosso "

Linea / Line N. 164 — Partenza / Sailing: 12 aprile 1939 — ore / o'clock 1 — Cabina / Cabin: 73 / 105 — Letto / Berth: C donna / A uomo — 1 postuomo assicurato

| Nomi dei passeggeri - Names of passengers | Età / Age | Posti / Fares | | Prezzo di tariffe - Tariff rate | |
|---|---|---|---|---|---|
| Sokal Robert | a | 1 | Prezzo di passaggio / Passage Fare | £ | 208.10.- |
| Sokal Klara | a | 1 | Supplementi / Supplements | | |
| Sokal Siegfried | a | 1 | meno riduz. fam. 10% | | 20.17.- |
| | | | Tasse / Taxes: Canale / Suez Canal | | |
| | | | Tasse / Taxes: Imbarco / Embarkation | | |
| | | | Tasse / Taxes: Sbarco / Landing | | |
| | | | Diritti bagaglio / Baggage duties: Imbarco / Embarkation | | |
| | | | Diritti bagaglio / Baggage duties: Sbarco / Landing | | |
| | | | Totale - Total | £ | 187.13.- |

Incassato / Collected: RM 2.251.80 — al cambio di / at the rate of: 12.-

Incassato / Collected: Deposito cauzionale / Guarantee …… ; Fondo scorta / Landing money ……

Annotazioni / Remarks: passap.ted.93298 emesso a Vienna 28/2/1939
" " 93298 " " " "
" " 93298 " " " "

Vienna, 7 aprile 1939/XVII

Timbro e firma dell'Agente / Agent's stamp & signature

*Questo biglietto non è valido se non viene presentato all'atto dell'imbarco insieme al tagliando A), a meno che non porti apposita annotazione per avvenuta interruzione del viaggio.*
*This ticket is not valid if not shown when embarking together with the counterfoil A), unless not duly endorsed in case of break of journey.*

Die »Conte Rosso« war eines von drei Schiffen des Lloyd Triestino, mit denen die Flüchtlinge nach Schanghai gelangten.

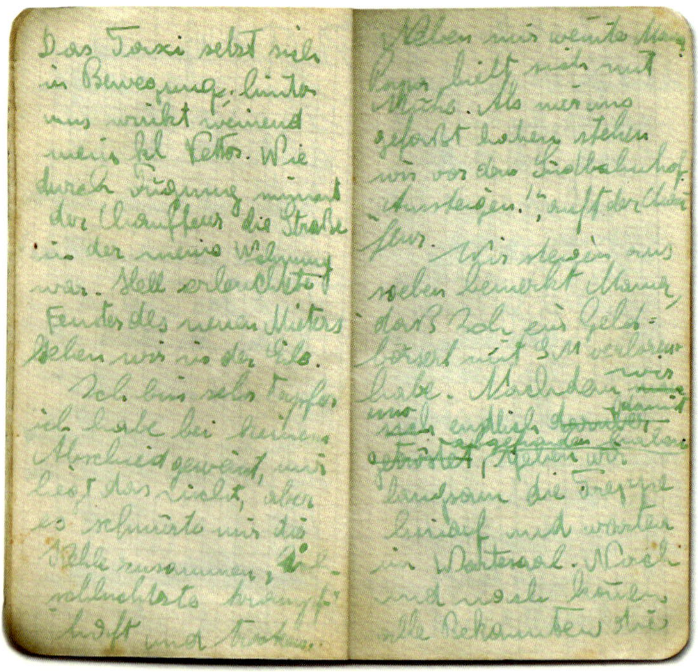

Das Tagebuch, das der dreizehnjährige Robert während der Ausreise führte.

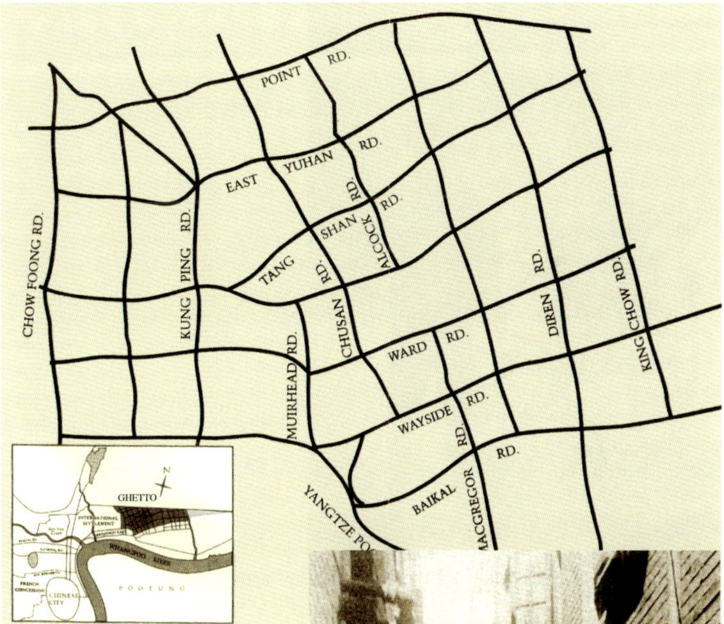


Hongkew im Nordosten Schanghais: hier lebte die Mehrzahl der Emigranten.

In den Auffanglagern wurde die Zahl der ankommenden Flüchtlinge genau registriert. Rechts: Der Blick in eine typische Hofgasse (Lane).

Die Fahrt in einer Rikscha zählte zu den klassischen Neuheiten des Emigrantenlebens. Hier ist Tante Frieda unterwegs in Hongkew.

Onkel Lonio, Mutter Klara, Tante Frieda und Robert vor ihrem Haus in der Wayside Road. Rechts sieht man die chinesische Familie, die das Haus später übernahm.

Postkarten von Roberts Großmutter Julie,
die in Wien zurück geblieben war.

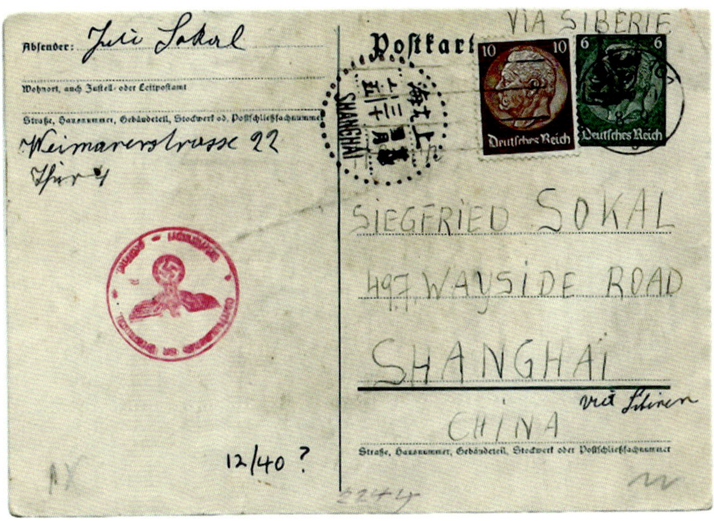


Via Sibérie: Nach Ausbruch des Krieges gelangte Post von Europa nur mehr
mit der Transsibirischen Eisenbahn nach Fernost.

NATIONALBIBLIOTHEK
Zeitschriftensaal.

# Jüdisches NACHRICHTENBLATT

Ausgabe Wien / Erscheint zweimal wöchentlich
Preis 15 Rpf.

Verlag: Jüdischer Kulturbund in Deutschland e. V., Abteilung Verlag, Berlin W 15, Meinekestraße 10 / Zweigstelle Wien I., Marc-Aurel-Straße 5 / Redaktion für die Ausgabe Berlin: Berlin W 15, Meinekestraße 10 (Telephon 91-90-31); für die Ausgabe Wien: Wien I., Marc-Aurel-Straße 5 (Telephon U-22-2-11) / In Fällen höherer Gewalt besteht kein Anspruch auf Nachlieferung oder Erstattung bereits gezahlter Bezugsgebühren / Bezugsgeld einschließlich Postzustellung je Monat RM 1.—, je Vierteljahr RM 3.—

Nummer 57 — Montag, den 15. Juli 1940 — Jahrgang 1940

## EMIGRANTEN AM ZIEL
### ERLEBNISSE UND ERFAHRUNGEN

### Weekend am Whang Poo

Shanghai, Mitte Juni 1940.

Man begegnet hier oft Leuten — es sind zumeist Neuankömmlinge — welche behaupten, man könne keine Ausflüge machen, denn Shanghai habe keine Umgebung, und es sei unmöglich, hier einen Sonntag angenehm zu verbringen. An dieser Behauptung ist nur das eine richtig, daß es hier keine Umgebung gibt wie etwa in Wien. Man kennt hier keinen Wald, keine Weekendfahrten und keine Fahrten ins Blaue. Die höchste mir bisher bekanntgewordene Erhebung ist ein zwei Meter hoher Felsblock, der im Tiergarten steht und ein Tummelplatz für Vögel ist. Wir Jungen haben aber im übrigen für Leute, welche raunzen, daß man am Sonntag nichts anfangen könne, nur ein mildes Lächeln. Wir lassen sie weiter ihren Sonntag im Kaffeehaus verbringen und gestalten unsere Freizeit in einer Weise, für die die erwähnten Nörgler vielleicht kein Verständnis haben, die uns jedoch in jeder Weise zusagt.

Wir wissen zum Beispiel, daß in Shanghai reiche Leute leben, die an der Peripherie der Stadt schöne Villen mit großen, prächtigen Gärten besitzen. Diese Kenntnis veranlaßte mich kürzlich zu einem kühnen Schritt: Ich rief Herrn M., einen solchen Villenbesitzer, an, ob er etwas dagegen hätte, wenn wir seinen Garten zu Weekend benützen. Nein, er hätte durchaus nichts dagegen, lautete die Antwort. Und so zogen Samstag zwölf Burschen mit Rucksäcken zum Eingangstor des Gartens des Herrn M. Der chinesische Wächter kam durch diesen Anblick durchaus nicht aus seiner Ruhe, obwohl Leute mit Rucksäcken in Shanghai gewiß eine Seltenheit sind. Aber einen Chinesen bringt nichts sobald etwas aus seiner Ruhe und außerdem stellte sich heraus, daß der Mann über unser Kommen unterrichtet war.

In dem herrlichen Garten suchten wir uns einen geeigneten Platz aus, an dem wir unsere Zelte aufschlugen, und richteten es uns häuslich ein. Bald war auch eine Kochstelle gebaut, und als die Dämmerung kam, entzündeten wir ein kleines Lagerfeuer. Zuerst verzehrten wir das Nachtmahl, dann kamen Mundharmonikas und eine Klampfen zum Vorschein und wir spielten und sangen bekannte Melodien. Lange saßen wir so am Feuer. Der Mond, der durch die Baumkronen leuchtete, die kühle Nachtluft, der Duft des brennenden Holzes — alles hätte ebensogut im Wiener Wald, auf der Rax oder auf einer Fahrt ins Blaue sein können. Als wir spät nachts in die Zelte schlüpften, dachte wohl keiner, in welchem Teil der Welt wir waren.

Am nächsten Morgen wurde ich durch einen Höllenlärm aus dem Schlaf geschreckt. Als ich zum Zelt hinausschaute, stellte ich fest, daß wir Besuch bekommen hatten. Ein Esel und drei Hunde waren auf ihrem Morgenspaziergang auf uns gestoßen und nun war einer aus unserer Gesellschaft, ein großer Tierfreund, hinter den Hunden her, diese wieder jagten den Esel und der Esel jagte anscheinend den Tierfreund. Für die nächste Zeit war das ganze Lager in einem steten Zustand der Aufregung, zumal da unsere Gäste bei unserem Frühstück unbedingt dabei sein wollten. Nachher verlief der Vormittag mit Ballspielen und mit der Zubereitung des [illegible] ... Während des Essens wurde so nebenbei bemerkt, daß einige aus unserer Gesellschaft für Nachmittag Besuch von Bekannten erwarteten, weshalb die meisten der Anwesenden nach dem Mahl verschwanden, um sich anständig zu waschen und zu rasieren. Nach und nach tauchten tatsächlich Besucher auf.

Am späten Abend wurden die Zelte abgebrochen und die Rucksäcke gepackt. Nur ungern verließen wir den schönen Platz. Als wir zum Tor hinausgingen, und dort von einer Schar Rikschah-Kulis empfangen wurden, die uns nach Hause bringen wollten, da kam uns erst wieder zum Bewußtsein, daß wir das Weekend in Shanghai, der Stadt am Whang Poo, verbracht hatten.

F. L. H.

### Momentbilder aus der Metropole des Ostens

Shanghai, im Juni 1940.

In einer Fabrik lernte ich einen chinesischen Beamten kennen. Er kommt in der Früh in den Betrieb, räumt auf und beginnt dann seine Büroarbeit. Zu Mittag wärmt er seinen mitgebrachten gekochten Reis auf und verzehrt ihn im Büro. Er übrigt er eine halbe Stunde Zeit, dann lernt er Englisch. Das geht so das ganze Jahr, an Wochentagen und am Sonntag. Mit solchen Leuten kann ein Europäer schwer konkurrieren.

Auch europäische Kaufleute, selbst wenn sie Geld haben, vermögen sich nur mit Mühe durchzusetzen, denn die Chinesen sind tüchtig, sparsam und haben mehr Sprachentalent als die Europäer. Man erlebt da immer wieder seine Wunder. Ein Emigrant hatte ein kleines Lebensmittelgeschäft aufgemacht und beschäftigte einen Chinesen, dem er das für bessere „Boys" übliche Honorar von dreißig Shanghai-Dollar im Monat zahlte. Das Geschäft ging nicht schlecht, aber Betriebskapital war nicht genug da. Eines Tages erklärte der Boy, er gehe fort, denn die Arbeit sei ihm zu schwer. Da aber das Geschäft gut gehe, wolle er dem Inhaber Geld zu mäßigen Zinsen leihen. Der Chef glaubte, der Chinese wolle sich mit ihm einen Scherz machen. Aber der Bursche zeigte ihm sein gut ausgestattetes Bankbuch und betonte nochmals seine Absicht, eine bestimmte Summe zu leihen. Das Darlehensgeschäft kam denn auch zustande. Das ist chinesisch.

Die Verkaufstechnik der Chinesen mutet uns Europäer seltsam an. Die Geschäfte sind bis 9 Uhr abends und noch länger geöffnet. Kleider zum Beispiel werden von den Verkäufern auf der Straße vor dem Geschäft herumgezeigt und dazu singen die Verkäufer mehrstimmig Anpreisungen. Die Leute bleiben stehen, hören zu, aber kaufen nichts. Solche Szenen sind allerdings nur in den Straßen zu beobachten, die nicht im Zentrum der Stadt liegen. Bessere Geschäfte benützen Lautsprecher.

Typisch für Shanghai und für China überhaupt ist folgendes: Handgemachte Schrauben kosten weniger als die üblichen mit der Maschine verfertigten. Menschenkraft ist hier eben unglaublich billig. Die schwersten Maschinenteile, Kessel und andere derartige Dinge werden von den Kulis transportiert, die beim Tragen der Lasten, mögen diese noch so schwer sein, laut im Takt singen. Ein Kapitel für sich sind die Bücher. Man bekommt hier alle bekannten Werke der Technik, der Literatur und der Wissenschaft im allgemeinen zu unglaublich billigen Preisen. Ein Ber. Ills-Buch zum Beispiel, das ich in Europa um RM 4.50 erstand, kostet hier bloß 1 Shanghai-Dollar, also ungefähr ein Fünftel des europäischen Preises, obwohl dabei schon dreißig Prozent Teuerungszuschlag sind. Es sind nicht etwa alte Bücher, sondern tadellos neue Exemplare. Wie ist das möglich? Nun, diese Bücher sind alle hier hergestellt und neue Druckfehler kommen dabei gar nicht vor, da alles auf photographischem Wege geht. Der europäische oder der amerikanische Verleger hat keine Möglichkeit, etwas dagegen zu unternehmen. Er vermag nur ein Exemplar abzusetzen, das einer der hiesigen Verleger kauft, um es auf photographischem Wege zu vervielfältigen.

Eines der interessantesten Feste ist das „Drachenbootfest", ein Sommer-Sonnenwendfest zu Ehren der Wassergeister. Da gibt es eine wundervolle Prozession großer und kleiner Boote auf dem Whang Poo. Die Boote sind zu Drachen umgestaltet und prächtig ausgeschmückt. Nach dem Festzug besuchten wir ein chinesisches Restaurant, wo man nicht mit Gabel, Messer und Löffel, sondern mit Stäbchen ißt. Rings um eine Reisschüssel gab es die seltsamsten Speisen, gerösteten Fisch, alle Arten von Braten, geröstete Hühnerleber, Spargel in einer feinen Creme und noch eine ganze Anzahl der herrlichsten Sachen, deren Namen ich gar nicht kenne. Alles aber war ausgezeichnet. Die Speisen wurden auf Silberschüsseln serviert, die auf drei Füßen standen und mit Drachen verziert waren.

Wichtig für Immigrantinnen: Auffällige Damenkleider deklassieren hier unfehlbar die Trägerin. In langen Hosen sieht man nur chinesische Dienstmädchen. Es hat keinen Sinn, nach Shanghai große Möbel mitzunehmen, da die Räume in den meisten Wohnungen sehr klein sind und die Beschaffenheit der Stiegen den Transport größerer Möbelstücke nicht zulassen. Chinesische Möbel sind unverstellbar billig. Zwecklos ist auch, Öfen nach Shanghai mitzunehmen, da die meisten Wohnungen Zentralheizung haben; man findet in der Regel auch fließendes Warmwasser, Gasherd und Badeofen vor. Wäschewaschgeräte kann man ebenfalls in Europa zurücklassen. Regenschirme sind sehr wichtig, dagegen nicht Galoschen, weil man sie hier um billigen Preis bekommt. Sonnenschirme trägt man nicht und Tropenhelme kann man höchstens auf der Fahrt nach Shanghai bei Emigranten sehen, sonst nirgends.

### Verlautbarungen

Es wird in Erinnerung gebracht, daß es unzulässig ist, Einzelansuchen an oberste Stellen und Behörden des Reiches zu richten.

Personen, die künftighin diese an alle ergangene Warnung nicht beachten werden, haben entsprechende Folgen zu gewärtigen.

Es wird empfohlen, in derartigen Angelegenheiten Rat und Auskunft bei den zuständigen Abteilungen der Israelitischen Kultusgemeinde Wien, I., Seitenstettengasse 2—4, einzuholen, keinesfalls jedoch ohne vorherige Beratung Gesuche und Bittschriften abzusenden.

Ansuchen, deren Überreichung als zulässig angesehen werden kann, sind unbedingt nicht nur mit Vor- und Zunamen, sondern auch mit den im Sinne der gesetzlichen Vorschriften angenommenen zusätzlichen Vornamen Sara und Israel zu unterfertigen; Kennort und Kennummer sind ebenfalls anzugeben.

Die Nichtbeachtung dieser Vorschrift wird im Sinne des betreffenden Gesetzes bestraft.

Es wird mit allem Nachdruck darauf aufmerksam gemacht, daß eine Rückwanderung von Personen, die sich im Ausland, beziehungsweise im ehemaligen Ausland befinden, keinesfalls in Frage kommen kann. Anderslautende Nachrichten, gerichtet an die betreffenden Personen, sind irreführend und können für Absender und Empfänger von ernsten Folgen begleitet sein.

Glaubensjuden, welche von der Israelitischen Kultusgemeinde Wien Bargeldunterstützung, beziehungsweise Ausspeisung beziehen, sind verpflichtet, wenn sie selbst oder ein im gemeinsamen Haushalt wohnendes Familienmitglied in oder außerhalb Wiens ein bezahltes Dienstverhältnis antreten, dies sofort der Israelitischen Kultusgemeinde Wien zwecks Neubemessung der Fürsorgebeiträge mitzuteilen.

Mißbräuchlicher Bezug der Fürsorgebeiträge, beziehungsweise der Ausspeisung unter Verheimlichung des Lohnempfanges ist unzulässig und strafbar.

Israelitische Kultusgemeinde Wien.

### Gesundheitspflege in Shanghai

Aus allen Berichten, die uns von Einwanderern aus Shanghai zukommen, geht hervor, daß die Immigranten sich in vielfacher Hinsicht vor Verhältnisse und Umstände gestellt sehen, die für sie neuartig sind. Die Eingewöhnung in die fremdartige Umgebung wird daher dem Neuankömmling nur möglich, wenn er seine Aufmerksamkeit auf die im ersten Augenblick recht seltsam erscheinenden Dinge des täglichen Lebens, die so ganz anders geartet sind als in Europa, konzentriert, scharf beobachtet und die entsprechenden Schlußfolgerungen zieht. Dies wird allerdings nicht immer genügen, um die Gesundheit nicht zu gefährden, es bedarf auch der Belehrung durch die Einheimischen. Im besonderen Maße gilt dies von den Gesundheitsfragen des Alltags. Deshalb hat das Gesundheitsdepartement des Shanghai Municipal Council ein Büchlein veröffentlicht, in dem allerlei Winke für die hygienische Gestaltung des Lebens in Shanghai gegeben werden. Manche der Anregungen enthalten zweifellos bloß Ratschläge für den Idealfall, deren restlose Durchführung in der Wirklichkeit manchmal nur unvollkommen gelingen dürfte, aber nach Mög- [illegible]

Noch Mitte 1940 brachte die Zeitung der Israelitischen Kultusgemeinde in Wien Erfahrungsberichte von Emigranten, obwohl es zu dieser Zeit schon fast unmöglich geworden war, nach Schanghai auszureisen.

Das älteste existierende Bild der Familie Yang, aufgenommen 1924 vor ihrem Haus in Ningpo: Vorne hält Mutter Ping-mei die kleine Chenchu auf dem Arm, Schwester Hsiuchu steht daneben, im Hintergrund ist eine Freundin mit Kind sowie die Amme mit Wanchün.

Julies Schwester Lienchu, die im Alter von 17 Jahren an Tuberkulose starb.

Gruppenbild mit Konkubine: Im Zentrum Familienoberhaupt Chuan-ping, flankier
Hsiuchu sitzt neben der Mutter, Julie neben de

ɔn seiner Frau und seiner Geliebten, zu seinen Füßen der jüngste Sprössling.
ɔnkubine, links neben ihr ist Schwägerin Wan-yi.

Das Haus in Hongkew, das Familie Yang kurz nach dem Krieg erwarb.

Schwester Hsiuchu, Mutter Pingmei, Vater Chuan-ping und Julie.

Julie während ihres Abschlussjahres in St. John's in einem traditionell chinesischen Kleid.

Die Regierung musste sich weit ins Landesinnere zurückziehen. Im fernen Tschungking war sie dem japanischen Zugriff zwar weitgehend entzogen, die Hochgebirge Szetschuans schützten sie wie eine Festung, von den heftigen Fliegerangriffen abgesehen. Zugleich aber musste sie die Besetzung des gesamten Tieflandes ohnmächtig hinnehmen. Die Versorgung konnte anfangs über Hanoi, Hongkong und einige Schmugglerhäfen an der Südküste aufrechterhalten werden. Später blieb nur mehr die abenteuerliche Bergstraße durch Jünnan nach Burma. Wenn Abordnungen aus den besetzten Provinzen zu Tschiang Kai-schek nach Tschungking vordrangen, wussten sie, wie sie ihn günstig stimmen konnten: Indem sie ihm Spezialitäten aus Ningpo mitbrachten, Salzfisch und eingelegten Rhabarber etwa.

Während China so in verschiedene Machtsphären zerfiel, führten die Ausländer in ihren beiden Hoheitsbezirken ein unbeschwertes Leben. Sie brauchten kaum Steuern zu zahlen, und jeder besaß praktisch Diplomatenstatus, insofern er für chinesische Behörden unbelangbar blieb. Wer sich etwas zuschulden kommen ließ, musste sich allenfalls vor einem Gericht seines Herkunftslandes verantworten. Doch auch auf Chinesen wirkten diese beiden Zonen wie ein Magnet, boten sie doch nicht nur Schutz vor den Japanern, sondern auch vor den Übergriffen der eigenen Regierung. Einige wichtige Institutionen wie die Zentralbank und das Stadtarchiv hatten sich ebenfalls dort eingerichtet. Sogar ein chinesisches Bataillon war beim Rückzug in die Fremdenniederlassung gelangt und dort pro forma festgesetzt worden.

All diese Hintergründe waren mir freilich damals, als halbwüchsigem Mädchen, reichlich unklar oder gänzlich unbekannt. Ich wusste nur, dass schwere Zeiten angebrochen waren, und musste darauf vertrauen, dass unser Vater die richtige Entscheidung getroffen hatte. Sein ältester Bruder lebte schon seit etlichen Jahren in Hongkew. Er hatte sich auf die Reparatur von Büromaschinen verlegt. Obwohl er kaum Englisch konnte, tippte er gegen Bezahlung auch Geschäftsbriefe und Eingaben an ausländische Ämter. Mit ihm traf sich Vater in der Anfangszeit häufiger, und so wird er vom kürzlichen Wüten der Kämpfe gehört und die Verwüstungen mit eigenen Augen gesehen haben. Wir bezogen schließlich eine hübsche Wohnung in der Route Kaufmann, wo wir allerdings als elfköpfige Familie mit zwei Dienerinnen ziemlich beengt lebten. Die Straßen wurden von Platanen beschirmt, der vielleicht größten Segnung des französischen Regimes. Dergleichen war in China nicht gebräuchlich, doch in Schanghai wurden die schmucken, Schatten spendenden Alleen sofort angenommen. Seither firmiert die Platane im Chinesischen als »französischer Baum«.

Die Japaner wiederum pflanzten Kirschbäume, wenn auch viel weniger und nur für sich. Reiche Geschäftsleute zierten die Gärten ihrer Villen damit und luden alljährlich zum Kirschblütenfest. Schon vor dem Krieg hatten die Japaner mit allein 45 000 Zivilisten die größte ausländische Kolonie gebildet. Zu den Nachbarn des Onkels zählten Lehrer, Buchhändler und Beamte. Es gab dort eine Vielzahl japanischer Restaurants, Badehäuser und Schönheitssalons. Als wollte Nippon nicht nur den Raum kolonisieren, galt in Hongkew nun auch die japanische Zeit. Vater berichtete kopfschüttelnd, dass manche Damen dort mit Mundschutz herumliefen, um keine »chinesischen Keime« einzuatmen.

An den Schulen in den besetzten Gebieten wurde Japanischunterricht eingeführt. Aus Ningpo war zu hören, dass ein Rektor lebendig begraben worden sei, nachdem er den neuen Lehrplan nicht hatte übernehmen wollen. Uns blieben derartige Repressionen erspart, Hsiuchu und ich besuchten eine von amerikanischen Missionaren geführte *High School* am Bund. Dafür wurden wir dort christlich indoktriniert. Die Direktorin persönlich erteilte uns Bibelunterricht. Auf ihr Drängen hin ließen wir uns taufen, hauptsächlich, um bessere Noten zu bekommen. Innerlich bedeutete es uns wenig, und vorsichtshalber erzählten wir auch unseren Eltern nichts davon. Die übrigen ausländischen Lehrer zeichneten sich durch ungezwungene Freundlichkeit aus und trugen dazu bei, dass wir ein positives Bild der Fremden erhielten. Diejenigen jedenfalls, die ich überhaupt wahrnahm, taten unserem Volk auch viel Gutes. Sie betrieben Schulen und Universitäten, Fabriken und Wohlfahrtseinrichtungen. Den Schattenseiten des Imperialismus, dem Hochmut, der Ausbeutung, der fortwährenden Bevormundung, war ich dagegen kaum ausgesetzt.

*Scianhai supra mare significat*, hatte schon 1615 ein Jesuitenpater den Westen belehrt. Gewöhnlich wird der Name mit »Stadt über dem Meer« übersetzt, zutreffender wäre »in See stechen«. Damals handelte es sich weniger um eine Stadt als um ein von Hunderttausenden von Menschen bewohntes Siedlungsgebiet. Vielleicht erwachte Schanghai wirklich erst zur Stadt, als 1842 das britische Schlachtschiff *Nemesis* Breschen in seinen Mauerring schoss. Mit der erzwungenen Freigabe des Jangtsekiang für die internationale Schifffahrt setzte dann ein rascher Aufschwung ein. Ein halber Kontinent lag hinter dem Bund. Schanghai wurde zum wichtigsten Brückenkopf des Westens und Chinas Tor zur Welt. Während sich die ausländischen Hoheitsbezirke rasant modernisierten, beschrieb ein britischer Reisender die Chinesenstadt 1869 noch als einen Ausbund an Hässlichkeit. Sie sei »so über alle Maßen schmutzig, dass ich nie auf den Gedanken käme, eine Dame dorthin mitzunehmen, noch nicht einmal in einer Sänfte«.

»Echte Schanghainesen« kamen für gewöhnlich aus Sutschou, Hangtschou oder Ningpo. Sie hatten ihre Mundarten, ihre Sitten, ihre Küchen und selbst ihre Geheimbünde mit an den Whangpoo gebracht. In diesen Schmelztiegel hinein drängten dann noch die Ausländer: Menschen aus fast fünfzig Nationen, darunter solche Exoten wie Armenier, Esten, Abessinier und Brasilianer. Schanghai beherbergte überhaupt die größte Fremdenkolonie

Asiens, und sogar Staaten wie Kuba, Chile oder Norwegen unterhielten hier Konsulate. Unter den über 200 ausländischen Vereinen gab es so verschiedenartige wie die Belgisch-Chinesische Freundschaftsgesellschaft, den Deutschen Theaterverein, den Lusitanischen Club der Portugiesen, die Freimaurerloge, den Britischen Tierschutzverein, die Russische Kriegsinvaliden-Union und den Schweizer Schützenverein.

Unser Vater eröffnete schließlich eine Praxis in der Nanking Road, der wichtigsten Einkaufsstraße. Unter seinen Patienten waren ebenfalls einige Ausländer. Besorgte Matrosen etwa, die sich in irgendeinem Hafen mit Gonorrhöe infiziert hatten, oder russische Emigranten, die sich keinen westlichen Arzt leisten konnten. Obwohl seine Praxis nicht besser hätte liegen können, fiel es ihm schwer, sich einen Patientenstamm heranzuziehen. Niemand hier kannte ihn, niemand hatte auf ihn gewartet. So saß »Großverdiener« die ersten Monate über einsam in seinem Sprechzimmer, »auf einem kalten Stuhl«, wie wir sagen. Auch seine Diplome, die säuberlich gerahmt hinter dem Schreibtisch hingen, vermochten das Geschäft nicht nachhaltig zu beleben. Wenn er nach Hause kam, muss sein Herz von Sorgen erfüllt gewesen sein. Uns gegenüber ließ er sich kaum etwas anmerken, sein sonniges Lächeln aber war verflogen. Später arbeitete er in verschiedenen Krankenhäusern, betätigte sich außerdem als Geburtshelfer, und allmählich zog er sich eine Klientel heran. Bei Notfällen klopften Patienten manchmal mitten in der Nacht an unsere Tür, und er wäre der Letzte gewesen, der sie abgewiesen hätte.

Dagegen sah er es nicht gerne, wenn wir in seine Praxis kamen, wo wir uns zwangsläufig auf die gleichen Stühle setzten wie die Patienten. Manche davon litten an Geschlechtskrankheiten. Als Facharzt verstand Vater sich auf solche Fälle, und die Stadt bildete mit ihren Heerscharen von Soldaten, Seeleuten, Polizisten und Prostituierten ein nie versiegendes Reservoir dafür. Auch Opiumsüchtige unterzogen sich bei ihm einer Entziehungskur. Ich weiß nicht, was er mit ihnen anstellte, doch muss es eine bitterernste Angelegenheit für beide Seiten gewesen sein. Er mietete eigens zwei Räume in einem Hotel und behandelte die Süchtigen dort über mehrere Tage und Nächte hinweg. Seine Bemühungen waren offensichtlich von Erfolg gekrönt, denn dankbare Patienten überschütteten ihn regelrecht mit Leckerbissen. Manche schleppten ganze Schweinehälften an, andere ein paar Hühner.

Eines Tages sah er einen abgezehrten Russen hilflos auf der Straße sitzen und nahm ihn mit in seine Praxis. Der Mann warnte ihn, dass er nicht bezahlen könne, bot jedoch dafür seine Dienste als Sprachlehrer an. Von da an mühte er sich zwei Sommer lang, uns Russisch beizubringen. Er war einst vor den Wirren des Bürgerkriegs geflohen, hatte sich mit der Eisenbahn nach Osten durchgeschlagen und war am Ende, wie Tausende anderer Russen, zu Fuß über den gefrorenen Amur in die Mandschurei gegangen. Als sich die dortige russische Kolonie nach dem Einmarsch der Japaner auflöste, zog er nach Schanghai.

Viele der gut 20 000 Russen hier waren Juden. Die ersten hatten schon nach den Pogromen im Zarenreich Zuflucht im Fernen Osten gesucht. Nach der kommunistischen Machtergreifung waren dann auch Flüchtlinge anderer Konfessionen gefolgt, meist aus dem antibolschewistischen Lager, darunter viele Weißgardisten, die irreführenderweise als »Weißrussen« firmierten. Geschlagene Generäle waren ebenso dabei wie verkappte Anarchisten, dubiose Prinzessinnen, ukrainische Habenichtse und sibirische Holzhändler. Einige schlurften mit löchrigen Sohlen durch die Straßen, andere drapierten Zobelpelze über die Sitze ihrer Limousinen, als führen sie im Schlitten aus. Viele von ihnen waren eingefleischte Antisemiten, sogar eine faschistische Gruppe machte zeitweilig von sich reden. Während die Monarchisten am julianischen Kalender festhielten, folgten strenggläubige Juden der jüdischen Zeitrechnung. Hinzu kamen die chinesische und, als amtliche Zählung, die gregorianische Zeitrechnung. Die russische Kolonie war also hochgradig zersplittert, ihre Fraktionen einander spinnefeind. Nur ihr ungewisses Schicksal einte sie: Sie waren fast durchweg staatenlos und erkannten das Sowjetregime ebensowenig an wie dieses sie. Zur gleichen Zeit studierten Abgesandte von Chinas KP in Moskau. Der Lange Marsch war beendet, die Formierung der künftigen Partei-Elite begann.

Ausgerechnet Schanghai entwickelte sich damals zum kulturell lebendigsten russischen Exilort. Hier erschienen kaum weniger Bücher in kyrillischer Schrift als in Berlin oder Paris. Dank des Nachschubs an hervorragenden Musikern erlebten die Orchester und Tanzkapellen einen gehörigen Aufschwung. Einige chinesische Elevinnen mühten sich an russischen Ballettschulen. Auch die später weltberühmte Margot Fonteyn, die als Tochter eines britischen Ingenieurs in Schanghai aufwuchs, lernte ihre Kunst von einem Exilrussen. Er war Tanzmeister am Bolschoi-Theater gewesen, nun aber trat er allabendlich in einem Nachtklub auf. Andere hielten sich als Leibwächter, Türsteher oder Liftboys über Wasser. Mit den Russinnen waren zum ersten Mal auch europäische Frauen in großer Zahl nach Schanghai gelangt. Viele von ihnen landeten als Animiermädchen in den Bars – zur Freude der vielen Junggesellen aus den Handelskontoren, der einsamen Magistratsangestellten, der Soldaten und Seeleute aller Flaggen. Schanghai war, in seinen Träumen wie in seinen Albträumen, eine ausgesprochene Männerwelt.

Durch unseren Sprachlehrer und einige russische Familien in der Nachbarschaft bekamen wir zumindest eine vage Vorstellung von dieser Einwanderergruppe. Daneben gab es etwa eine große Kolonie von Koreanern, die hier vor den Japanern Schutz gesucht hatten. Dass nun auch noch Tausende mitteleuropäischer Refugees eintrafen, davon wussten wir zu dieser Zeit freilich nichts. Schule und Familie nahmen uns weiterhin gänzlich in Anspruch. Mingchu war und blieb unser Sorgenkind. Sie war nun fünfzehn Jahre alt, aber so wenig lebenstüchtig wie ein kleines Mädchen. Sogar auf der Toilette musste ihr Ah Cheng behilflich sein, und mitunter verrichtete sie ihr Geschäft auch vor aller Leute Augen. Wenn Vater Besuch empfing, bot sie reihum Zigaretten an und gab Feuer. Das war aber auch fast alles, was sie konnte, als wäre sie darauf konditioniert worden. Wir übrigen Kinder spielten kaum mehr mit ihr. Ja, wir schämten uns für Mingchu. Sie bekam zunehmend etwas Koboldhaftes, bettelte zum Beispiel ständig um Zigaretten. Sie wollte kaum mehr essen, immer nur rauchen, wobei sie die entsprechende Geste mit abstoßender Monotonie wiederholte.

Lienchu entwickelte sich dagegen prächtig. Sie war hübsch, gescheit und ziemlich keck. Obwohl drei Jahre jünger als ich, nahm sie mich oft in Schutz, wenn andere an mir herumnörgelten. Auch wenn Spielkameradinnen lose Reden über uns führten, zum Beispiel wegen Vaters Konkubine, bot Lienchu ihnen Paroli.

Das Thema belastete uns zwangsläufig. Mutter lehnte dieses Arrangement natürlich ab: »Wozu brauchst du eine zweite Frau? Hast du denn keine Ehre?« Vater schwieg sich jedoch darüber aus, murrte allenfalls, er könne nicht auf seine Sprechstundenhilfe verzichten. Es war eine halb physische, halb professionelle Beziehung, welche die beiden miteinander verband. Auch ihre Herkunft mochte eine Rolle spielen, wie er kam sie aus einfachen Verhältnissen. Sie brachte seine dunkle, verborgene Seite zum Leuchten, und nur ihr gegenüber getraute er sich, sie zu zeigen. Mutter hingegen beanspruchte mit ihrer vornehmen Abkunft einen mindestens ebenbürtigen Rang. Sie wäre nie auf den Gedanken gekommen, ihm als »Kaiser« zu schmeicheln; er hätte dergleichen von ihr auch gar nicht gewollt. Schließlich kamen wohl noch biologische Gründe hinzu: Einst eine der vier Grazien von Ningpo, hatte sie inzwischen neun Kinder zur Welt gebracht und war mit 44 Jahren fast doppelt so alt wie diese Frau. Gleichwohl liebte unser Vater sie ebenfalls und auf einer viel umfassenderen Ebene; er hätte sich nie von ihr getrennt.

Vermutlich hätte er dagegen früher oder später von der Geliebten abgelassen, hätte die ihm nicht einen Sohn geschenkt.

Der ihm, wie sich zeigte, wie aus dem Gesicht geschnitten war. Für sie war dieser Junge besser als jede Lebensversicherung. Im Alltag versuchte er, beide Sphären voneinander getrennt zu halten, was sicher ein weiterer Grund dafür war, dass er uns ungern in seinem Sprechzimmer sah. Eines Nachmittags besuchten Hsiuchu und Wanchün ihn dennoch, und prompt begegneten sie dieser Frau im Flur. Hsiuchu stellte sie zur Rede, warf ihr vor, dass sie hier nichts zu suchen hätte, dass sie den Familienfrieden zerstöre und dergleichen. Neben moralischer Entrüstung war wohl auch weibliche Rivalität im Spiel. Untereinander nannten wir sie nur »die Hure« und weigerten uns zeitlebens, uns mit ihr abzufinden. Sie schlüpfte schließlich schweigend hinaus. Hsiuchu schickte Wanchün hinter ihr her, um herauszufinden, wo sie wohnte. Er folgte ihr erst im Bus und dann zu Fuß, verlor sie aber zuletzt aus den Augen. Am nächsten Tag petzte sie Hsiuchus Schmähreden unserem Vater, woraufhin der eine Woche lang nicht mehr mit seiner Lieblingstochter sprach.

# Der 35. Mai

Dann ging alles so zu Ende. Es kam ein Schlag nach dem anderen. Irgendwann stumpfte man dagegen ab. Im Jänner starb, glücklicherweise, muss man sagen, Großmutter Jeanette, wer weiß, was sie sonst noch hätte durchmachen müssen. Als ich sie ein paar Tage vorher einen Stock tiefer besuchte, fühlte sie sich schon nicht mehr wohl. Wir sprachen lange über das Schicksal der Familie, und schließlich diktierte sie mir unseren Stammbaum. Auch tat ich etwas, das mir sonst nie in den Sinn kam: Ich zeichnete. Und zwar die Silhouette meiner Großmutter. Wenige Tage später erlitt sie einen Schlaganfall und starb. Schillers *Lied von der Glocke*, das sie seinerzeit so unermüdlich an meiner Bettstatt rezitiert hatte, hallte flüchtig nach:

*Ach! des Hauses zarte Bande*
*Sind gelöst auf immerdar,*
*Denn sie wohnt im Schattenlande*
*Die des Hauses Mutter war,*
*Denn es fehlt ihr treues Walten,*
*Ihre Sorge wacht nicht mehr,*
*An verwaister Stätte schalten*
*Wird die Fremde, liebeleer.*

Großmutter Jeanette wurde im Grab ihres Mannes, des Schuldirektors Isidor Rathner, beigesetzt. Wenigstens war sie im Kreise der Familie gestorben, und ihren Töchtern fiel der Weggang aus Europa dadurch leichter. Tante Frieda und Onkel Lonio machten sich im März 1939 auf den weiten Weg nach Schanghai. Sie kamen in einem Flüchtlingsheim unter und warteten darauf, dass wir nachfolgten. Zu Onkel Cornel, der das Farbengeschäft in Lemberg weiterführte, hatten wir bis dahin losen Kontakt gehalten. Sein Sohn war etwa in meinem Alter, und fast alle Kleidungsstücke, aus denen ich herausgewachsen war, schickten wir an ihn. Leider lernte ich diesen »Doppelgänger« nie persönlich kennen. Vor dem Krieg ergab es sich nicht, und nach dem Krieg fanden wir von Cornels Familie keine Spur mehr. Wahrscheinlich sind sie, wie viele Lemberger Juden, kurzerhand erschossen worden. Es wäre denkbar, dass dies dem Jungen in meinen Kleidern widerfuhr.

Die älteste Schwester meiner Mutter, Manja, verhungerte in einem deutschen Lager. Ihr Mann, Ingenieur Ölberg, der Bahnhofsvorsteher von Kolomea, wurde von den Russen erschossen, als diese im September 1939 in Ostpolen einmarschierten. Gleichwohl kämpfte einer ihrer Söhne später als Partisan an der Seite der Russen; er fiel schließlich im Krieg. Während Tante Rela und Onkel Paul in die USA emigrierten, kam Großmutter Julie bei einer langjährigen christlichen Freundin in Wien unter, die sich erstaunlicherweise getraute, mit einer Jüdin zusammenzuwohnen.

Eines schönen Tages also nahmen wir ein Taxi zum Südbahnhof. Das Unglück der Eltern, das Gefühl der Angst und der Orientierungslosigkeit, das alles machte einen tiefen Eindruck auf mich. Mit dreizehn ist man ja doch schon ein halbwegs verständiger Mensch. Aber zugleich war ich noch Kind genug, um diese Reise auch als ein großes Abenteuer empfinden zu können. Ich begann, ein Tagebuch zu führen. Leider hielt ich es nur zwei Tage lang durch; es stürmte wohl zu vieles auf mich ein.

*9. April 1939*

*14.00 Uhr: In etwa acht Stunden geht es los. Na, ich bin neugierig. Die Zeit vergeht ziemlich schnell, das habe ich mir zumindest sagen lassen. Jetzt sitze ich da mit zwei Koffern, zwei*

*Hutschachteln und meinen Eltern, ausgerüstet mit fünf Jahren Englisch und einem Chinesischbuch. Wenn nur das Verabschieden nicht wäre. Man heult und küßt sich und es hat doch keinen Sinn. Aber damit muß man sich abfinden. Wir sind gefaßt und sehen festen Auges der Zukunft entgegen. Komme es, wie es komme!*

*17.00 Uhr: Wie es halt so ist, kommt immer etwas dazwischen. Um drei Uhr hätte die Modistin der Mama einen reparierten Hut bringen sollen. Wer nicht kommt, ist die Modistin. Ich gehe telefonieren, doch sie meldet sich nicht. Um halb vier laufe ich in die Leopoldstadt. Eine Dreiviertelstunde hin, eine Dreiviertelstunde zurück – die Modistin war nicht zu Hause. Als ich endlich wieder zurück bin, sagt mir die Mama, daß sie fünf Minuten nach meinem Abgang gekommen ist.*

*20.00 Uhr: Ich laufe zum Taxistand. Der Chauffeur fährt vor, und alles wird aufgeladen. Kurzer Abschied von Onkel Salo, Tante Gisela und Vetter Kurti. Das Taxi setzt sich in Bewegung, hinter mir winkt weinend mein kleiner Vetter. Wie durch Fügung nimmt der Chauffeur die Straße, in der unsere Wohnung lag, und wir sehen im Vorbeifahren die hell erleuchteten Fenster. Ich bin sehr tapfer und weine nicht, denn das liegt mir nicht, aber es schnürt mir doch die Kehle zusammen. Neben mir weint die Mama, Papa hält sich mit Mühe. Als wir uns gefaßt haben, stehen wir vor dem Südbahnhof. »Aussteigen!«, ruft der Chauffeur. Wir gehen langsam die Treppe hinauf in den Wartesaal. Nach und nach kommen alle, die uns Lebewohl sagen wollen.*

*21.15 Uhr: Wir suchen uns einen Platz im Abteil, gehen dann wieder hinaus. In Gesprächen vergeht die Zeit. Plötzlich blicke ich auf die Uhr – in zehn Minuten fährt unser Zug! Alles weint. Man kann nicht hinsehen, wie Papa von seiner Mutter Abschied nimmt; da weiß man wohl, man sieht sich nie mehr wieder. Dann gehen wir ins Coupé zurück und winken. Die Lokomotive gibt einen Pfiff, und mit einem Ruck setzt der Zug sich in*

Bewegung. »Arrivederci«, sagt der Herr, der mit seiner Frau mit uns im Coupé sitzt. »Arrivederci«, wiederholt Papa tonlos.
Unsere beiden Mitreisenden stellen sich vor. Wir unterhalten uns über gleichgültige Dinge. Es könnten ja Spitzel oder Nazis im Zug sein, so daß man besser nichts Verfängliches sagt. Schon ruft der Schaffner: »Wiener Neustadt!«. Ich schaue hinaus, ob kein Würstelmann da ist, aber so spät ist niemand mehr zu sehen. Durch mein Verlangen animiert, beginnen wir alle, vom Reiseproviant zu essen. Als ich satt bin, passieren wir Gloggnitz. Drüben im Dunkeln liegt Reichenau. Ich trete auf den Gang und öffne das Fenster. Zwei Dampflokomotiven schleppen uns den Semmering hinauf. Malerisch hebt sich ihr feuriges Schnauben vom Sternenhimmel ab. Ich schaue mir den Waggon näher an. Es ist ein schöner italienischer Waggon, voller Emigranten: Junge, Alte, Männer, Frauen, Kinder.
0.05 Uhr: Wir löschen das Licht. Nur die blaue Kontrollampe glimmt gespenstisch.

10. April 1939

Als ich erwache, sind wir in Villach. Hell scheint die soeben aufgegangene Sonne, der Tau auf den Gräsern blinkt wie Kristall. Bald knirschen die Bremsen erneut – Arnoldstein. Deutsche Grenzbeamte besteigen den Waggon. Die Kontrolle ist kurz. Ein Ruck, und der Zug rollt wieder an. Wir atmen auf.
Eingeschlossen zwischen Bergwänden rollen wir dahin. Sind wir noch in Deutschland oder schon in Italien? Plötzlich höre ich einen Pfiff und sehe einen Bersagliere auf Grenzwache. Frei! Endlich frei! Ich schließe für einen Moment die Augen. »Wer kann die Freiheit ermessen?«, heißt es in einem alten Liede. Das kann wirklich nur jemand, der ihrer einmal beraubt worden ist.
Im Bahnhof von Tarvisio stolzieren italienische Grenzbeamte herum, mit langen Federn auf den Hüten. Einige kommen in den

*Wagen, um das Gepäck zu revidieren und die Pässe zu stempeln. Ich steige aus, um etwas Wasser aus der Leitung zu trinken. Es schmeckt sehr gut. Nach kurzem Aufenthalt geht es weiter. Ich bemerke, daß wir jetzt elektrisch fahren. Hier können sie es sich ja leisten, bei d e m Fremdenverkehr. Am Nachmittag des 10. April 1939, Anno XVII nach der faschistischen Zeitrechnung, kommen wir in Triest an.*

Wir durften jeder nur zehn Reichsmark ausführen. Deshalb hatten wir viel Hausrat mitgenommen, soweit dies eben gestattet war: Kleider, Geschirr, Küchengeräte und Bücher. Außerdem hatten wir Lutfiallah Ay, unserem türkischen Freund, Geld gegeben, damit er eine Leica erstand. Er nahm das eleganteste Modell, verkaufte es später in der Schweiz und überwies uns den Erlös von 300 Dollar nach Schanghai. Das war so abgesprochen, er war ein verlässlicher Mann. Andere Pläne verliefen weniger erfolgreich. Unser Gepäck wurde, wie vorgeschrieben, von einer Spedition verpackt. Man hätte die riesigen Überseekisten auch unmöglich selbst bestücken können. Allein ihre Expedierung kostete uns 500 Reichsmark. Meine Mutter bestach den Packer, damit er nach der Kontrolle heimlich einen Brillantring hineinsteckte. Das Gepäck erreichte uns auch, doch ohne den Ring.

Wir kamen genau zu Pessach in Triest an, dem jüdischen Frühlingsfest, das an den Exodus aus Ägypten erinnert. Unser Geld reichte gerade für die zwei Nächte im Hotel. Die dortige jüdische Gemeinde lud alle Emigranten in eine große Laube ein, wo es ein einfaches Seder-Mahl gab. Es war das erste Mal in meinem Leben, dass wir als Bedürftige kamen. Das empfand schon ich als schlimm, für die Eltern muss es noch unangenehmer gewesen sein. Wobei die Erfahrung zumindest für meine Mutter nicht neu war: Sie hatte schon einmal alles verloren, als ihre Familie von Galizien nach Wien geflüchtet war.

In Italien war es uns immer noch nicht ganz geheuer. Als wir am Morgen auf das Schiff warteten, marschierte eine Gruppe uniformierter Nazis vorbei, die wohl an der Adria auf Besuch waren. Einige Stunden später gingen wir an Bord der *Conte Rosso*. Dieser schnittige Luxusliner war eines von drei Schiffen des Triestiner Lloyd, die im Pendelverkehr nach Schanghai zum Einsatz kamen. Die Verbindung verdankte sich ausgerechnet dem Grafen Galeazzo Ciano, Mussolinis Schwiegersohn, der Anfang der Dreißigerjahre Konsul in Schanghai gewesen war. Auch die *Conte Verde* und die *Conte Biancamano* vermochten bis zu Tausend Passagiere aufzunehmen, wobei wegen des starken Andrangs selbst Teile der Mannschaftsquartiere als Kabinen verkauft wurden. Wir reisten zweiter Klasse, was ausgesprochen angenehm war. Meine Eltern wären zwar lieber dritter Klasse gefahren, um Geld zu sparen, doch die war schon ausgebucht gewesen. Die Überfahrt kostete uns 2 250 Reichsmark, wobei wir in den Genuss von zehn Prozent Familienrabatt kamen. Unsere Betten befanden sich in drei verschiedenen Kabinen. Meine lag auf einem der oberen Decks und besaß ein Fenster statt nur einer Luke. Als wir eintraten, bemerkten wir, dass ein offenbar älterer Herr – seine Zähne lagen auf dem Nachttisch – meine Unterkoje belegt hatte. Wenig später kam er auch schon herein. Als meine Mutter monierte, er hätte die mir zugewiesene Koje besetzt, klagte er, er sei zu alt, um die Leiter zu erklettern. Die Mutter bestand jedoch auf meiner Unterkoje und führte an, dass ich mir in Triest eine eitrige Zehe zugezogen hatte (was sogar stimmte) und daher ebensowenig klettern könne wie er (was nicht so ganz stimmte). Da nun mein Vater zwei Decks tiefer ebenfalls eine Unterkoje hatte, bot er dem Herrn einen Tausch an. Dem blieb nichts anderes übrig, als anzunehmen. So waren wir schon zwei Sokals in der Kabine. Die dritte Koje belegte ein junger Mann, der jedoch bald nach der Abfahrt spurlos verschwand. Wir sorgten uns anfangs, ob er über Bord gegangen wäre. Doch dann erfuhren wir, dass er sich zu einem Freund in die erste Klasse eingeschlichen hatte. Von da an lebten wir zu dritt in unserer Privatkabine. Natürlich schlief ich dann in der Oberkoje, weil mir das mehr Spaß machte.

Wir legten am Nachmittag des 12. April in Triest ab. Als ich am nächsten Morgen die Läden öffnete, lagen der Markusplatz und der Dogenpalast vor uns, vom Fenster gerahmt wie eine Vedute. Es war ein märchenhafter Anblick, fast unwirklich und strahlend hell. Uns blieb genügend Zeit, um mit den Leichtern an Land zu fahren. Da es recht heiß war, wollte ich mir ein Eis kaufen. Doch meine Eltern konnten selbst die paar Groschen dafür nicht erübrigen. Als wir dann aufs Schiff zurückkehrten, griff ich zufällig in meine Westentasche – da steckte ein Fünfmarkstück drin, das ich ganz vergessen hatte. Ein Glück, dass wir an der Grenze nicht durchsucht worden waren! Von diesem Geld kaufte ich mir später in Port Said zwei absolut sinnlose Gegenstände, einen Fez und einen Gummiknüppel, wie ihn die ägyptischen Polizisten trugen. Zumindest der Fez sollte mir dann in Schanghai bei Silvesterfeiern gute Dienste leisten.

Zwischen Bari und Port Said legte die Mutter uns ein Geständnis ab. Sie hatte sich, ebenfalls über unseren türkischen Freund, eine britische 100-Pfund-Note besorgt und sie zusammengerollt im Schlauch ihres Irrigationsgerätes versteckt. Dieser altmodische Apparat für Spülungen und Einläufe war anstandslos durch den Zoll gelangt. Das offenbarte sie uns aber erst auf hoher See, als Europa, zumindest das faschistische Europa, endgültig hinter uns lag. Und bescherte uns so einen Moment der Erleichterung auf dieser langen Reise ins Ungewisse.

Die Passage dauerte drei Wochen. Wenngleich es eine Weltreise wider Willen war, brachte sie für die Eltern eine gewisse Erholung. Wir wurden bestens verpflegt, und das italienische Personal in seinen weißen Uniformen verhielt sich äußerst zuvorkommend, obwohl es von den Emigranten keine Trinkgelder erwarten konnte. Von dieser »Fahrt ins Blaue« rührt auch meine lebenslange Liebe für Schiffsreisen und für das Meer. Ein kleiner Junge auf großer Tour, dieses Motiv war mir aus Erich Kästners *Der 35. Mai oder Konrad reitet in die Südsee* geläufig. Nur hätte ich nie gedacht, dass ich es seinem Helden so bald schon gleichtun würde.

Fleißig studierte ich mein chinesisches Lehrbuch. Einer der Stewards war Chinese, und an ihm erprobte ich meine Künste – nicht wissend, dass er aus Kanton stammte und kein Wort von dem verstand, was ich sagte. Denn das Buch gab die in Mandarin gebräuchliche Aussprache an. Mein Englisch übte ich an einem Jungen aus Afghanistan, dessen Vater an der Botschaft in London arbeitete. Bei den meisten anderen Familien an Bord handelte es sich um deutsche Emigranten, und das waren überhaupt die ersten Deutschen, die ich kennenlernte. Bis dahin hatte ich nur vereinzelt deutsche Soldaten in einem Geschäft oder auf der Straße sprechen gehört. Meine Eltern freundeten sich mit den Komparts aus Berlin an, mit deren Sohn Heinz ich dann viel Zeit verbrachte.

An Bord gab es ein Kino, eine Bibliothek und ein Spielzimmer. Ab und an wurden Rettungsübungen abgehalten, und der Schiffsarzt impfte die Passagiere gegen Cholera und Pocken. Einmal wurde auch ein großer Ball veranstaltet. Man sparte nicht mit Luftschlangen und Wunderkerzen, und die Schiffskapelle legte sich ins Zeug.

Auf dem Oberdeck stand ein rustikaler Pool, ein mit wasserdichter Leinwand ausgekleideter Holzrahmen, etwa so groß wie ein Zimmer. Obwohl ich damals noch kaum schwimmen konnte, stieg ich eines Tages, mit einem Rettungsring aus Kork bewehrt, hinein. Da das Becken mit Meerwasser gefüllt war, fiel mir das Schwimmen leichter als die wenigen Male, da ich es in Wien versucht hatte. Im Lauf der Überfahrt brachte ich mir so das Schwimmen leidlich bei.

Meine Mutter lernte an Bord einen Herrn aus dem Filmgeschäft kennen. Ich weiß nicht, ob er wirklich Verbindungen zur chinesischen Filmwirtschaft besaß oder ob es sich nur um einen Emigranten mit verwegenen Hoffnungen handelte. Jedenfalls schlug er ihr vor, sich in China als Komparsin zu versuchen. Tatsächlich ließ sie dann in Schanghai Porträtaufnahmen von sich machen, doch die Sache verlief, wie noch manch andere, im Sande.

In Port Said, das unter britischer Oberhoheit stand, fühlten wir uns das erste Mal wirklich frei. Einander lauthals überbietend, boten türkische und arabische Händler am Kai Teppiche, Kokosnüsse und Sandalen feil. Schließlich fuhren wir durch den Suezkanal ins Rote Meer ein, zwischen Asien und Afrika hindurch. Die Hitze war gebieterisch. Von meinem Liegestuhl aus blickte ich ungläubig hinaus auf die Sandwüste, die direkt bis ans Meer reichte. Eskortiert von fliegenden Fischen liefen wir Massawa an, danach Dschibuti, Aden und Bombay. Fast jeder

Abend wartete mit einem glühenden Sonnenuntergang auf, doch war ich noch nicht romantisch genug gestimmt, um mir viel daraus zu machen. Bei Sonnenaufgang war ich ohnehin nie zugegen.

Erst in Ceylon durften wir Emigranten wieder von Bord gehen. Colombo entpuppte sich als eine reizende tropische Kolonialstadt mit breiten, von Palmen gesäumten Straßen, auf denen Zebu-Gespanne dahinzogen. Die Luft roch nach Sandelholz und Frangipaniblüten. Wir schauten uns gemeinsam mit den Komparts um und gerieten bald ins Schwitzen. Da ich als Einziger Englisch sprach, wurde ich damit betraut, etwas zu trinken zu organisieren. So fragte ich in einer Pension, ob wir ein Glas Wasser bekommen könnten. Die Besitzerin konnte sich wohl denken, woher wir kamen, die *Conte Rosso* war nicht das erste Flüchtlingsschiff. Prompt lud sie uns in ihren Speisesaal ein, wo ein einheimischer Diener uns köstlichen Limonensaft kredenzte. Beim Abschied fragte sie uns noch, ob wir »a pineapple« wollten. Ich erwiderte: »Thank you very much, but we have many apples on the ship.« Nein, sagte sie, »not an apple – a pineapple!« Woraufhin sie in den Garten ging und mit einer kolossalen Ananas zurückkehrte. Keiner von uns hatte je eine derartige Frucht gesehen. Wir nahmen sie dankend an, so etwas gab es an Bord wahrhaftig nicht. Auf dem Rückweg wollten mir sogar etliche Händler dieses Prachtstück abkaufen. Mit wichtigen Mienen überreichten wir es einem Kellner im Schiffsrestaurant, damit man es für uns zubereite. Wie sich herausstellte, hatte die Crew mittlerweile eine ganze Ladung Ananas gebunkert, die dann bis Hongkong reichen sollte.

Endlich ging mir auch ein Licht auf, was es mit der Ananasfrucht im *35. Mai* auf sich hatte. Dort trifft der kleine Konrad auf dieses im Schachbrettmuster gefärbte Mädel, das Kind eines Südseehäuptlings und einer Holländerin. Hoch droben in einem Gummibaum verspeist es eine gewaltige Frucht. In Wien aber heißen im Volksmund auch die Zuchterdbeeren Ananas, so dass ich stets geglaubt hatte, Kästners Mammutfrucht stelle eine wilde Übertreibung dar. Die ganze Geschichte zeigt sowohl, wie wenig Englisch, als auch, wie wenig »deutsches« Deutsch ich damals konnte, und wie unerfahren ich im Allgemeinen war.

Diese schwarz-weiß gekästelte Prinzessin war das erste Beispiel einer gelungenen west-östlichen Verbindung gewesen, das mir untergekommen war. Auch als wir durch die Malakkastraße nach Singapur fuhren, blieb mir Konrads Reise in die Südsee gegenwärtig. Mit leisem Bedauern verfolgte ich, wie wir den Äquator beinah, aber eben nur beinah streiften, um hinter der Malaiischen Halbinsel Kurs aufs Südchinesische Meer zu nehmen. Vor Hongkong brach meiner Mutter dann ein Teil von einem Zahn ab. So musste ich dort einen Zahnarzt für sie finden und mit ihm verhandeln. Er war Engländer und reparierte den Schaden für weniger als ein Pfund. Danach kehrten wir erleichtert aufs Schiff zurück. Mit dreizehn Jahren hatte ich so meine erste Feuerprobe als Dolmetscher und Interessenvertreter der Familie bestanden. Bald darauf liefen wir ins Gelbe Meer ein. Zum Waschen wurde Meerwasser benutzt – und eines Tages schimmerte das Wasser in den Wannen tatsächlich braun.

# II

# FERNE STADT

*In der Stadt am Meer, Schanghai, der Stadt der Fremden.*

VICKI BAUM
(österreichische Schriftstellerin, 1888–1960)

# »Jetzt sind Sie nur noch Juden«

Wir legten direkt am Bund an. Der Whangpoo wimmelte von Schiffen, der Kai von Menschen und die Straßen von Verkehr. Zögernd stiegen wir die Gangway hinab. Vertreter des jüdischen Hilfskomitees karrten uns auf Lastwagen ins nahe Embankment Building, ein riesiges Gebäude, das als Auffanglager diente. Uns war natürlich bange vor dem, was uns bevorstehen würde, andererseits hegten wir verwegene Hoffnungen. Nie aber hätte ich es mir träumen lassen, dass ich neun Jahre später ganz in der Nähe, im Haus des Doktors Chuan-ping Yang, meine Verlobung feiern würde.

Die Sprecher des Komitees begrüßten Neuankömmlinge gewöhnlich mit den Worten: »Willkommen in Schanghai. Jetzt sind Sie nicht mehr Deutsche oder Österreicher, Rumänen oder Polen, jetzt sind Sie nur noch Juden.« Gleichwohl ließen die meisten sich bald nach ihrer Ankunft im deutschen Generalkonsulat registrieren. Selbst hier achteten sie noch den Staat, der sie verstoßen hatte. Sie fürchteten, andernfalls ihre Staatsbürgerschaft zu verlieren – die ihnen dann freilich 1941, wie allen ins Ausland geflohenen Juden, trotzdem aberkannt wurde.

In den Hallen des Embankment Building waren viele Hundert Flüchtlinge auf Feldbetten untergebracht worden. Möglich, dass sich mein Vater an Dachau erinnert fühlte oder auch an seine Militärzeit. Ich dagegen hatte noch nie in so einem Bett aus Leinwand gelegen. Es gab weder Decken noch Polster, so dass wir in unseren Kleidern schlafen und die Reisetaschen als Kissen nehmen mussten. Welch ein Unterschied zu unserer behaglichen Privatkabine! Auf einer Hinweistafel wurde vor Cholera, Malaria und Gelbsucht gewarnt. Bauchtyphus, hieß es, werde durch die Nahrung übertragen, Flecktyphus durch Läuse, die man sich etwa in einer Rikscha einfangen könne. Auch auf die Gefahren des »Hongkong-Fußes«, einer tückischen Pilzkrankheit, wurde nachdrücklich hingewiesen. Dieser Fuß, den ich mir schrecklich angeschwollen dachte, prägte sich mir besonders ein, weshalb ich all die Jahre über nie barfuß laufen sollte. Die »goldenen Lebensregeln« warnten auch vor dem Verzehr ungewaschener Früchte. Man munkelte gar, dass die Händler Flusswasser in die Melonen spritzten, um sie schwerer zu machen. Aus Angst vor Cholera aßen wir dann auch nie welche, obwohl sie bestimmt köstlich geschmeckt hätten.

Nach Aufhebung der Quarantäne feierten wir ein zugleich freudiges und schmerzliches Wiedersehen mit Tante Frieda und Onkel Lonio. Wie alle mittellosen Flüchtlinge waren sie zunächst in einem der Heime untergekommen. Von den weniger notleidenden erwartete man, dass sie sich eine Bleibe suchten. So durchstreiften wir in den folgenden Tagen die Stadt. Die ersten Eindrücke waren nicht besonders einladend: der ohrenbetäubende Lärm, die vielen Menschen, die Armut, der Schmutz. Man musste aufpassen, dass man nicht von rotzenden oder spuckenden Passanten getroffen wurde. Die Rikschakulis bahnten sich mit gellenden Schreien ihren Weg, die Lastenträger ließen einen monotonen Singsang hören, um sich von ihrem Joch abzulenken: »Eeeh-ho-eeeh-ho, eh-ho-eh, eeeh-ho-eeeh-ho, eh-ho-eh ...« Schreien war die gängige Tonlage. Nudelverkäufer, Porzellanflicker und Scherenschleifer machten sich zusätzlich mit einer Schelle oder einer Bambusklappe bemerkbar. In diese grelle Polyphonie mischte sich dann noch das Gefiedel umherziehender Musikanten, das Klingeln der Fahrradglocken, das Keuchen der Busse und das unentwegte Hupen der Autos. Es roch nach Abfällen und Exkrementen, nach Sandelholz und Trockenfisch, nach Bratfett und überreifen Früchten. Um solch einen Tumult für alle Sinne in Europa zu finden, hätte man zurück ins Mittelalter reisen müssen.

Auch auf den Wasserstraßen kreuzte alles durcheinander: Dschunken mit Segeln wie aus Steppdecken, zierliche Flussbarken und schmale, strohgedeckte Sampans. Besonders der Soochow Creek war voll von diesen Wohnbooten, die in drei oder vier Reihen am Ufer vertäut lagen. Manche Menschen verbrachten ihr ganzes Leben dort, sie schliefen, kochten, liebten sich und starben auf diesen Booten, und es hieß, dass einige noch nie einen Fuß an Land gesetzt hätten. Durch dieses Spalier manövrierten lange Flöße aus dem Hinterland dem Hafen entgegen, angetrieben nur durch die unmerkliche Strömung und die stakenden Schiffer. Dann wieder zwängten sich schnaubende Schlepper hindurch, schwimmende Lokomotiven, die ein halbes Dutzend überfrachteter Leichter hinter sich herzogen.

Das Embankment Building lag direkt am Soochow Creek. Sieben Jahre zuvor hatte es als Schanghais modernster Apartmentkomplex gegolten. Nun jedoch, nachdem der Krieg und die japanische Besetzung der Stadt eine Rezession beschert hatten, überließ der Eigentümer, Sir Victor Sassoon, den Flüchtlingen die beiden untersten Etagen. Auch im wiederhergestellten *Cathay Hotel* stellte er dem Hilfskomitee Räume zur Verfügung. In der angeschlossenen Gebrauchtwarenhandlung konnte die internationale Klientel bald Meißner Porzellan, Rheinisches Tafelsilber, Zeiss-Kameras und Goethes Gesammelte Werke erstehen.

Die Sassoons galten als die Rothschilds des Fernen Ostens. Victor war vor allem im Geschäftsleben und als Baulöwe aktiv. Neben dem *Cathay* gehörten ihm weitere Hotels wie das *Metropole* und das *Palace*. Er trug ein Monokel und einen Schnauzbart und stand im Ruf eines launischen Tyrannen. Seit er als britischer Pilot im Ersten Weltkrieg abgestürzt war, bewegte er sich etwas steif. Seine ganze Begeisterung galt dem Reitsport, er hielt an die hundert Rassepferde in China, Indien und England.

In Schanghai lebten drei scharf voneinander geschiedene jüdische Bevölkerungen. Sassoon gehörte der alteingesessenen Elite an, die, historisch nicht ganz korrekt, den Sephardim zugerechnet wurde. Ihre Vorfahren stammten jedoch aus Bagdad und waren Anfang des 19. Jahrhunderts erst nach Bombay und dann mit der East India Company nach China gekommen, wo sie eine vielfach miteinander verschwägerte Diaspora bildeten. Die meisten der vielleicht 800 arabischen Juden in Schanghai waren britische Staatsbürger, einige wurden später sogar geadelt. Der Grundstock ihrer Vermögen stammte noch aus dem Handel mit Opium. Sie waren vor allem auf dem Immobilienmarkt und an Asiens größter Börse tätig. In Glaubensfragen pflegten sie einen Traditionalismus mesopotamischer Prägung, die Älteren sprachen noch ein hebräisch durchsetztes Arabisch.

Als der reichste von allen galt Silas Hardoon, der die halbe Nanking Road sein Eigen nannte. Seine Frau gehörte jener schwer einzuordnenden Bevölkerungsgruppe an, die man etwas despektierlich »Eurasier« nannte: halb Chinesin, halb Europäerin. Weil die beiden keine eigenen Nachkommen hatten und Madame Hardoon selbst in einem Waisenhaus groß geworden war, hatten sie rund dreißig Kinder aller Rassen und Nationalitäten adoptiert: russische, jüdische, englische, chinesische. Sie trugen alle Hardoons Namen und erhielten, wenn sie volljährig wurden, eine stattliche Summe ausbezahlt. Mit einem dieser Jungen ging ich wenig später zur Schule. Er wohnte in jenem stadtbekannten weißen Palais, dessen verschwenderisch großer Garten von einer hohen Mauer abgeschirmt war. Der alte Hardoon war damals schon gestorben, nur die erblindete Witwe lebte noch in diesem Märchenschloss. Sie lud scharenweise buddhistische Nonnen und Mönche zu sich und ließ sich von alten Eunuchen umsorgen, die schon der Kaiserinwitwe in der Verbotenen Stadt gedient hatten. Leider konnte ich nie auch nur einen Blick in dieses Paradies werfen.

Sir Ellis Kadoorie gehörten die städtische Gasgesellschaft, die Straßenbahn und eine große Brauerei. Er war der Wohltätigste von allen und unterstützte besonders Bildungseinrichtungen. Man könnte ihn als eine Art fernöstlicher Baron Hirsch betrachten: Er ließ eine Schule für Flüchtlingskinder bauen, in der nur englisch gesprochen wurde. Ein anderer dieser orientalischen Juden, David Sopher, studierte später gemeinsam mit mir. Sein Vater war nur ein kleiner Millionär, nicht in der gleichen Liga wie die Sassoons oder Hardoons. Einmal lud David uns zu sich nach Hause ein. Dort stand hinter jedem Platz ein Boy, der einzig diesen Gast bediente. So lebten die armen Millionäre.

Die zweite Gruppe bildeten die vier- bis fünftausend russischen Juden, Aschkenasim allesamt, die teils seit vielen Jahren in Schanghai lebten, teils erst kürzlich aus der Mandschurei zugezogen waren. Als dritte jüdische Bevölkerungsgruppe trafen nun nach und nach 16- bis 17000 Emigranten aus Mitteleuropa ein. Darunter befanden sich auch einige Hundert getaufte Juden oder deren Kinder, die gleichwohl von den Rassengesetzen betroffen waren, sowie vereinzelt die christlichen Ehepartner jüdischer Flüchtlinge. Ferner gab es ein paar nichtjüdische politische Exilanten, außerdem Juden aus der Tschechoslowakei, Ungarn, Rumänien und dem Baltikum. Als vierte Gruppe langten 1941 noch rund tausend polnische Juden in Schanghai an.

Hongkew war ein Emigrantenviertel im Werden. Soweit sie durch die Vertreibung nicht völlig gebrochen waren, machten die Flüchtlinge sich mit verzweifelter Geschäftigkeit an den Aufbau einer neuen Existenz. Dass sie freilich acht bis zehn Jahre in diesem Provisorium würden ausharren müssen, das ahnte damals kaum jemand. Wir blieben nur zwei Nächte im Embankment Building, dann mieteten wir uns ein Zimmer in der Chusan Road, der Hauptstraße von Hongkew. Der Name amüsierte uns, im Jiddischen bedeutet Chusan »Bräutigam«. In China bezeichnet er indes eine Inselgruppe vor der Mündung des Yung Tschiang. Von dort stammte, wie sich sieben Jahre später herausstellen sollte, meine künftige Schwiegermutter her ... Das Herzstück der Chusan Road war vielleicht 200 Meter lang und mit der Kärntner Straße natürlich nicht zu vergleichen. Neben uns Mitteleuropäern lebten auch arme Russen dort, in den staubigen Seitenstraßen und Hinterhöfen zudem viele Chinesen, die etwa als Werftarbeiter, Straßenhändler oder Handwerker tätig waren. Ums Weltgeschehen kümmerten sie sich wenig. Sie nahmen uns zunächst weder als Juden noch als Emigranten wahr, sondern einfach als eine weitere Gruppe merkwürdiger Ausländer, mit der sie sich zu arrangieren suchten. Viele von ihnen waren selbst Flüchtlinge.

Da die Österreicher kulinarisch den Ton angaben, sprach man von Hongkew scherzhaft als »Klein-Wien«. Restaurants wie das *Delikat* offerierten »hausgemachte Mehlspeisen und beste Wiener Küche« –

Heimat geht durch den Magen. Der *Fiaker* versprach die köstlichste Sachertorte außerhalb Wiens, während das koschere *Tel Aviv* auf zionistische Verheißungen setzte. Das *White Horse* beschwor die Operettenseligkeit des Weißen Rössl, und der nahe *Palm Garden* verpflanzte ein Stück Grinzing nach Schanghai, indem er noch in der größten Hitze zum Heurigen lud. In Ladenlokalen zu ebener Erde, kaum größer als eine Garage, eröffneten Konditoreien, Feinkostgeschäfte, Herrenschneider, Putzmacherinnen und Modesalons.

Insgesamt aber waren die deutschen Emigranten in der Mehrzahl und in vielen Geschäftszweigen führend. Mitunter firmierte die Chusan Road auch als »neuer Kurfürstendamm«; man braute dort sogar Berliner Weiße. Während meine Freunde zufällig fast alles deutsche Juden waren, hielten meine Eltern sich hauptsächlich an Österreicher. Schon auf den Schiffen waren beide Gruppen meist unter sich geblieben. Die Österreicher wollten mit den arroganten Piefkes nichts zu schaffen haben, diese wiederum nichts mit den schlampigen Wienern. So wenig sie sonst bei sich führten, ihre Vorurteile hatten sie mit nach Fernost gebracht.

Die erste Fahrt mit einer Rikscha war uns überaus unangenehm. Wie kann man sich von einem anderen Menschen ziehen lassen? Zu dieser Zeit gab es kaum Pedicabs, Fahrradrikschas für zwei Personen also. Die kamen erst einige Jahre später auf, als das Benzin knapp wurde. Auch das Feilschen war uns zuwider. Doch wir mussten handeln, nicht allein aus Prinzip, sondern weil wir wirklich sehr wenig Geld hatten. Einige Emigranten weigerten sich all die Zeit über kategorisch, den Kulis diese harte und in ihren Augen entwürdigende Arbeit zuzumuten. Andererseits lebten diese davon. Wie ein chinesisches Sprichwort sagt: »Zerbrich' nicht anderer Leute Reisschale.« Immerhin verlangten die Kulis für Ausländer höhere Tarife, nicht ganz zu Unrecht, die waren schließlich auch schwerer. Wenn wir zu dritt ausfuhren, genügten für gewöhnlich zwei Rikschas, denn ich schlüpfte bei einem der Eltern unter.

Das Klima war monatelang unerträglich. Bis Ende September herrschten oft täglich an die vierzig Grad und über neunzig Prozent Luftfeuchtigkeit. Auch die Nächte brachten kaum Abkühlung. In der Geographie bildet das »Schanghai-Klima« sogar einen feststehenden Begriff: Als Synonym für ein extremes Ostseitenklima gilt es als das belastendste überhaupt, strapaziöser als jedes Tropenklima. Im Sommer heizt sich die asiatische Landmasse stark auf, so dass über der Küste ein Hitzetief entsteht, in das von Südosten her die Monsunwinde einströmen. Sie bringen heftige Regengüsse und Taifune. Die Emigranten waren an ein solches Klima nicht gewöhnt und ganz unpassend dafür gekleidet. Bald machte ich es den Chinesen nach und rollte mir ein dünnes Handtuch um den Hals, das den Schweiß auffing. Die Einheimischen unterschieden zwischen kleiner Hitze, großer Hitze und »Tigerhitze«. Uns schien fast immer Tigerhitze zu herrschen. Eine alles durchdringende, alles beherrschende Schwüle regierte, und die Luft fühlte sich an wie feuchte Glut. Meist hingen die Monsunwolken als dichte, chinchillagraue Decke tief über der Stadt. Selbst nach oben gab es kein Entrinnen.

Als wir unsere Überseekisten in Empfang nehmen wollten, herrschte im Zollhof Konfusion. Zwar stand das Frachtgut in dem langen Schuppen alphabetisch nach den Namen der Besitzer aufgereiht, doch die Kulis, die es aushändigen sollten, konnten nicht lesen. Nachdem wir unsere Habe endlich beisammen hatten, erlebten wir zwei unangenehme Überraschungen. Der Brillantring fehlte, und eine Flasche Wasserstoffperoxid war ausgelaufen. Die Mutter hatte sie mitgenommen, da sie nicht wusste, ob sie sich in China die Haare würde färben können. Die ätzende Flüssigkeit hatte viele Kleidungsstücke ruiniert, darunter auch den alten Gebetsschal unserer Familie, den wir freilich nie benutzten. Wenigstens fand sie dann auch in Schanghai Färbemittel und trug ihr Haar weiterhin blond.

Sechs Wochen nach unserer Ankunft brachte meine Mutter in einem Brief an die in Wien zurückgebliebene Großmutter Julie ihre Verzweiflung über unser Schicksal zum Ausdruck und berichtete ihr von den Anpassungsschwierigkeiten an das neue Leben, das sich so sehr vom gewohnten daheim unterschied.

18. VI. 1939

*Liebste Mutter!*

*Ich konnte mich bis heute nicht zusammennehmen, um Ihnen einen ausführlichen Bericht zu machen. Seien Sie nicht ungehalten, daß der Fritz Ihnen nicht selbst schreibt. Er läuft den ganzen Tag herum und kommt meist sehr verdrossen nach Hause. Wir waren anfangs so entsetzt über unser Schicksal, daß wir es vermieden haben, den Nächsten zu schreiben. Die Lagsteins konnten uns nicht abholen, da wegen einer Scharlachepidemie über alle Heime Quarantäne verhängt worden war. Vom Flüchtlingskomitee bekommt man gar keine Unterstützung, nur ein mangelhaftes Essen, welches nicht reicht, um den Hunger zu stillen. Ich wäre die glücklichste Frau der Welt, wenn ich einmal wieder nach Europa kommen könnte. Das Klima ist ganz furchtbar, die Hitze beträgt zuweilen fünfzig Grad, ich bin an solchen Tagen ganz lahmgelegt. Es ist überall schmutzig und es gibt kein sauberes Wasser. Wir schauen alle schlecht aus. Ich will aber trotzdem nicht verzagen und weiter an unseren Glücksstern glauben. Die Branche vom Fritz ist hier sehr gut, nur leider fehlen ihm die Maschinen. Wir werden wahrscheinlich ein Lebensmittelgeschäft eröffnen, um wenigstens das Allernötigste zu verdienen. Es tut uns unendlich leid, daß wir Sie nicht mitgenommen haben. Erstens wird hier für alte Frauen gesorgt, und zweitens hätten wir es auch leichter, Sie bei uns zu wissen. Trachten Sie, liebe Mutter, den Reisepaß zu besorgen und vielleicht das Reisegeld von der Versicherung zu erhalten. Im Reisebüro* T e m p o *werden Sie eine Schiffskarte bekommen. Sie können sich jemandem anschließen, die Reise ist eine Spielerei. Wir haben eine falsche Vorstellung von einer Schiffsreise gehabt. Der Fritz ist aber über Euch sehr böse, daß Ihr nicht schreibt. Was ist die Ursache dafür? Ich bitte Sie, liebe Mutter, schreiben Sie fleißig, wir haben schon Sorgen genug. Wir haben leider das Geld für Porto bis jetzt nicht gehabt. Ich küsse Sie tausendmal, Ihre Klara. Grüße von Lagsteins.*

*Teuerste Mutter: Wir sind bereits die siebte Woche hier und haben von Euch bis zur Stunde kein Lebenszeichen erhalten! Wie Du siehst, geht es uns sehr dreckig. Ich hoffe, daß unsere Situation sich in den nächsten Wochen zum Besseren wenden wird. Bis dahin küsse ich Dich innigst, Dein Fritz.*

*Viele herzliche Bussi, Bertl.*

Noch zu dieser Zeit verstieg sich ein hochrangiger jüdischer Funktionär in Deutschland zu der Äußerung, es sei »würdiger, in Mitteleuropa den Märtyrertod zu erleiden, als in Schanghai zugrunde zu gehen«. Doch so deprimiert die Eltern zuweilen auch waren, Schanghai war in jedem Fall besser als Dachau. Ohne die hundert Pfund aus Mutters Irrigationsapparat hätten freilich auch wir unser Dasein in einem Heim fristen müssen. So aber investierten wir sie in den Kauf einer Ruine in der Wayside Road 497. Wenigstens stand hier überhaupt noch etwas, andere Straßen waren nur mehr von Trümmerhaufen gesäumt. Es handelte sich um zwei miteinander verbundene Gebäude in einer lang gestreckten Häuserzeile, wie es sie in Schanghai zu Tausenden gab. Ihre Bewohner mussten sie im September 1937 überstürzt verlassen haben, wie ein Abreißkalender an der Wand erahnen ließ. Die Außenmauern standen noch, aber das Innere war ausgebrannt. Das westliche Haus besaß einen kleinen Vorhof, der mit einem schweren Tor von der Straße abgetrennt war. Dahinter lag ein Ladenlokal, dann folgten ein Vorratsraum und eine kleine Kammer. Das obere Stockwerk bezogen Onkel Lonio und Tante Frieda. Sie brauchten dafür keine Miete zu zahlen, wodurch mein Vater den Onkel für den Verlust seiner Einlage in das Farbengeschäft halbwegs entschädigen konnte. Auch hatte Frieda uns ja in der D'Orsaygasse aufgenommen, als wir unsere Wohnung hatten räumen müssen. Im rückwärtigen Teil des Hauses gab es noch ein bescheidenes Zimmer auf halber Treppe, das wir an eine dreiköpfige Familie aus Deutschland vermieteten. Sie war sehr gläubig und hielt, anders als wir, auch die Sabbatruhe. Über ihrem Zimmer lag der sogenannte Dachgarten, auf dem es freilich keinerlei Grün gab. Wir benutzten ihn eigentlich nur, um die Wäsche aufzuhängen. Zum Sukkotfest errichtete die deutsche Familie auf dieser betonierten Terrasse eine Laubhütte, einen einfachen Unterschlupf aus blättrigen Zweigen und Stangen, mit Fetzen und Papier teilweise verkleidet. Eine Woche lang nahmen sie dort dann ihr bescheidenes Mittagsmahl ein. Der Brauch erinnert an die Wanderung der Israeliten durch die Wüste, als gleichsam das ganze Volk obdachlos war. Ich hatte nie zuvor eine solche Laubhütte gesehen, lediglich im Religionsunterricht davon gehört.

Bei der östlichen Haushälfte gelangte man von der Straße aus in ein tiefes Zimmer, das fast das gesamte Erdgeschoss einnahm. Die beiden darüber liegenden kleinen Räume bewohnten wir. Badezimmer gab es keine. Von unserer Ankunft bis zu meiner Übersiedelung ins Studentenheim 1945 konnte ich nie baden oder duschen. Daneben befand sich auch die einzige Toilette des Hauses: eine hölzerne Tonne, die in eine Art Kommode eingebaut war, mit Deckel zwar, doch ohne Spülung. Andere Häuser hatten nur einen einfachen Bottich in Form eines zusammengestauchten Fasses, den ominösen *Honey pot*. Als Klosettpapier nahm man zerschnittene alte Zeitungen. Die Rückseite des Hauses ging auf eine sogenannte *Lane*, eine mit Wäsche beflaggte Hofgasse fast dörflichen Charakters, auf der die Anwohner ihren Tee schlürften, Karten spielten und sich die Haare schneiden ließen. Dort machte auch der Klosettmann jeden Morgen seine Runde und weckte mit seinen heiseren Rufen die Nachbarschaft. Er war klein und krummbeinig von Gestalt, dabei sehr muskulös vom Schleppen seines Karrens. Zügig schob er ihn von Haus zu Haus und sammelte den Inhalt der Kübel ein. Da sein hölzerner Tank selten richtig dicht war, tropfte oft etwas auf die Straße. In zentralen Depots wurden die Exkremente dann verdünnt und als Bio-Dünger an die Bauern des Umlands verkauft. Seit alters her schrieb man dieser »Nachterde« geradezu wundertätige Wirkungen zu und nahm die damit verbundenen Ausdünstungen klaglos in Kauf. Kaum war der Klosettmann durch, vernahm man die ganze *Lane* entlang das harsche Kratzen der Bambusbesen, mit denen die Frauen die Eimer säuberten. Ein neuer Tag begann.

Da Leder in diesem Klima rasch zu schimmeln begann, waren Schuhe und Taschen oft in einem schlimmen Zustand. Auch Ungeziefer blieb uns nicht erspart. Wanzen versuchten wir durch regelmäßige Säuberung des Bettrahmens zu bekämpfen. Gegen Fliegen behalfen wir uns mit Leimspiralen, gegen Mücken mit Räucherstäbchen. Vor Mäusen bewahrte uns Toby, unser Kater, der aus dem Wurf einer Emigrantenkatze stammte. Mit der Zeit wurde er allerdings blind, und dann war es vorbei mit der Mäusejagd. Zwar hätte es unter den Vertriebenen auch Tierärzte gegeben, aber wir konnten es uns ja kaum leisten, einen Arzt für uns selbst zu konsultieren. Toby kam erstaunlich gut mit diesem Handikap zurecht. Er setzte seine Schnurrbarthaare zur Orientierung ein, und man musste schon ein guter Beobachter sein, um seine Blindheit zu bemerken.

Genau genommen hatten wir das Haus nicht gekauft, nur gemietet. Doch nach chinesischem Gesetz konnte man nicht delogiert werden, solange man die Miete zahlte. Deshalb verlangte jeder Hausbesitzer vorab eine erhebliche Summe, das sogenannte *Key money*, eine nicht rückzahlbare Kaution. Die Miete wurde zwar etliche Male erhöht, trotzdem stellte sie nur im ersten Jahr eine Bürde dar. Mit der Inflation wurde sie dann immer lächerlicher, bis sie zuletzt nur mehr den Gegenwert von einem Päckchen Zigaretten ausmachte. Das billige Wohnen war das einzig Positive an diesem Haus. Und dass es, als Hongkew vier Jahre später zum Ghetto erklärt wurde, gerade noch innerhalb des Sperrbezirks lag und wir deshalb wenigstens nicht umziehen mussten.

Da die Häuserwände sehr dünn waren, hatten die Bewohner nicht nur ihre eigenen Probleme, sondern die der Nachbarn gleich mit. Es gab häufig Streitereien, die Leute waren ausgelaugt und deprimiert. In den Massenquartieren ging es noch ärger zu, dort hausten manchmal über hundert Menschen in einem Saal. Viele brachten ihren gesamten Aufenthalt in diesen Notasylen zu, und der Mangel an Privatleben belastete sie ungemein. Die Essensrationen wurden immer kärglicher, es war eine Hölle auf Raten. Dennoch zogen auch manche, die zumindest etwas Geld besaßen, diese Zwangsgemeinschaft einer selbstständigen Existenz vor, weil sie ihnen ein Mindestmaß an medizinischer Versorgung bot.

Meine erste Schule lag gleich um die Ecke von unserem Haus. Sie war eilig für Emigrantenkinder eingerichtet worden. Der Unterricht fand halb auf Englisch, halb auf Deutsch statt und stellte keine große Herausforderung für mich dar. Ich wusste immer die richtigen Antworten, was dem hinter mir sitzenden Kurt Saphir auf die Nerven ging. Als ich mich wieder einmal gemeldet hatte und aufgestanden war, hielt er einen Bleistift auf meinen Sitz, und ich setzte mich nichts ahnend darauf. Das tat ordentlich weh, mein Hintern blutete. Die Lehrerin schickte uns zu meiner Mutter nach Hause, wo Kurt Abbitte leisten sollte. Doch allein bei dieser Vorstellung rutschte ihm offenbar das Herz in die Hose. Er ging immer langsamer, bis ich schließlich sagte: »Hau ab, ich werd' das schon erledigen.« Fortan waren wir die besten Freunde.

Jeder zweite Emigrant eröffnete damals ein Restaurant oder ein Lebensmittelgeschäft. Auch wir versuchten damit unser Glück. Wir stellten in dem lang gestreckten Raum des östlichen Hauses sechs Tische auf und richteten im angrenzenden Ladenlokal zusätzlich eine Lebensmittelhandlung ein. Sowohl meine Mutter als auch Tante Frieda waren ausgezeichnete Köchinnen, doch von Gastronomie verstanden sie gar nichts. Statt schöne Speisen zuzubereiten, die den Gästen schmeckten, aber uns nicht viel kosteten, kochten sie so gut und reichlich wie zu Hause: Schnitzel, Leber und faschierte Laberl, Gugelhupf und Kaiserschmarren. Eine Brauerei stellte das Leuchtschild über dem Eingang. Das Lokal hatte zwar kein WC als zusätzliche Attraktion, dafür immerhin ein Telefon. Und wir führten etliche Zeitungen, zum Beispiel die *Shanghai Jewish Chronicle*, in der wir auch inserierten.

Gelegentlich lag auch die *Gelbe Post* aus, die sich in diesen schwierigen Zeiten als »Ostasiatische illustrierte Halbmonatsschrift« zu behaupten suchte. Ihr Herausgeber, Adolf Josef Storfer, war einer der wenigen bedeutenden Intellektuellen, die es nach Schanghai verschlagen hatte. In Wien hatte er sich als Mitarbeiter der *Frankfurter Zeitung* einen Namen gemacht, war auch als Sprachforscher und Verleger hervorgetreten. Dem inneren Zirkel um Sigmund Freud angehörend, hatte er dessen Gesammelte Werke betreut. In Schanghai machte er es sich zur Aufgabe, der Emigrantenschaft die chinesische Kultur näherzubringen. In der *Gelben Post* schrieben Sinologen und Kunsthistoriker, britische Korrespondenten, chinesische Intellektuelle und japanische Diplomaten. Grundwissen zur chinesischen Schrift wurde ebenso vermittelt wie Analysen der Bodenpreise oder Einblicke in den Glanz und vor allem das Elend der Kurtisanen.

Storfers Zeitschrift war gewiss ein nobles Unterfangen, aber doch auch eine Donquichotterie. Die Flüchtlinge hatten andere Sorgen, als sich über »Sport im alten China« oder »das Staatsdenken des japanischen Volkes« kundig zu machen. Aufschlussreich lasen sich allein schon die Annoncen: Ein Briefmarkengeschäft bot »deutsche und österreichische Qualitätsmarken« feil – da hatte jemand seine Sammlung außer Landes retten können. Ein »fachkundiger Wiener Zuschneider« offerierte seine Dienste ebenso wie »Dr. med. Berg, ehemals Kurarzt in Karlsbad«. Ein Dentist wünschte nichts sehnlicher als »Betätigung in seinem Fach«. Ein gnadenlos optimistischer Autohändler inserierte regelmäßig »Fahren Sie Opel!«, während ein chinesischer Pfandleiher die Lage realistischer einschätzte und auf sein privates »Versatz-Amt« hinwies.

Unser Lokal lief zunächst gut. Die meisten Kunden waren Emigranten, aber vereinzelt kehrten auch Japaner ein. Einmal legte einer sein Gebiss auf den Tisch, da er offensichtlich die Mahlzeit mit blankem Zahnfleisch besser bewältigen konnte – das gab ein Hallo! Natürlich aßen wir auch selbst in unserem Restaurant. Tante Frieda führte später noch einen Mittagstisch, zu dem sich eine Handvoll alleinstehender Herren bei ihr einfand. Während wir mit Gas kochten, stand sie, nur mit Shorts und einem Hemd bekleidet, vor ihrem chinesischen Kohleofen und fächelte schweißüberströmt die schwelende Glut. Onkel Lonio half sowohl im Restaurant als auch beim Mittagstisch, eine Zeit lang hatte er zusätzlich einen Posten in einer Bäckerei. Irgendwie wurstelten die beiden sich so durch, aber gut ging es ihnen nicht dabei. Schlechter als uns jedenfalls, und uns ging es schon miserabel.

Wir kauften meist auf einem chinesischen Markt ein, auf dem auch etliche Emigranten ihre Stände hatten. Dort gab es Gemüse, Fleisch, Fisch, Hülsenfrüchte und frisches Obst; es war der Naschmarkt der armen Leute. Exotischere Produkte wurden dagegen nicht feilgeboten, dafür gab es zu wenig Absatz. Meine Eltern zum Beispiel aßen all die Jahre über nie chinesisch, und auch ich kam erst in der Universitätskantine damit in Berührung. Das war jedoch keine spezifisch jüdische Eigenheit; meiner Mutter war es ja gleichgültig, ob das Essen koscher war oder nicht. Österreicher waren damals einfach provinziell in dieser Hinsicht. Und was wir in Hongkew von chinesischer Gastronomie mitbekamen, waren nur Garküchen auf der Straße und unappetitliche Lokale, vor denen es einem grauste.

Es bildete sich ein Kauderwelsch heraus, bei dem die Emigranten ein paar Brocken Chinesisch aufschnappten, die Chinesen etwas Deutsch und beide etwas Pidgin-Englisch, das die Einheimischen als »englisches Fleisch um chinesische Knochen« charakterisierten. Man lernte, was man eben so brauchte: die Zahlen, die Gewichtseinheiten, die Namen der Fische und der Früchte. Als wir ankamen, erhielt man für einen amerikanischen Dollar drei chinesische. Es gab heimische Münzen für ein Drittel Cent, dafür bekam man zum Beispiel eine Banane. Mit einem einzigen amerikanischen Cent konnte man also neun Bananen kaufen.

Europäer und Einheimische hatten wenig Kontakt miteinander. Außer die Chinesen vom Markt kannten meine Eltern nur den Briefträger und eine Spenglerfamilie im Nachbarhaus. Das erste Jahr hatten wir noch einen Hausboy, der im Restaurant sauber machte und Geschirr wusch. Mit ihm verständigten wir uns auf Deutsch und Pidgin-Englisch. Und dann gab es noch den Klosettmann, von dem man aufgrund seines Aromas immer einen gebührenden Abstand hielt. Infolge der Inflation erhöhte er im Laufe der Zeit, durchaus zu Recht, sein Honorar. Aus Prinzip stritt meine Mutter dann mit ihm, doch selbst sie zog jedes Mal den Kürzeren. Es war unmöglich, gegen ihn aufzukommen, und das wusste er auch. Er war sowohl unnahbar als auch unersetzlich.

# Das spanische Haus

Eines Tages war unsere Mutter verschwunden. Die Hausdienerinnen drucksten nur verlegen herum, als wir aus der Schule kamen. Wanchün holte schließlich unseren Vater herbei. Der fürchtete erst, sie hätte sich etwas angetan, wäre womöglich in den Whangpoo gesprungen. Als er dann aber sah, dass auch Geld fehlte, beruhigte er sich. Sie wollte also weiterleben. Wenn das Geld ausgegeben wäre, würde sie schon zurückkommen.

Sie saß in einem Hotel in der Nanking Road und wartete. Aber worauf? Auf eine wundersame Versöhnung, gar auf seine Kapitulation? »Die Tugend einer Jungfrau kennt keine Grenze«, besagt ein chinesisches Sprichwort, »der Groll einer Frau kein Ende.« Mutter hatte keine Nachricht hinterlassen, so dass wir sie aus eigener Kraft kaum hätten finden können. Einige Tage später trafen Verwandte sie dann zufällig beim Einkaufen. Hartnäckig redeten sie ihr ins Gewissen und drängten sie, zurückzukehren. Uns Kindern zuliebe, aber mehr noch, um das Ansehen der Familie wiederherzustellen. Am Abend begab Vater sich zu ihr und nahm, um ihr Herz zu erweichen, auch Hsiuchu und zwei unserer kleinen Brüder mit. Doch Mutter blieb fürs Erste standhaft. Schließlich kraulte er schelmisch ihre Wade, komm doch zurück, wir brauchen dich. Diese kleine, verstohlen ausgeführte Liebkosung nahm sie offenbar als Entschuldigung an. Allein dass er gekommen war, um sie zu bitten, muss eine Genugtuung für sie gewesen sein. Sie liebte ihn trotz allem. Und vielleicht ging ja auch tatsächlich ihr Geld zur Neige.

Dieser Ausbruch war ihr letztes Mittel gewesen. Dass sie ihn wagte, zeigt, dass sie eine reife und notfalls auch selbstständige Frau war. Ein Landei hätte sich nie getraut, in einem Hotel abzusteigen. Auch mit dem Alleinsein kam sie offenbar gut zurecht, zum ersten Mal seit vielen Jahren hatte sie Zeit für sich. Nach diesem Eklat hielt sich Vater mit Besuchen bei der Mätresse vorerst zurück. Mit der Zeit aber ging alles wieder seinen gewohnten Gang.

Die nächste Erschütterung folgte an einem nebelverhangenen Herbstmorgen. Mingchu war tot. War einfach gestorben über Nacht, ohne dass jemand etwas bemerkt hätte, ohne dass es ihr zuvor schlechter gegangen wäre als sonst. Als Ah Cheng sie wie jeden Morgen ankleiden wollte, lag sie kalt und starr in ihrem Bett. So sehr sie uns manchmal geplagt hatte, ihr Tod war ein Schock. Wir waren trotz allem Geschwister, nur dass sie für immer ein Kleinkind geblieben war. Wir würden studieren, würden heiraten und womöglich selbst Kinder bekommen. Welche Zukunft aber hätte sie gehabt? Die Eltern waren, bei allem Schmerz, doch auch erleichtert, wenigstens hatte Mingchu nun nicht weiter zu leiden. Andererseits fühlten sie sich vermutlich schuldig, hatten sie dieses bedauernswerte Kind doch erst in die Welt gesetzt und nun verloren. Dies Schicksal gemeinsam zu bewältigen, brachte sie einander wieder näher.

Als Vater mit seiner Praxis endlich Fuß gefasst hatte, konnten wir an ein besseres Quartier denken. Wir fanden es in einer Reihenhaussiedlung im Herzen der französischen Konzession. Sie war Anfang der Zwanzigerjahre im sogenannten spanischen Stil erbaut worden. Abgeschirmt von einem schmiedeeisernen Gitter, konnte man sich dort tatsächlich in mediterranen Gefilden wähnen; die Häuser weiß, rosé und apricot gestrichen, mit Fensterläden und verglasten Veranden. Platanen und Gingkobäume spendeten Schatten, Vogelgezwitscher machte den Stadtlärm vergessen. In der Nähe gab es mehrere Kinos, zwei Polizeistationen, ein Krankenhaus sowie das riesige *Canidrome*, dessen

Hunderennen Ausländer wie Chinesen begeistert verfolgten. Die Aurora-Universität lag nur drei Straßen entfernt.

Das Haus war gepflegter und geräumiger als unser erstes Domizil. Doch dafür nisteten sich bald etliche Verwandte bei uns ein. »Großverdiener« praktizierte eine Art Clan-Sozialismus und wollte möglichst viele Yangs an seinem wiedererlangten Wohlstand teilhaben lassen. Dadurch verzog er so manchen, einschließlich seines ältesten Sohnes Wanchün. Die Großfamilie wurde von seinen Zuwendungen abhängig, zumal er auch für das Schulgeld der Kinder aufkam. Wenn Mutter uns neue Sachen schneidern ließ, fragte er sie: »Warum hast du nicht auch Kleider für unsere Verwandten besorgt?« Und dann musste sie Garderobe für dreißig Leute ordern! Schließlich kamen die Schneider zur Neujahrszeit auf mehrere Wochen ins Haus. Mutter hatte nun zwei Köche, Ah Cheng und Ah Wong sowie mehrere Verwandte zu dirigieren, die sich ebenfalls nützlich machten. Sie verfolgte diese Expansion mit gemischten Gefühlen: Sie war gewiss stolz auf ihren Mann, der selbstlos und erfolgreich seiner Sippe vorstand und darin den Leitbildern aus ihrer eigenen Familie, den Handelsherren und kaiserlichen Würdenträgern, zu entsprechen vermochte. Aber vielleicht hätte sie es doch vorgezogen, wenn sein Geld dem engeren Familienkreis vorbehalten geblieben wäre?

Die letzten Jahre an der Schule und die ersten an der Universität zählten zu den glücklichsten meines Lebens. Wir Kinder fanden es herrlich, eine so große, pulsierende Familie zu haben, und fühlten uns nie alleingelassen. Dass ich dabei kein eigenständiges Leben führte und dass ich naiv und ignorant einer Zukunft entgegenging, die solch unbedarfte Existenzen gewöhnlich als erste bestrafte, das war mir damals nicht bewusst. Zu kämpfen habe ich nie gelernt. Auch ohne die heillosen Zeitumstände wäre eigentlich eine Tragödie zu erwarten gewesen. Im Normalfall hätte dafür schon eine unglückliche Heirat genügt.

Neben dem Hauspersonal beschäftigten wir auch zwei Rikschafahrer, die Vater zur Praxis kutschierten, Mutter in die Stadt und uns zur Schule. In dieser rollenden Sänfte saß man sehr bequem. Der Kuli arbeitete sich im Laufschritt durchs Gewühl, der Luftzug kühlte die Wangen, und Häuser und Passanten zogen an einem vorbei wie im Kino. Trolleybusse pflügten durch Schwärme von Fahrrädern, Armeelaster drängten Schubkarren zur Seite, lackschwarze Citroëns umkurvten weiße Stuten. Gelegentlich trieb mittendrin auch eine Hochzeitssänfte dahin, geschultert von acht kostbar gewandeten Trägern, die eine hinter seidenen Vorhängen verborgene Braut ihrem Schicksal zuführten. Wie Türme ragten die Verkehrspolizisten aus diesem Strom: bärtige, turbangekrönte Sikhs, welche die Engländer ihrer einschüchternden Statur und ihrer moralischen Integrität wegen nach Schanghai geholt hatten. Strom- und Telefonleitungen überspannten die Straßen wie graue Spinnfäden. Das französische Netz hatte eine Spannung von 110 Volt, das der Internationalen Niederlassung von 220 Volt. Jede Zone stellte auch ihre eigenen Führerscheine aus, betrieb ihre eigenen Postämter und Straßenbahnen und hatte ihre jeweilige Polizei und Feuerwehr. Hier wachten Kolonialtruppen aus Indochina und dem Senegal über die öffentliche Ordnung, dort nepalesische Gurkhas. Vierzig Radiostationen wetteiferten um die Gunst der Hörer.

Wenngleich die Ausländer auch dort nur eine kleine Minderheit darstellten, galt der französische Sektor doch als eine Insel westlicher Lebensart. Ah, la concession française! Einschlägige Läden führten Vittelwasser, und man konnte dort Gänseleberpastete, Nougat aus Montélimar und gut gekühlten Chablis erstehen. Edelrestaurants und duftende Pâtisserien lockten, aus den Ballhäusern klangen kreiselnd *Valses Musettes*, und in den Parks standen die Boulespieler beisammen. Ost und West vermengten sich zu einem flirrenden Moiré. Hier warben Neonreklamen, dort handgemalte Rollbilder. Kasinos und Kabaretts verhießen mondänes Amüsement, während nebenan in Teehäusern alten Stils Geschichtenerzähler auftraten. Begierig empfing Schanghai jedes noch so ausgefallene Vergnügen. Einige Wochen lang war das Kaufhaus Sun die größte Attraktion, nachdem es als erstes Gebäude der Stadt eine Rolltreppe installiert hatte. Die Leute kamen in Scharen zum Probe fahren.

Allein in der französischen Konzession buhlten zwei Dutzend Lichtspielhäuser um Kundschaft. Als Vorprogramm liefen Wochenschauen des *Pathé Journal,* gelegentlich auch japanische Propaganda. Ansonsten wetteiferten Kassenschlager aus Schanghaier Produktion mit Schwertkämpferfilmen aus Hongkong und prallen Hollywoodschinken, darunter für China so exotische wie *Tarzans Rache, Schneewittchen* und *Die letzten Tage von Pompeji.* Schanghais Filmindustrie war zwar nach dem Einmarsch der Japaner unter verschärfte Kontrolle gestellt worden, doch in den ausländischen Hoheitsbezirken konnten zumindest »neutrale« Filme weiterhin produziert und gezeigt werden. Besonders die opulenten Historiendramen gerieten zu Kassenschlagern. Oft hüllten sie aktuelle Konflikte in klassische Gewänder, führten etwa vor, wie mongolische Invasoren unter heroischen Opfern in die Flucht geschlagen wurden.

Jede direkte Parteinahme wäre freilich sofort zum Politikum geworden. Die Behörden wollten jeglichen Aufruhr vermeiden und übten ängstlich Zensur. Ausländische Chinafilme wurden kaum gezeigt, das Land hätte darin ja unvorteilhaft dargestellt werden können. Oder sie wurden gleich wieder abgesetzt wie Sternbergs *Shanghai Express*, in dem Marlene Dietrich verführerisch raunt: »It took more than one man to change my name to Shanghai Lily.« Der Einspruch des deutschen Konsuls verhinderte später auch die Aufführung von Chaplins *Großem Diktator.* Doch Schanghai wäre nicht Schanghai, wenn es nicht für alles eine Lösung fände: In einer »Privatvorführung« konnte sich zumindest eine kleine Schar daran ergötzen.

Schanghai besaß als Filmstadt eine lange Tradition. Bereits 1896 präsentierten Mitarbeiter der Gebrüder Lumière »abendländische Schattenspiele« in der Konzession. Zugleich hielten sie chinesische Alltagsszenen auf Zelluloid fest und versetzten damit wiederum Europa in Erstaunen. Es folgten allerhand Aufführungen in Fotoateliers und Teehäusern, ehe dann auch feste Filmtheater entstanden. Anfangs bot man den Leuten sogar etwas Geld, damit sie kamen! Das erste Studio eröffnete Benjamin Brodsky, ein jüdischer Filmpionier russischer Herkunft. Auch die heimische Geschäftswelt erkannte rasch, dass sich hier ein lukratives Gewerbe auftat, und so wurden bis 1937 über tausend Filme produziert. Kinopaläste wie das *Grand* und das *Cathay* zählten mit fast zweitausend Plätzen zu den größten der Welt. Mit ihren roten Plüschsesseln und purpurnen Vorhängen gaben sie noch dem albernsten Film einen festlichen Rahmen, und da sie zudem über Klimaanlagen verfügten, waren die Vorstellungen durchweg gut besucht. Nichts deutete mehr darauf hin, dass einige Filmtheater noch zwei Jahre zuvor, während der Schlacht um Schanghai, als Flüchtlingslager gedient hatten. Im Gegenteil: Die Metropole boomte wieder. Die Leute wollten die ausgestandenen Schrecken vergessen, und da neben der Menschen- auch eine gewaltige Kapitalflucht stattgefunden hatte, zirkulierte mehr Geld in der Stadt denn je.

Im Schlepptau meines Vaters entwickelte ich eine frühe Leidenschaft fürs Kino. Wenn er mit Karten für die ganze Familie nach Hause kam, war die Begeisterung groß. Einem Film mit Bette Davis habe ich dann auch meinen Zweitnamen Julie entlehnt. Weil westliche Ausländer sich unsere Namen einfach nicht merken können, legt sich bis heute fast jeder Chinese, der auch nur flüchtigen Umgang mit ihnen pflegt, einen solchen Hilfsnamen zu. Wenn ich mich recht erinnere, wurden wir in der Schule dazu angehalten, und so sah ich mich nach einem passenden Vorbild um. In *Jezebel* spielt Bette Davis eine Südstaaten-Schönheit, die ihren Verlobten herausfordern will. Zu einem Ball, für den alle anderen Mädchen sich in züchtiges Weiß kleiden, erscheint sie in einem flammend roten Kostüm. Es kommt zum Eklat, die Verlobung wird gelöst. Ein Jahr später kehrt der Mann verheiratet zurück. Indem Julie sich am Ende für ihn opfert, macht sie ihre Verfehlungen wieder gut. Wie weit etwas vom Schicksal dieser Filmfigur auf meinen Lebensweg abgefärbt haben könnte, sei es der anfängliche Eigensinn, sei es die spätere selbstlose Hingabe, darüber habe ich mir nie weiter Gedanken gemacht. Immerhin, bis heute trage ich gerne Rot.

Längst war das Kino auch bei der Mittelklasse in Mode gekommen. Es beeinflusste ihre Art, sich zu geben, zu kleiden und zu lieben. Auch die chinesischen Stars wurden vergöttert. Doch wie im Film, so nahm es mit ihnen auch im Leben oft ein schlimmes Ende. Aus dem Nichts zu Ruhm und Reichtum gelangt, verzweifelten sie schließlich an ihren Affären, drifteten in zwielichtige Milieus ab, wurden wahnsinnig oder brachten sich gar um. Eines jener Filmsternchen ergatterte später eine Hauptrolle auf der weltgeschichtlichen Bühne: Jiang Tsching, die nachmalige Madame Mao. Wenn sie nicht gerade den Herren im französischen Offizierskasino die Zeit vertrieb, spielte sie unter dem Künstlernamen Lan Ping (blauer Apfel) in kruden Filmen mit.

In den »spanischen Häusern« lebten auch einige Ausländer, französische Beamte und Pensionisten etwa, ein belgischer Architekt und eine elegante Russin. Drei Viertel der Bewohner zählten jedoch zur chinesischen Bourgeoisie. Es waren etliche Ärzte und Advokaten darunter, auch ein Reisgroßhändler, der sich nun notgedrungen mit den Japanern arrangiert hatte. Die Frauen gingen meist keinem Beruf nach. Eine der wenigen Ausnahmen war Tung Tschu-tschün, die in der Parallelstraße ein Restaurant betrieb, das *Tschin Tschiang.* In elenden Verhältnissen aufgewachsen, war sie früh in einem Schanghaier Bordell gelandet. Mit dreizehn geriet sie an einen General Sun Yat-sens, der sie heiratete und mit nach Szetschuan nahm. Nach einigen Jahren aber desertierte sie, kam zurück nach Schanghai und eröffnete ein Szetschuan-Restaurant. Diese Küche war zu jener Zeit wenig beliebt, doch indem Tung sie entschärfte und ihr Lokal mit Bambusmöbeln und Wandbildern der Jangtse-Schluchten schmückte, machte sie sie salonfähig. Auch ausländische Gäste kamen gerne ins *Tschin Tschiang*. Erst viel später wurde publik, dass dort heimliche Versammlungen der KP stattfanden und Mutter Tung so manchem Kommunisten Unterschlupf gewährte. Zur Belohnung wurde ihr nach der Machtergreifung die Leitung der benachbarten *Cathay Mansions* übertragen, eines der größten Hotelkomplexe der Stadt, der bis heute *Tschin Tschiang* heißt.

Ein Nachbar, Herr Li Fu-kui, war Teilhaber eines Schmuckgeschäfts. Je unsicherer die Zeiten wurden, desto mehr waren bleibende Werte gefragt. Die Firma führte vor allem Eheringe, die sich einzeln genauso gut verkauften wie paarweise. Sein Name bewahrheitete sich also – Fu-kui bedeutet so viel wie reich und von Erfolg gekrönt. Ein anderer Anwohner war ein »Bruder«, ein Intimus von Tu Yüeh-scheng, dem Paten von Schanghai. Dessen »Grüne Bande«, eine kriminelle Vereinigung, bildete die größte Geheimgesellschaft der Stadt. Dieser Konzern des Lasters betrieb unzählige Bars, Spielhöllen und Bordelle, erpresste Schutzgelder, handelte mit Opium und auch mit Menschen. Zugleich unterstanden ihm Banken, Hotels und Restaurants. In der Unter- wie in der Oberwelt gleichermaßen präsent, gerierte Tu sich als Wohltäter von Schulen und Krankenhäusern und saß sogar im Magistrat der Konzession. Obwohl dieser Nachbar als Finanzminister der »Grünen Bande« galt, wirkte er unscheinbar wie ein Kontorist. Er kam und ging zu immer gleichen Zeiten und lebte ausgesprochen moderat. Nur seine junge Frau kleidete sich extravagant und eiferte den Kinogöttinnen nach. Seine Mutter wohnte ebenfalls im Haus. Nachmittags machte sie es sich in ihrem schlichten schwarzen Kleid auf der Veranda bequem, schlürfte ein Schälchen Tee und fächelte sich Kühlung zu. Statt sich über diesen illustren Mitbewohner zu beunruhigen, begrüßten die Anrainer vielmehr die Nähe eines so gefürchteten Mannes. So würde die Siedlung von anderem Gesindel verschont bleiben.

An der Ostseite wurde die Kolonie von einigen der höchsten Gebäude der Stadt überragt. Dort residierten die wirklich Reichen. Wie rotbraune Klippen erhoben diese Wohnburgen sich aus dem grauen Häusermeer. Kaum zu fassen, dass sie auf nichts weiter als Schlick ruhten, der bis zu 300 Meter tief reichte. Tatsächlich sanken einige im Laufe der Jahrzehnte merklich ein, so dass das Hochparterre zum Souterrain umgewidmet werden musste. Bis in die Zwanzigerjahre hinein war der deutsche Klub *Concordia* mit knapp fünfzig Metern Schanghais höchstes Gebäude gewesen. Doch jetzt fiel er kaum mehr ins Auge. Das *Park Hotel* etwa türmte sich fast doppelt so hoch auf, und die Grundstückspreise hatten sich binnen einer Generation verzehnfacht.

Nur ein paar Minuten Fahrt mit der Rikscha, und man geriet in eine andere Welt: in die alte »Chinesenstadt«. Noch Anfang des Jahrhunderts war sie von einer hohen Mauer umschlossen worden. Entsprechend verwinkelt und verstopft wirkte das Viertel. Die Gassen quollen von Menschen nur so über, dazwischen stöberten Schweine und Federvieh herum. Es war eine Art Chinatown in China, ein archaisches, schmutziges und heftig kommerzielles Quartier. Zahllose Läden boten Brokat, Seide, Porzellan und Elfenbein feil. Dazwischen zwängten sich die Stände der Vogel- und der Orchideenhändler, die Tempel und Teehäuser, die Opiumhöhlen und Bordelle. Mittendrin lag eine bezaubernde Oase: der Yü Yuan, das 400 Jahre alte Relikt einer längst verschwundenen Patrizierfamilie. Bambuslauben, Zierteiche, künstliche Hügel und Schluchten reihten sich zu einer Abfolge reizender Miniaturlandschaften aneinander. Darin eingebettet waren phantastisch geformte Brücken, filigrane Pavillons und kuriose Kalksteinfelsen – bizarre Gebilde wie vom Bleigießen, knubbelig und porös wie Schwämme. Vor dem Eingang ragte ein Teehaus aus einem lotosbedeckten See. Ein Steg führte im Zickzack hinüber, da böse Geister angeblich nur geradeaus gehen können.

Aus Ningpo kamen unterdessen schlimme Nachrichten. Die Stadt und der Hafen wurden heftig bombardiert. Eines Tages heulten wieder die Sirenen, doch diesmal fielen keine Bomben. Stattdessen ging hinter dem Bund ein gelbes Pulver nieder. Es enthielt ein Virus, das durch Flöhe oder Ratten verbreitet werden sollte. Die Japaner hatten es in einem mandschurischen Labor entwickelt, wo sie auch mit Milzbrand-, Cholera- und Pesterregern experimentierten. Diese dürften in Ningpo ebenfalls zum Einsatz gekommen sein, denn es wurden verdächtige Kinderpuppen und Pakete mit infiziertem Reis gefunden. Binnen eines Monats starben mindestens hundert Menschen daran. Es handelte sich um einen der ersten Einsätze biologischer Waffen überhaupt.

Wären wir in Ningpo geblieben, hätte sich unser Vater als Seuchenarzt in einer ungeheuerlichen Lage befunden. Etliche Häuserzeilen mussten niedergebrannt werden, um eine Ausbreitung der Erreger zu verhindern. Ohnehin hatten die Bomben ganze Nachbarschaften pulverisiert und manch historisches Bauwerk zerstört. Fan Chins kostbare Bibliothek wenigstens war verschont geblieben. Nun jedoch, da die Angreifer ihren Ring um die Stadt enger zogen, musste sie evakuiert werden. Ein Lastwagenkonvoi verfrachtete die Bestände tief in die Berge hinein, noch ein gutes Stück südlicher als Tientai. Dort wurden sie auf Pferdekarren umgeladen, und schließlich schleppten Kulis sie in langer Prozession in ein entlegenes Dorf. Es war Rettung in letzter Minute – im April 1941 marschierten die Japaner in Ningpo ein.

Im Sommer schrieben meine Schwester und ich uns an der St. John's-Universität zum vorbereitenden Studium der Medizin ein. Zwar war Hsiuchu fast drei Jahre älter, doch zum einen hatte Vaters Geld anfangs nicht gereicht, zum anderen brannte sie nicht eben vor Ehrgeiz. Ich erwies mich hingegen als recht fleißige Studentin und wäre wohl später in Vaters Fußstapfen getreten. Schon dass wir Töchter überhaupt studieren durften, zeigte seine fortschrittliche Gesinnung. Sie war durch seine Erfahrungen in Amerika geprägt worden; vielleicht hatte sogar das Vorbild dieser Kommilitonin auf dem skandalösen Foto eine Rolle gespielt. Indem wir uns für Medizin einschrieben, entsprachen wir seinen Wünschen, die umso inständiger wurden, je mehr sich Wanchün als ungeeignet für die Nachfolge erwies. Er schien eher die mechanischen Fertigkeiten des Onkels geerbt zu haben als die therapeutischen Gaben des Vaters. Zudem bevorzugte er das süße Leben eines Playboys, statt den beschwerlichen Weg eines Studenten einzuschlagen. Nacht für Nacht zog er mit seinen Kumpanen durch Klubs und Tanzlokale und gab sich auf sorglos-jungenhafte Art den Verlockungen der Großstadt hin. Mich dagegen begann die Wissenschaft zu locken.

# Oh du entsetzliche Stadt

Bei unserer Ankunft wusste ich so gut wie nichts über Schanghai, geschweige denn über China. Nach und nach las ich jedoch etliche Bücher darüber und wurde überhaupt eine ziemliche Leseratte. In Hongkew gab es zwei Privatbüchereien, in denen man gegen eine erschwingliche Gebühr Lesestoff ausleihen konnte. Auch ein Buchhändler vom Berliner Spittelmarkt zog seine Restbestände als fahrbare Leihbücherei durch die Straßen. Außerdem existierten entsprechende Sammlungen an den Schulen, eine bereits 1849 gegründete Bibliothek in der Internationalen Niederlassung und eine städtische Bücherei in der französischen Konzession. Sie lag zwar weit von zu Hause entfernt, aber auch dort besorgte ich mir Lektüre. Einmal wollte ich den *Ulysses* ausleihen, doch die Bibliothekarin legte mir nahe, damit noch ein paar Jahre zu warten.

Ausgerechnet eine Wienerin, Vicki Baum, hatte mit *Hotel Schanghai* den erfolgreichsten Roman über unsere neue Heimat geschrieben. Mit dem Zeichner Friedrich Schiff, der schon Anfang der Dreißigerjahre nach China gegangen war, brachte es ein weiterer Wiener zum Klassiker der Schanghai-Literatur. »Will man das Porträt dieser Stadt malen«, schrieb er, »muss man es in den kontrastierendsten Farben tun. Hier stehen Luxusapartmenthäuser mit Zentralheizung, Air-Conditioning und eigenem Schwimmbad. Gleich daneben leben Kulis in primitivsten Behausungen. In den Straßen schlafen die Menschen auf Strohmatten, um der unerträglichen Hitze in ihren engen Häusern zu entgehen. Und nicht weit entfernt, auf dem Dachgarten des eleganten Klubhauses, trinken Damen in dekolletierten Abendkleidern und Herren im weißen Smoking ihren eisgekühlten Whisky. Es gab Hunger und Not, und es gab die raffinierteste Küche der Welt. Hier gab es uralte Lebensweisheit, und daneben ein fast tierisches Dahinvegetieren oder rücksichtsloses Raffen und Jagen nach materiellen Gütern.«

Die Schule in unserer Nähe endete für mich bereits nach wenigen Wochen wieder. Ich hatte die vierte und oberste Klasse absolviert und war nun gut dreizehn Jahre alt. Viele meiner Klassenkameraden hatten sich schon ein Handwerk ausgesucht: Klaus Spingarn ging zum Spengler in die Lehre, Kurt Saphir lernte von seinem Vater das Klavierstimmen, Harry Methner war im elterlichen Geflügelhandel beschäftigt. Ich besaß jedoch zwei linke Hände. Zwar hätte mein Vater es sicher gern gesehen, wenn ich in seine Branche gegangen wäre. Aber allein die Idee, dass ich physisch und merkantil hätte arbeiten sollen, schien abwegig. Davor hatte ich einen regelrechten Horror.

Vermutlich hätten andere Eltern in dieser Situation ihrem Sprössling nahegelegt, sich eine Arbeit zu suchen, um der Familie zu helfen. Meine Mutter aber wollte immer einen Akademiker aus mir machen. Daher gab es keine Probleme, als ich weiter zur Schule gehen und Abitur machen wollte. Im Gegenteil, sie drängte mich sogar dazu. Die *Public and Thomas Hanbury School for Boys* unterstand dem Stadtrat; geleitet wurde sie praktisch allein von den Engländern. Die Schüler trugen Uniformen nach britischem Vorbild, mit Mützen, blauen Blazern, rotblau gestreiften Krawatten und grauen Flanellhosen. Auf Blazern und Käppchen prangte das Wappen des Stadtrates. Die Schule lag im Western District, unweit des Jessfield-Parks und der St. John's-Universität. Im Spätsommer 1939 unternahmen wir mit der Straßenbahn eine regelrechte Expedition dorthin, nicht unähnlich jener an meinem ersten Schultag, nur dass ich diesmal unbedingt angenommen werden wollte. Meine Mutter zog ihr bestes Kleid an und trug obendrein einen Fuchs, was im subtropischen Schanghai natürlich lächerlich wirkte. Onkel Lonio begleitete uns, da er vorgeblich Englisch sprach, obwohl ich es inzwischen besser konnte als er. Der *Headmaster*, Peter Crow, nahm mich nach kurzer Prüfung an. Anschließend ließen wir bei einem chinesischen Schneider meine Uniform fertigen. Das war noch zu den verhältnismäßig guten Zeiten. Unser Restaurant ließ sich vielversprechend an, und die Eltern waren zuversichtlich, das Schulgeld aufbringen zu können.

Doch mein Vater war gar nicht gut beieinander. Sein Leistenbruch machte ihm weiter zu schaffen, bis er ihn endlich im jüdischen Krankenhaus operieren ließ. Fortan hatte er darunter zwar nicht mehr zu leiden, doch durch das Patientenessen auf der Station zog er sich eine Amöbenruhr zu, eine chronische Infektion, die infolge der wiederverwerteten »Nachterde« weitverbreitet war. Zwar gab es unter den bis dahin rund 16000 Emigranten mehrere Hundert Ärzte, ein sehr patientenfreundlicher Proporz also. Aber das waren alles Mitteleuropäer, die tropische Krankheiten kaum je gesehen hatten. Mein Vater hätte besser einen chinesischen Arzt konsultiert – einer wie Dr. Yang hätte ihn binnen weniger Wochen kuriert. Doch wir kannten kaum jemanden und waren chinesischen Ärzten gegenüber auch misstrauisch. So plagte ihn nun drei Jahre lang der Durchfall. Indem er durch seine Leiden hilfsbedürftig wurde, änderte sich auch das Verhältnis zwischen uns. Allmählich wurde ich zu seinem Assistenten, Dolmetscher und Berater.

Zur Sommerfrische schickte das Hilfskomitee uns Kinder in ein Ferienheim außerhalb der Stadt, ein fernöstliches Reichenau. Wir wohnten in Baracken, die um ein riesiges, unter japanischer Aufsicht stehendes Gebäude herum errichtet worden waren. Allerhand Ornamente zierten das Parkett, darunter buddhistische Hakenkreuze, die in unseren Augen »verkehrt herum« ausgerichtet waren. Obwohl wir wussten, dass es sich dabei nicht um Nazisymbole handelte, störten sie uns doch. In diesem Heim aß ich das erste Mal in meinem Leben Pudding. Die Köchin war eine Deutsche, und während die Berliner Kinder Schokopudding mit Vanillesauce natürlich kannten, stellte er für mich eine ebenso exotische Speise wie Tofu dar.

Zumindest in solch unbeschwerten Momenten wollte es scheinen, als hätten wir uns recht und schlecht hineingefunden in diese Stadt, die zugleich zynisch und barmherzig zu uns war. Doch dann meldeten

Rundfunk und Zeitungen den Kriegsbeginn in Europa. Deutschland marschierte in Westpolen ein, zwei Wochen später besetzten Sowjettruppen den Ostteil. Die Emigrantenschaft nahm am Kriegsgeschehen lebhaften Anteil und hoffte vergeblich auf einen raschen Sieg der Alliierten.

Für mich war die Auseinandersetzung mit der neuen Schule gleichwohl realer. Meine Schwierigkeiten rührten einmal daher, dass ich noch nicht so gut Englisch konnte, vor allem aber daher, dass ich nominell deutscher Staatsbürger war. Die anderen Jungen frotzelten: »In zwei, drei Wochen sind wir mit den Deutschen fertig.« Es gab noch einen weiteren Grund: Ohnehin eher schüchtern, fühlte ich mich hier auch noch sozial unterlegen. Meine Mitschüler lebten sämtlich in wohlsituierten Verhältnissen, wobei sie in der Regel nicht besser gestellt waren als wir seinerzeit in Wien. Doch nun war ich sicher der Ärmste, jedenfalls in meiner Klasse. Immerhin stellte die Uniform uns äußerlich gleich.

Anfangs versuchte ich, mich so beliebt wie möglich zu machen. Als einmal ein Lehrer ausfiel, sollte ein *Prefect* aus einer höheren Klasse für Ordnung sorgen. Natürlich machten wir trotzdem viel Lärm. Als er für einen Moment hinausging, nahm ich meinen Überzieher – auch so ein mitteleuropäisches Relikt – und lauerte ihm hinter der Tür damit auf. Jemand trat ein, ich warf ihm flugs den Mantel über den Kopf – da war es ein Lehrer aus der Nachbarklasse, der nachsehen kam, warum bei uns ein solcher Krach war. Er schickte mich umgehend zu Mr. Crow. Der hörte sich die Geschichte regungslos an und sagte dann: »You deserve a caning.« Ich hatte keine Ahnung, was das hieß, bekam es jedoch gleich zu spüren. Ich musste mich vorbeugen und erhielt drei, vier schmerzhafte Hiebe über den Hintern. Ein *Cane* ist ein Rohrstock. Es war das einzige Mal, dass ich mit einer Tracht Prügel diszipliniert wurde; selbst unter den Nazis in Wien war ich nie geschlagen worden. Doch die Züchtigung erreichte ihren Zweck, und ich wurde fortan ein ziemlich ordentlicher Schüler. Zunächst war ich freilich innerlich empört und fühlte mich entwürdigt. Meinen Eltern erzählte ich nie davon.

Unser Sportlehrer, ein kleiner, scharfer Australier, war einst Champion im Mittelgewicht gewesen. Er wunderte sich, als ich eines Tages Boxen lernen wollte, um mich abzuhärten. Nach ein paar Trainingsstunden ging ich aber doch lieber Fußball spielen. Später erteilte uns ein deutscher Emigrant Sportunterricht. Er hieß Gassenheimer und ließ uns vor allem Turnübungen machen. Darüber hinaus war er für den Morgenappell zuständig, bei dem die Klassen in Reih und Glied auf dem Übungsplatz Aufstellung nahmen. Seine Kommandos klangen immer wie »Wann – Tu – Sri ...« Sri heißt aber auf Russisch »Scheiße«, eigentlich bildet es sogar den Imperativ: »Scheiß!« Und so hatten unsere russischen Mitschüler jeden Morgen ihren Spaß.

Als das zweite Halbjahresgeld fällig wurde, hatte sich unsere finanzielle Lage bereits verschlechtert. Schließlich wandten wir uns an das sogenannte Komor-Komitee, das sich vor allem um die Versorgung in den Heimen kümmerte. Es war nach seinem Vorsitzenden Paul Komor benannt, einem ungarischen Geschäftsmann, der zum Protestantismus übergetreten war und seinen Familiennamen Kohn magyarisiert hatte. Eine jener geschmeidigen Existenzen des Ostasienhandels, die, weitgehend auf sich gestellt, trotz ständig wechselnder Bedingungen zu reüssieren wussten. Seine Familie war seit der Jahrhundertwende in Schanghai ansässig und handelte mit Chinoiserien. Als Junge hatte Paul die Kaiser-Wilhelm-Schule besucht. Dem Pass nach Österreicher, war er 1919 als feindlicher Ausländer der Stadt verwiesen worden. Er war aber bald wieder zurückgekehrt und fungierte später auch als inoffizieller ungarischer Konsul. Wer weiß, ob er nicht sogar einmal dem Kapitän Cathay begegnete, dem Vater meines Wiener Schulfreundes?

Die Unterstützung wissbegieriger Schüler bildete sicher nicht die Hauptaufgabe dieses Komitees, trotzdem ging meine Mutter mit mir dorthin. Komor besah sich mein Zeugnis und fragte mich wohlwollend ein bisschen aus. Vielleicht fühlte er sich an seine eigene Jugend in Schanghai erinnert, jedenfalls sagte er uns zu, das Schulgeld zu übernehmen. Am Schuljahresende war ich dann schon der Zweitbeste von 25 Schülern. Da sich unsere Lebensumstände unterdessen weiter verschlechtert hatten, war mir klar, dass ich auf dieses Stipendium angewiesen blieb. Fortan nahm ich in der offiziellen Statistik immer eine Spitzenposition ein und konnte am Ende sogar eine Klasse überspringen. Diese Wandlung war vor allem dem Umstand zuzuschreiben, dass ich auf keinen Fall Tischler oder Klempner werden wollte. Für meine guten Noten überreichte mir Mr. Crow am Ende jeden Jahres Buchpreise, meist wohlfeile Raubdrucke. Am *Collège Municipal* gab es übrigens einen Parallelfall, dort heimste ein gewisser Sebastien Topas, ein Flüchtlingskind aus der Tschechoslowakei, fast sämtliche Preise ein.

Wir hatten manch guten Lehrer und manch verkrachte Existenz. Zum Beispiel einen schrecklichen Australier in Geographie, der uns dauernd die Industriestädte der britischen Midlands auswendig lernen ließ. Und wehe, wir vergaßen sie, dann schlug er uns mit dem Lineal auf die Finger. Hin und wieder verschwand er für eine Weile; es hieß, er würde trinken. In Chinesisch unterrichtete uns Old Mister Chow, ein Mandarin der alten Oberschicht. So jemanden sah man zu dieser Zeit auch in Schanghai kaum mehr. Er trug einen langen dünnen Schnurrbart, ganz wie der Filmdetektiv Charlie Chan, eine kuppelartige seidene Mütze mit einem Knopf in der Mitte, einen Baumwollkittel, um die Beine geschlungene Hosen und Pantoffeln. Chow war seinerzeit der letzte Konsul des Kaiserreichs in New York gewesen und schwärmte uns gelegentlich von seinem »Freund« Teddie Roosevelt vor. Nun musste er eine Klasse widerspenstiger Jungen unterrichten, von denen die meisten absolut kein Interesse für Chinesisch aufbrachten. Er war ein nachsichtiger, aber kein besonders guter Lehrer. Einmal jedoch beeindruckte er uns nachhaltig. Als der Englischlehrer fehlte, übernahm Chow seine Vertretung. Statt nun aber Chinesisch zu unterrichten, fühlte er sich verpflichtet, eine Englischstunde zu halten. Er schritt in seinen Pantoffeln vor uns auf und ab und deklamierte aus dem Stegreif lange Passagen aus Shakespeares *Tempest*.

Eines jener Bücher, die ich als Anerkennung meiner Leistungen zum Schuljahresende erhielt, stammte von dem zeitgenössischen Schriftsteller und Kulturphilosophen Lin Yü-tang. In einer berühmt gewordenen Hymne hatte er Schanghai trefflich geschmäht:

*»O du entsetzliche Stadt, die jedes Verstehen übersteigt,*
*Wie außerordentlich eindrücklich bist du in deiner Hohlheit,*
*Deiner Gemeinheit und deinem schlechten Geschmack.«*

Gleichwohl hatte Lin bis zum Kriegsausbruch hier gelebt. Als freieste Stadt des Landes bildete Schanghai eine Hochburg der Intelligenz. Nur die wenigsten Emigranten zeigten allerdings Interesse fürs chinesische Kulturleben, mit Ausnahme einiger humanistischer Intellektueller vom Schlage Storfers, in dessen Zeitschrift denn auch einheimische Autoren zu Wort kamen. Sie dagegen verfolgten die Entwicklung in Europa sehr viel eingehender. Bereits 1933 etwa hatte die Chinesische Liga für Menschenrechte dem deutschen Konsul eine wohlinformierte Protestnote überreicht, welche die Verfolgungen, Folterungen und Morde in Deutschland anprangerte. Hätte es zwischen Schanghais Parallelwelten einen regeren Austausch gegeben, es hätte sich für alle Seiten gelohnt.

Das alltägliche Nebeneinander verlief weitgehend reibungslos. Es gab im Reich der Mitte keinen Antisemitismus. Zwar verachteten uns viele Chinesen, waren wir doch die am niedrigsten stehenden Europäer, die sie kannten. Die Flüchtlinge wiederum nahmen teilweise die Umgangsformen der Kolonialherren an. »Man kann täglich beobachten«, klagte ein Rabbiner in der *Gelben Post*, »daß Emigranten sich untereinander und gegen die chinesische Bevölkerung benehmen, wie sie es in Mitteleuropa unter dem Druck der öffentlichen Meinung niemals gewagt hätten.« Der Verfall der guten Sitten betraf jedoch auch die anderen Europäer. Der Krieg wirbelte die gewohnte Ordnung durcheinander, es war der Kehraus der Kolonialzeit. Die Japaner verdrängten schließlich die westlichen Mächte, indem sie selbst einen gigantischen Kolonialkrieg vom Zaun brachen.

Schon als wir ankamen, hatten japanische Posten auf der Garden Bridge und an weiteren Eingängen zum japanisch dominierten Sektor gestanden. Die anderen Vertragsmächte verfügten zwar ebenfalls über Truppen, darunter so malerische wie schottische Highlander, amerikanische Kavallerie und piemontesische Grenadiere, die zuvor in Eritrea gekämpft hatten und bunt wie Prachtfasane durch die Straßen stolzierten. Die Franzosen setzten annamitische Tirailleure ein, Schützen aus Indochina also mit khakifarbenen Uniformen und kegelförmigen Hüten. Außerdem gab es ein Freiwilligenkorps als zivile ausländische Reserve, falls es zu Unruhen kommen sollte. Meist jedoch blieben diese Streitkräfte in den Kasernen und marschierten nur zu den jeweiligen Feiertagen auf. Die Japaner waren da demonstrativer. Sie brüllten ihre Befehle derart heftig heraus, dass wir uns jedes Mal zusammenreißen mussten, um nicht loszulachen. Sie marschierten auch nicht gerade wie ein preußisches Bataillon. Vor dem Posten auf der Garden Bridge hatten sich alle Chinesen zu verbeugen, Fußgänger, Rikschakulis, ja selbst die Fahrgäste in der Straßenbahn, die auf der Brücke anhalten musste. Meist winkte der Posten sie dann durch, doch von Zeit zu Zeit gab es auch Kontrollen. Man hatte nicht nur eine Ausweiskarte bei sich zu tragen, sondern auch den Impfpass. Wer keinen vorweisen konnte, wurde an Ort und Stelle zwangsgeimpft.

Natürlich kamen uns solche Schikanen bekannt vor. Doch vor diesen Posten mussten sich auch die Japaner verneigen. Es handelte sich wohl weniger um einen Akt der Demütigung als um einen Ausdruck der japanischen Kultur, in der jeder Soldat als ein Repräsentant des Kaisers angesehen wurde. Einmal war ich auf dem Fahrrad unterwegs und beobachtete eine Japanerin im Kimono, die einen Posten passieren wollte. Ich war neugierig, was geschehen würde, und drehte mich um. Tatsächlich verbeugte auch sie sich. Genau in diesem Moment fuhr ich in eine Rikscha hinein und stürzte. Nun drehten sich wohl die beiden Japaner nach mir um. Das Rad war verbogen, und ich trug einen Knochenriss am Handgelenk davon.

Die stählernen Arkaden der Garden Bridge, die die Einmündung des Soochow Creek überspannten, markierten den Übergang in eine andere Welt. Jeden Morgen zogen Hausierer, die einst vielleicht Professoren oder Fabrikanten gewesen waren, mit ihren Bauchläden und Handkarren hinüber in die besseren Viertel. Sie boten alles Mögliche feil, von Zahnbürsten bis hin zu Enzyklopädien. Die Brücke wurde von zwei berühmten Hotels flankiert. 1858 eröffnet, war das *Astor House* Schanghais erstes Grandhotel gewesen. König George V., Zar Nikolaus II. und Prinz Heinrich von Preußen hatten ihm einst die Ehre gegeben. Albert Einstein erfuhr hier, dass er den Nobelpreis erhalten würde. Margot Fonteyn war gar im *Astor* groß geworden: »Die Eingangshalle«, schrieb sie in ihren Erinnerungen, »war mit Mahagonistühlen und Cafétischen bestückt. Die chinesischen Boys trugen weiße Hemden, schwarze Baumwollhosen und Stoffschuhe. Ein Fliegenwedel war immer zur Hand. Die Halle war gewöhnlich voll von jovialen Europäern, die sich lautstark unterhielten und etliche Male riefen: ›Boy – bring noch eine Runde!‹« Nach der japanischen Invasion aber hatte man diesen Palast wie so manches Hotel abgeschrieben, und er wurde nun vom japanischen Ableger des Christlichen Vereins Junger Männer geführt. Einige Schritte weiter den Soochow Creek hinab ragte eines der höchsten Bauwerke der Metropole auf: die *Broadway Mansions*. In brachialer Gotik türmte sich der braune Block achtzehn Stockwerke gen Himmel. Innen prunkte er mit Marmorfluren, goldenen Balustraden und Art-Déco-Lampen in der Größe von Brunnenbecken. Dieses Hotel stand ebenfalls unter japanischer Führung und beherbergte Geschäftsleute, Militärs und hohe Beamte.

Jenseits der Brücke begann der Bund. Diese steinerne Apotheose des Kapitals war Anfang des 20. Jahrhunderts fast komplett neu errichtet worden. Sie sollte Wall Street, Victoria Embankment und Champs-Élysées in sich vereinen. Die Immobilienpreise lagen hier höher als in London oder New York, und auch architektonisch wollte man die Mutterländer übertrumpfen. Größe ging dabei vor Geschmack, Opulenz vor Kunst. Monumentaler Neoklassizismus und kitschige Stilmischungen gaben auch dann noch den Ton an, als sich im Westen längst Reformbewegungen durchgesetzt hatten. Reform aber, das war in Schanghai generell ein Fremdwort, das wäre dem mühsam bewahrten Ungleichgewicht nur abträglich gewesen.

Schulter an Schulter machten die Handelspaläste Front gegen die aufgehende Sonne. Darunter ein Dutzend Bankhäuser, das Telegrafenamt, das Respekt heischende Zollhaus und die Repräsentanzen der großen Schifffahrtslinien. Auch mehrere Konsulate zeigten hier Flagge. Als Wahrzeichen und Wegmarke diente Sassoons *Cathay Hotel*, das mit seinem spitzen grünen Dach wie eine Rakete aufragte. Seine Gemächer, hieß es, seien mit Marmorbädern und persischen Teppichen ausgestattet, mit Lalique-Glas und golddurchwirkten Vorhängen. Sassoon selbst bevorzugte Tudorstil, imitierte überhaupt die Lebensart des britischen Hochadels, mitsamt seinen Spleens und Statussymbolen. Etwas weiter südlich nahm die *Hong Kong and Shanghai Bank* einen ganzen Straßenzug ein. Von außen ein granitener Tresor, von innen eine Orgie aus Marmor, Stuck und Perlmutt, in der noch die Gitter der Lüftungsschächte vergoldet waren. Die Hausnummer 2 schließlich war die Domäne des *Shanghai Clubs*. Dort verkehrten die Eliten, die Snobs, das Geld. Noch ganz in viktorianischer Manier schmauchten die Herren ihre Zigarren, sichteten skeptisch die Zeitungen und hielten eisern auf Etikette, auch wenn Whiskey und Gin in Strömen flossen. Südlich davon schloss sich der Quai de France an, der schmale französische Abschnitt des Bunds.

Auf dem Whangpoo zog eine unentwegte Parade von Schiffen vorbei, so dass die Fähren Mühe hatten, hinüber nach Poo-tung zu kommen. Kaum vorstellbar, dass Anfang des Jahrhunderts noch Krokodile durch die schlammigen Fluten geschwommen waren. Neben schwerfälligen Schaluppen und sperrigen Dschunken sah man Frachter, Kriegsschiffe und Ozeandampfer. Ihre Namen zeugten von der Vielfalt der Verbindungen: *Sauerland, Athos II, Rawalpindi, Chenonceaux, Grootekerk* oder *Hakozaki*. Kaum machten sie fest, ruderten Scharen von Sampans herbei, auf denen Näherinnen, Wäscherinnen, Köchinnen und wohl auch Prostituierte ihre Dienste anboten.

Was Tourismus und Mobilität anging, hatte Schanghai seit je zur Avantgarde gezählt. Bereits 1872 hatte Thomas Cook eine Reisegruppe hierher geschleust, vier Jahre später war die erste Eisenbahn des britischen Weltreichs hinaus ins Hinterland gedampft. 1902 sah die Stadt ihr erstes Auto, und seit den Zwanzigerjahren strömte der Verkehr am Bund sechsspurig dahin. Bis 1937 landeten Luxusliner jährlich bis zu 40 000 Kreuzfahrtpassagiere an. Unheilbar Abenteuerlustige kamen per Flugzeug. Die Verbindung von Paris nach Peking führte über Neapel, Athen, Beirut, Karatschi, Kalkutta, Bangkok, Saigon, Hanoi und Kanton nach Schanghai. Es konnte nur am Tag und bei gutem Wetter geflogen werden. Wenn alles gut ging, war man zehn Tage lang unterwegs.

Je weiter man vom Bund stadteinwärts lief, desto mehr ging die imperiale Scheinwelt in der chinesischen Wirklichkeit auf. Mitten im Gewimmel klaubten Kinder die Zigarettenstummel von der Straße auf, aus denen dann billige Zigaretten für Kulis gedreht wurden. Hier speisten Geschäftsleute und Diplomaten, dort hockten zudringliche Bettler mit Beinstümpfen oder grässlichen Geschwüren. Die Magnaten residierten in Apartments mit Teakholztäfelung und mehreren Kaminen, während auf nahen Trümmergrundstücken Obdachlose zwischen gärenden Melonenresten und toten Katzen schliefen. In der Kathedrale küssten bekehrte Chinesen dem Bischof den Ring, zwei Straßen weiter sanken opiumsüchtige Europäer in einer Kaschemme ins Koma.

Schon im Sommer 1940 liefen kaum mehr Schiffe ein. Italien erklärte England den Krieg, das Mittelmeer wurde zur Kampfzone, der Flüchtlingsstrom versiegte. Wer sich jetzt noch in den Fernen Osten retten wollte, musste mit der transsibirischen Eisenbahn bis Wladiwostok fahren. Dafür brauchte man ein Transitvisum für die Sowjetunion und meist auch noch für Japan oder die Mandschurei. Auch Post aus Europa kam jetzt nur mehr »via Siberia« und war sechs Wochen lang unterwegs. Alle paar Monate erreichte uns eine Karte von Großmutter Julie, die nun bei ihrer christlichen Freundin lebte. Sie schien sich mit ihrer Lage abgefunden zu haben. Auf unseren dringenden Wunsch, sie nach Schanghai zu holen, reagierte sie ausweichend. Ihr Pass sei abgelaufen, überhaupt gestalte sich alles so kompliziert. Gott gebe, dass sie nur Gutes von den Kindern hören möge. Während es Paul und Rela in Amerika leidlich erginge, würde sie aus Lemberg überhaupt nichts mehr hören. Wenige Monate danach kam auch von ihr kein Lebenszeichen mehr. Tante Frieda und Onkel Lonio sorgten sich vor allem um Fela. Zwar schien sie in London fürs Erste in Sicherheit, doch nun begann Deutschland mit massiven Luftangriffen, und Hitler verfügte, »Englands Städte auszuradieren«.

Im Spätsommer 1940 machte unser Restaurant pleite, wie so viele andere auch. Als die Schiffe keinen Nachschub an Menschen mehr brachten, war es vorbei mit der kurzen Blüte »Klein-Wiens«. Von da an aßen wir nur mehr das billigste Fleisch: Herz, Hirn oder Milz. Dazu meist Hirse, weil sie günstiger war als Reis, wenn auch von minderer Qualität und mit Ungeziefer darin. Mit süßer Melasse gestreckte Erdnussbutter bildete jahrelang unseren Brotaufstrich. Aber wir brauchten zumindest nicht zu hungern, was nicht jeder von sich sagen konnte. In den Heimen bekam man bald nur mehr eine Mahlzeit am Tag. Die Scharen bettelarmer Chinesen freilich beneideten die Flüchtlinge selbst um diese karge Speisung. Wer Geld hatte, konnte dagegen so ziemlich alles kaufen, wenn auch zu horrenden Preisen. Butter etwa musste aus Australien eingeführt werden. Auch Käse, Eis und Schokolade stellten Luxusartikel dar, weil die Chinesen keine Milchprodukte aßen. Und wenn man in einem Café überhaupt richtigen Schlagobers bekam, dann für den Preis einer kompletten Mahlzeit.

Wir mussten die Zeitungen abbestellen und das Telefon abmelden. Das ehemalige Restaurant vermieteten wir als Wohn- und Arbeitsraum an eine Berliner Familie. Herr Silberberg war Vulkaniseur. Er flickte alles, vom Gummistiefel bis zum Autoreifen, wobei für Letztere in Hongkew wenig Bedarf war. Zu seinen Kunden zählten sowohl Emigranten als auch Chinesen aus der Nachbarschaft. Unter den Rikschakulis hatte es sich herumgesprochen, dass hier ein Ausländer preiswert und haltbar Reifen instand setzte. In der einstigen Küche bewahrte Silberberg jetzt Klemmschrauben, Heizplatten und den Heizkessel auf. Er konnte auch den noch vorhandenen Gasanschluss nutzen. Das Vulkanisieren war ein ziemlich schmutziges Gewerbe, und stets hing, in scharfem Kontrast zu den gewohnten Gulasch- und Schnitzeldüften, eine Mischung aus Gummi- und Benzolgeruch in der Luft. Mit Silbenbergs Sohn Werner freundete ich mich bald an. Er war zwei Jahre älter als ich und ausgesprochen sportlich, was ihm den Spitznamen »Tarzan« eintrug. Wir bildeten ein etwas ungleiches Freundespaar, ergänzten einander aber gut.

Gummistiefel gehörten in Schanghai zur Grundausstattung. Ohne sie konnte man nach den sommerlichen Unwettern oft tagelang keinen Fuß auf die Straße setzen. Ein ähnlicher Familienbetrieb in der nahen Ward Road, der Regenmäntel und Pelerinen herstellte, nannte sich schlicht »Taifun«. Wenn man keine Stiefel hatte oder das Wasser kniehoch stand, musste man, selbst um nur ein paar Häuser weiter zu gelangen, eine Rikscha nehmen. Die ganze Stadt schwamm. Doch den Kulis schien das nichts auszumachen. Im Gegenteil, für sie bedeutete es ein gutes Geschäft, konnten sie doch mehr verlangen, brauchten aber dafür kaum zu arbeiten. Für zwanzig Meter musste man genauso viel bezahlen wie sonst für zwei Kilometer. Hotels und reiche Privatleute setzten für kurze Strecken sogar Boote ein. Auch Eselskarren und Lastwagen ließen sich von den Fluten nicht abhalten, so dass auf den Straßen ein wunderliches amphibisches Treiben herrschte.

Der erste Winter brachte manch böse Überraschung für uns. Zwar sanken die Temperaturen nur selten unter null Grad. Da es sich aber um eine feuchte Kälte handelte und wir aus Geldmangel nur gelegentlich mit Kohlen heizen konnten, bekam ich manche Frostbeule. Etliche Emigranten, die den Sommer über ihre Wintermäntel versetzt hatten, sei es in Fehleinschätzung des Klimas, sei es in der trügerischen Hoffnung auf baldige Weiterreise, bereuten dies nun bitterlich. Doch auch hierbei waren die Einheimischen immer noch ärmer dran. Wenn ich an einem kalten Morgen zur Schule fuhr, sah ich jedes Mal etliche Tote auf den Gehsteigen liegen, meist Bettler und Obdachlose. Manchmal trieben auch welche im Soochow Creek. Im gesamten Stadtgebiet wurden Jahr für Jahr rund 20 000 Leichen aufgefunden. Die Einheimischen gingen scheinbar achtlos daran vorbei, die Flüchtlinge dagegen meldeten sie anfangs den chinesischen Behörden. Sie kamen aber bald davon ab, da man sie für den Abtransport zur Kasse bat. Tote Babys wurden meist in einer stillen Ecke deponiert, so auch auf einem Trümmergrundstück in der Nähe unseres Hauses, wo die Leute ansonsten ihre Notdurft verrichteten und ihren Müll abluden.

Wurde jemand in aller Form zu Grabe getragen, stimmten unsere chinesischen Nachbarn laute Klagelieder an. Sie ließen Knallfrösche knattern und lärmten mit Instrumenten aller Art, um böse Geister zu verscheuchen. Häufig zerschlug der älteste Sohn symbolisch eine Tonschüssel. War ein reicher Mann gestorben, formierte sich ein großer Leichenzug mit Fahnen, Lampions und bunten Baldachinen. Alle Teilnehmer waren in Weiß gekleidet, der Farbe der Trauer. Doch in Hongkew war das ein seltener Anblick, dort gab es kaum wohlhabende Leute.

Auch ihr Neujahrsfest begingen die Chinesen mit Feuerwerk und Schlagzeug. Es gab reichlich zu essen und zu trinken, an den Türpfosten klebten rote Zettel mit Glückwünschen, und bis spät in die Nacht hinein spielten die Leute Mah-Jongg. Die Emigranten beteiligten sich nicht an diesen Feierlichkeiten, außer wenn jemand bei einer chinesischen Familie eingeladen war, was jedoch selten vorkam. Beim jüdischen Neujahr ging es gerade umgekehrt zu, bußfertig und enthaltsam. Das christliche Neujahr galt offiziell als Feiertag, dennoch blieben viele Geschäfte geöffnet. Die wenigen Emigranten, die es sich leisten konnten, feierten Silvester in Restaurants und Tanzlokalen. Auch wir Teenager hatten immer eine Party, so bescheiden sie auch war. Mit fünfzehn besuchte ich eine Tanzschule, in der wir Foxtrott, Walzer und Tango lernten. Meine Eltern gingen gelegentlich zu Operettenvorführungen, aber allzu oft konnten sie sich das nicht leisten. Wenn man die Wahl hat, seinem Kind ein Stück Fleisch zu kaufen oder *Die lustige Witwe* zu sehen, entscheidet man sich meist für das Fleisch.

Dennoch war das Kulturleben anfangs ausgesprochen rege. In angemieteten Sälen bot man *Die Csárdásfürstin* und *Die Dreigroschenoper* dar, später reichte es nur mehr zu bunten Abenden in den Heimen. An die sechzig Theaterstücke wurden während der ersten Jahre aufgeführt, mit Ausnahme des *Ödipus* allesamt Lustspiele. Auch in den Varietés war Humoristisches Trumpf. Dort traten etwa die Gebrüder Wolf auf, volkstümliche Sänger und Kabarettisten, denen einst das Hamburger Operettentheater gehört hatte. Es gab auch ein jiddisches Theater, das jedes Stück nur ein einziges Mal spielen konnte, da das Reservoir an jiddisch sprechenden Theaterfreunden begrenzt war. Obwohl diese Truppe keinen Fundus, keine Requisiten, ja noch nicht einmal Texte besaß, führte sie abendfüllende Stücke wie etwa *Tevje, der Mil-*

*chiger* auf – die Schauspieler hatten ihre Partien aus dem Gedächtnis aufgezeichnet. Wer es sich leisten konnte, besuchte Konzerte des städtischen Symphonieorchesters unter Maestro Mario Paci, das dank der Verstärkung durch russische und mitteleuropäische Berufsmusiker ein hohes Niveau erlangt hatte. Auch Klavier- und Liederabende waren gut besucht, und über die wichtigeren Konzerte erschienen Kritiken in einem halben Dutzend Sprachen.

Jenseits der Exilantenzirkel aber konnten Intellektuelle mit ihrem Wissen wenig anfangen. Chinesisch beherrschte fast niemand, und viele lernten, wie meine Eltern, auch nur ein paar Brocken Englisch. So war ihre Lage doppelt unglücklich, hatte die Vertreibung sie doch sprach- und heimatlos gemacht. Ärzte und Apotheker fanden wenigstens Arbeit, wenn auch die meisten nicht genug, so dass bald vom »medizinischen Proletariat« die Rede war. Juristen dagegen waren völlig hilflos. Nicht nur die Sprachbarriere hinderte sie, auch die Rechtslage war reichlich unklar. Wo galt chinesisches, wo japanisches, wo britisches Recht? Für unterschiedliche Leute bestanden, wenn überhaupt, die unterschiedlichsten Gesetze. Wir Emigranten kamen Gott sei Dank nicht oft damit in Berührung. Außerdem gab es ein jüdisches Schiedsgericht, das die gängigsten Streitigkeiten intern zu regeln suchte. Es war auch für Eheschließungen und die häufigen Scheidungen zuständig – vier von zehn Ehen gingen unter dem Druck der Verhältnisse in die Brüche.

Denjenigen, die ein paar Jahre älter waren als ich, erging es noch am besten. Sie steckten voller Ehrgeiz und Energie, zugleich vermochten sie sich am ehesten anzupassen. Den Älteren fiel das weitaus schwerer, während wir Jüngeren noch zur Schule gingen und dem harten Wind der Wirklichkeit weniger ausgesetzt waren. Vor dem Krieg war Schanghai bekanntlich ein Sündenbabel gewesen. Wir aber waren zu jung und zu arm für ein sündiges Leben. Unser spartanisches Dasein spielte sich weit weg vom Glitzer und Trubel der Rotlichtbezirke ab. Doch jeden Nachmittag, wenn ich mit der Straßenbahn von der Schule nach Hause fuhr, sah ich Dirnen in endloser Prozession um das Wing-On-Kaufhaus stolzieren.

Wie in jeder Hafenstadt war die Prostitution Teil der Folklore und trug mit ihrer Mischung aus Verruchtheit und Verheißung zum Mythos der Metropole bei. Die besseren Etablissements lagen in der Internationalen Niederlassung und trugen Namen wie »Halle der Schönheiten« oder »Haus der vollendeten Befriedigung«. Schätzungen zufolge schafften in Schanghai über 100 000 Freudenmädchen an, womit die Prostitution noch vor der Textilindustrie der wichtigste Arbeitgeber für Frauen war. Als einziges Gewerbe florierte sie eigentlich immer: in Friedenszeiten dank des Hafens und der ausländischen Präsenz, in Kriegszeiten der Soldaten wegen. Damals sorgte gerade der Fall von »Escort Chen« für Schlagzeilen, einem Animiermädchen, das von gedungenen Gangstern niedergeschossen worden war, nachdem sie sich geweigert hatte, mit einem japanischen Offizier zu tanzen. Es gab in diesem Metier allerlei Abstufungen, von der eleganten Hostess bis zur grotesk aufgetakelten Nutte, von der Kurtisane alten Stils über das Sing-Song-Girl bis zur Sexsklavin. Berühmt wurde der Stoßseufzer eines Missionars: »Wenn Gott Schanghai fortbestehen lässt, muss er Sodom und Gomorrha Abbitte leisten.« Auf Jiddisch wurde die Stadt entsprechend als »Schand Chaj« geschmäht, was an »schändliches Leben« anklingt.

Jiddisch bekam man in Hongkew nun häufiger zu hören. Im Herbst 1941 war die letzte große Flüchtlingsgruppe eingetroffen – von den Ufern der Memel. Den Kern bildete eine nahezu komplette Jeschiwa, eine Talmudschule aus dem ostpolnischen Mir. Deren Studenten und Rabbiner hatten sich, mitsamt ihren Büchern und Thorarollen, beim russischen Einmarsch ins benachbarte Litauen absetzen können. Doch im Juni 1940 schnappte die Falle zu – die Sowjetunion verleibte sich auch das Baltikum ein.

Dass diese versprengten polnischen Flüchtlinge dennoch entrannen, war eines der wenigen Wunder dieser Zeit, und eine der funkelndsten Facetten des Schanghaier Exils. Zu verdanken war dies zwei untergeordneten Beamten, die in großzügiger Auslegung ihrer Befugnisse einen rettenden Ausweg eröffneten. Ungeachtet der Tatsache, dass die Nazis die Niederlande bereits besetzt hatten, bescheinigte deren Konsul in Kaunas, Jan Zwartendijk, den Flüchtlingen, dass für eine

Einreise in die fernen holländischen Kolonien kein Visum nötig sei. Mit diesen sogenannten Curaçao-Visa erhielten sie eine Transiterlaubnis für die Sowjetunion. Chiune Sugihara, der japanische Konsul in Litauen wiederum, erteilte ihnen daraufhin eine Transiterlaubnis für Japan. Während die Russen sich des Baltikums bemächtigten, stellten Zwartendijk und Sugihara wochenlang im Akkord Visen aus, als gelte es ihr eigenes Leben. Curaçao war eine Fiktion, so wie auch Holland nur mehr eine Fiktion war, von Polen und Litauen nicht zu reden. Doch dieses dreifache Luftschloss genügte, um über 2000 Menschen das Leben zu retten. Einige ergatterten bereits in Moskau ein Visum für ein etwas realeres Land als Curaçao, anderen gelang dies in Japan. Die übrigen, darunter die fast vollzählige Jeschiwa, wurden schließlich kurz vor Pearl Harbor nach Schanghai abgeschoben. Besonders die Orthodoxen bereicherten fortan das Straßenbild. Sie trugen Schläfenlocken und lange Bärte, dazu diese anachronistische Kleidung mit steifen Hüten, wehenden Kaftanen und schwarzen Stiefeln, die etwa jener des polnischen Adels im 17. und 18. Jahrhundert entsprach und natürlich ganz unpassend für China war. Doch äußere Widerstände fochten sie nicht an. »Dann lernen wir eben, unter Wasser zu leben«, lautete ihre Devise.

Auch die deutsche Kolonie erhielt Mitte 1941 unerwartet Zuwachs: Mehrere Hundert Frauen und Kinder trafen aus Niederländisch-Indien ein. Während ihre Männer von der Kolonialregierung inhaftiert worden waren, hatten sie das Inselreich verlassen dürfen. Der Seeweg nach Deutschland aber wäre zu riskant gewesen – selbst eines der Schiffe, das ihre Männer nach Indien in Gefangenschaft überstellen sollte, wurde von den Briten versehentlich versenkt. Deshalb sollten sie mit der transsibirischen Eisenbahn zurück ins Reich fahren. Doch dann überfiel Deutschland die Sowjetunion, und sie saßen teils in Japan, teils in Schanghai fest. Die meisten dieser Frauen waren nun Witwen, ihre Kinder Halbwaisen.

Zu dieser Zeit band mich eine Entzündung in der Leistengegend für mehrere Wochen ans Bett. Unser Hausmittel dafür waren mit Kleie gefüllte Socken, die wir in kochendes Wasser hängten und dann auf meine geschwollenen Lymphknoten legten. Eines Morgens, Kater Toby leistete mir gerade Gesellschaft, gab es plötzlich einen riesigen Knall! Weitere Detonationen folgten, die Fensterscheiben zitterten. Als ich hinausblickte, sah ich unten am Hafen den Bug und den Schornstein eines Schiffes durch die Luft schleudern. Dort lagen zu diesem Zeitpunkt zwei alliierte Kriegsschiffe, denen die Japaner unmittelbar vorher die Kriegserklärung überbracht hatten. Während das amerikanische kapitulierte, wollte das englische sich nicht ergeben und wurde daraufhin von den Japanern in die Luft gejagt. Das war am Tag von Pearl Harbor, bei uns wegen des Zeitunterschieds bereits am 8. Dezember 1941. In ähnlicher Manier griff Japan wenig später auch Hongkong, Singapur und die Philippinen an. Der Krieg hatte uns eingeholt.

Während dieser Erkrankung las ich ein populärwissenschaftliches Buch aus der Stadtbücherei: Lancelot Hogbens *Science for the Citizen*. Ein mehr als tausendseitiges Kompendium, eine Universalgeschichte der Wissenschaften und Erfindungen. Das Spektrum reichte vom Rad bis zur Dampfmaschine und von der Trigonometrie bis zur Atomphysik. Hogben pries die Wissenschaft als einen Segen der Menschheit, was sich in meiner Lage ebenso utopisch wie verlockend las. Er wolle uns, schrieb er, »die Werkzeuge zeigen, die bereitstanden, um eine gerechte und vernünftige Gesellschaftsordnung zu schaffen – eine Zivilisation, in der es keinen Hunger, keine Obdachlosigkeit, keine Kriege, keinen Rassenhass gäbe, zudem so wenig Krankheit wie möglich, und in der die Schätze der Erde von gesunden, anständigen Männern und Frauen glücklich genossen werden könnten.« Hogben eröffnete mir eine neue Welt. Dass ich mir selbst einmal einen Namen machen würde, daran war noch nicht zu denken. Damals faszinierte mich vor allem, was man alles herausfinden konnte. Hinzu kam, dass ich einiges über Themen lernte, von denen die meisten Menschen meiner Umgebung keine Ahnung hatten. Dieses neue Ziel vor Augen, verschlang ich in der Folge alle Wissenschaftsbücher, derer ich habhaft werden konnte.

# Zuflucht im Tempel

St. John's war eine Gründung amerikanischer Missionare, wurde aber vor allem von Chinesen besucht. Hinzu kamen ein paar ausländische Studenten, meist russische oder jüdische Emigranten. Die Vorlesungen fanden auf Englisch statt. Um für Medizin zugelassen zu werden, mussten wir vier Semester Physik, Chemie und Biologie absolvieren. Auf Anraten meines Vaters belegte ich zusätzlich einen Deutschkurs, da Deutsch in der Medizin damals noch eine wichtige Rolle spielte. Der Campus lag auf einer vom Soochow Creek umflossenen Halbinsel und hatte fast parkartigen Charakter. In den Bäumen veranstalteten die Zikaden oft ein derart heftiges Getöse, dass man sein eigenes Wort nicht verstand. Die aus blauen und roten Ziegeln errichteten Gebäude waren in einem aparten Mischstil gehalten, wie eine amerikanische Ivy-League-Universität mit asiatischen Pagodendächern. Hier waren die Ausländer halb in China und die Chinesen halb im Westen.

In der *Social Hall* fanden gelegentlich gesellige Abende statt. Da jedoch weder Hsiuchu noch ich einen Freund hatten und auch noch nicht ernsthaft auf Bekanntschaften aus waren, blieben wir zu Hause. Dafür tanzte ich dort ausgelassen mit meiner Schwester Lienchu. Ich schminkte mich damals schon und begann Gefallen an eleganter Mode zu finden, während die bescheidene Hsiuchu fast immer einfache Kleidung trug. Ich sang auch leidenschaftlich gerne Peking-Opern. Wenn im Radio eine lief, trällerte ich ganze Passagen davon mit, wobei Lienchu ab und zu mit einstimmte. Auch die akrobatischen Einlagen, die in keiner Oper fehlen dürfen, begeisterten mich jedes Mal, und bis heute ist mir ein Faible für Kung-Fu-Darbietungen und Schwertkämpferfilme geblieben.

Man kann nicht in Schanghai heranwachsen und nichts von Erotik und Sexualität mitbekommen. Sinnlichkeit an sich galt in China als nichts Sündiges; schon die Klassiker der Literatur sind voll von drastischen Szenen. Auch im Alltag nahmen die Menschen kein Blatt vor den Mund; die Flüche der Kulis und Gassenjungen waren gerade den Stadtbewohnern nur zu vertraut. In seinen Moralvorstellungen dagegen zeigte China sich von einer jahrtausendealten, gebieterischen Schamhaftigkeit. So lagen Wissen und Nichtwissen, Ignoranz und Vertrautheit nah beieinander. Aufklärung im westlichen Sinne gab es nicht. Gewöhnlich informierte die Mutter die Tochter vor der Hochzeitsnacht darüber, was sie erwartete. Die Söhne wurden oft von einem dafür angeheuerten Mädchen eingeweiht. Der Rest blieb Versuch und Irrtum überlassen.

1942 machte Lienchu ihren Schulabschluss. Eigentlich hätte nun auch sie studieren dürfen. Doch sie hat nie eine Universität betreten. Immer öfter fühlte sie sich unpässlich; das Examen legte sie dann schon mit anhaltendem Fieber ab. Die Eltern wussten es vermutlich schon länger: Lienchu litt an Tuberkulose. Nach dem ersten Schub schien sich ihr Zustand zumindest nicht weiter zu verschlechtern. Penizillin war damals noch nicht auf dem Markt, aber die westliche Medizin kannte immerhin Mittel, die Schwindsucht in Schach zu halten. Anfangs konnte unser Vater diese Medikamente auch besorgen. Dann aber geschah der Angriff auf Pearl Harbor.

In langen Kolonnen marschierte die japanische Armee in die Internationale Niederlassung ein. Vorneweg die Offiziere mit Samuraischwertern, dahinter die Truppen mit aufgepflanzten Bajonetten. Über dem Bund wehte eine riesige japanische Flagge.

Das Kriegsrecht wurde verhängt, die öffentliche Ordnung kam zum Erliegen. Als Erstes wurde das Benzin knapp. Der Verkehr lichtete sich derart, dass man die Ampeln schließlich abschaltete. Auch der Schiffsverkehr flaute noch einmal dramatisch ab. Schanghai wurde eingefroren. Beinahe vier lange Jahre blieb die Stadt nun von aller Welt abgeschnitten. Japans Armee und Marine beherrschten sie nach Gutdünken, und man erzählte sich von zahlreichen Abscheulichkeiten – obwohl sogar das Weitersagen von Gerüchten unter Strafe gestellt worden war. Raubüberfälle und Entführungen waren an der Tagesordnung. Gleichzeitig kam es zwischen verfeindeten chinesischen Fraktionen zu erbitterten Machtkämpfen. Kommunisten und Nationalisten bekriegten abwechselnd einander und dann wieder das Regime der Kollaborateure unter Wang Tsching-wei. Hinzu kamen die Vendetten der Gangsterbanden. Nichts schien mehr sicher, nichts eindeutig. Es gab mehr Doppelagenten als Helden, mehr Überläufer als Überzeugungstäter. Kriminelle Spezialeinheiten operierten in allen Vierteln. Höllenmaschinen detonierten in Zeitungsredaktionen, Politiker wurden auf offener Straße über den Haufen geschossen, Verrätern schnitt man die Ohren ab. Auch der Polizei war alles zuzutrauen, nur nicht, dass sie den Leuten half. Ihr Chef fuhr sinnigerweise mit dem Wagen Al Capones durch die Straßen, einem sieben Tonnen schweren gepanzerten Cadillac, der irgendwie nach Schanghai gelangt war. Unsere Eltern ermahnten uns, einen weiten Bogen um alle Soldaten zu machen.

Da abends Ausgangssperre herrschte, begannen die Kinovorstellungen jetzt früher. Man bekam nur noch Produktionen gleichgeschalteter Studios sowie Propagandafilme der Japaner und ihrer Verbündeten zu sehen. Riefenstahls *Olympia* lief eine Weile sehr erfolgreich. Schließlich aber wurde er abgesetzt, weil das Publikum immer dann klatschte, wenn Sportler aus alliierten Ländern zu sehen waren. Selbst harmlose Kinobesuche konnten böse enden. Bei einer Vorstellung der *Wiederkehr der Schwalbe* wurde wie gewohnt vor Beginn Werbung gezeigt, die übliche Diaschau für Zigaretten, Sojasaucen und Kosmetika. Dann aber erschien ein Foto von Sun Yat-sen (großer Applaus), danach eines von Tschiang Kai-schek (verhaltener Applaus) und schließlich eines von Wang Tsching-wei (Stille) – fast wie eine verhaltensbiologische Versuchsreihe. Anschließend ging das Licht an, die Saaltüren flogen auf und japanische Soldaten drängten, die Gewehre im Anschlag, herein. »Warum klatscht ihr nicht?«, brüllte ein Offizier. Doch niemand getraute sich, etwas zu sagen. Bis sich schließlich ein Mann erhob. Er wolle dies, sprach er mit kantonesischem Akzent, im Namen der Zuschauer erklären. Sun sei ein großer Führer gewesen, und auch Tschiang habe viel für China getan. Aber Wang? Zu Suns Zeiten habe ein Sack Reis fünf Yuan gekostet, unter Tschiang zwanzig. Heute koste er über tausend. Aus diesem Grunde habe niemand geklatscht. Der Mann wurde abgeführt. Dann schlossen sich die Saaltüren, das Licht erlosch, und die *Wiederkehr der Schwalbe* begann.

Die französische Konzession bestand zwar mit Duldung der Japaner zunächst fort, doch auch hier verschlechterten sich die Verhältnisse nachhaltig. Die Kleidung in den Läden wurde immer schäbiger, hochwertige Stoffe waren kaum mehr zu bekommen. Habgierige Händler mengten Sand in den Reis, wobei sie bedenkenlos die Zähne der Leute ruinierten, Bambussprossen wurden mit ungenießbaren Wurzeln vermischt. Einige dieser Missetäter wurden wohl streng bestraft, manche sogar öffentlich hingerichtet, doch an der allgemeinen Misere änderte dies nichts.

Durch ihre Plünderung der Betriebe, durch Rationierungen und Währungsmanipulationen zwangen die Besatzer die Wirtschaft praktisch in den Untergrund. Der Reishändler aus unserer Siedlung musste nun mit ansehen, wie seine Lieferungen für die Japaner beschlagnahmt wurden. Schmuckhändler Li hingegen machte glänzende Geschäfte. Je wertloser das Geld wurde, desto gefragter war Gold. Selbst die Gemüsehändlerinnen vom Markt legten ihre Einnahmen in goldenen Ohrgehängen an, und einfache Krämer oder Kassierer erstanden Trauringe, obwohl sie seit Jahrzehnten verheiratet waren. Lis Schmuckstücke trugen einen Prägestempel, und so konnte er den Kunden garantieren, sie zurückzunehmen, wenn etwas daran nicht in Ordnung sein sollte. Er bot ihnen Sicherheit, und die allein war in diesen Zeiten schon Gold wert.

Die Menschen verloren scharenweise ihre Arbeit. Lehrer und Akademiker traf es besonders hart. Alle mühten sich, den Kopf über Wasser zu halten, wer brauchte da schon ein Gemälde oder Nachhilfe in klassischer Literatur? Das Land ging moralisch vor die Hunde. Wir verließen kaum noch die Wohnanlage, besuchten keine Vorlesungen mehr, und unsere Vergnügungen beschränkten sich darauf, Karten zu spielen und Musik aus dem Phonographen zu hören. Wann immer Verwandte oder Diener sich aus dem Haus wagten, hatten sie hinterher Neuigkeiten zu vermelden. In der Regel waren es schlechte.

Lienchu wurde bald zusehends schwächer. Wir schränkten den Kontakt mit ihr ein, doch wurde sie nicht streng isoliert. Als sie ihr schönes, seidiges Haar nicht mehr selbst waschen konnte, half ich ihr einmal dabei. Das gefiel ihr so sehr, dass sie es fortan nicht mehr von Ah Cheng waschen lassen wollte. Sie brachte es fertig, bis zum Schluss guter Dinge zu sein, ohne den Ernst ihrer Lage zu verkennen. Sie erzählte mir, dass sie öfter von Engeln träume. Sie wünschte, sie könne ihnen folgen.

Eines Abends, als die Essenszeit nahte, wachte Mutter an ihrem Bett. »Geh nur zu den anderen«, forderte Lienchu sie auf, »sonst essen sie dir alles weg.« Als sie wieder nach ihr sehen wollte, war Lienchu tot.

Sie wurde in einem Vorraum aufgebahrt. Ihr Kopf steckte in einer seidenen Tasche, um die Keime unschädlich zu machen. Drei Mönche nahmen zu jeder Seite Platz, beteten von morgens bis abends und ließen Schlaginstrumente erschallen. Es war uns allen entsetzlich weh ums Herz. Aus dieser traurigen Stimmung heraus schrieb ich das folgende Gedicht:

*Das Herzstück des Lotos*
*Hat sich geschlossen.*
*Die Perle*
*Ging zu Bruch.*
*Ihr frisches, rosiges Gesicht*
*Erlosch.*
*Nie wieder wird es uns erfreuen.*
*Ich fühle mich von aller Welt verlassen.*
*Eine Welle der Traurigkeit packt mich*
*Eine Welle voll Tränen*
*Eine Welle der Furcht.*
*Ihr Antlitz war bezaubernd*
*Ihr Körper schlank wie eine Weide.*
*Und wenn sie sang*
*Klang ihr Lied so beschwingt*
*Als hätte es Flügel.*
*Als sie leidend war*
*Litten die Leute mit ihr.*
*Und je mehr ich an sie denke*
*Desto mehr leide auch ich.*
*Mein Herz schluchzt und schreit auf;*
*Mein Herz vergießt Tränen.*
*Sie hat uns verlassen, wurde zum Geist.*
*Einem Geist, der nie wiederkehren wird.*
*In jedem Frühling*
*Grünen die Wiesen, die Bäume –*
*Jahr für Jahr kehrt der Frühling zurück.*
*Dich aber, geliebter Schatten, wo finde ich dich?*

*Ist denn das Menschenleben nichts als ein Schatten?*

Wenige Wochen nach Lienchus Tod riefen uns die Eltern zusammen und verkündeten, dass alle Mädchen und Frauen sowie die kleineren Jungen nach Tientai evakuiert werden würden. Dort gäbe es keinen Krieg und keine Ausschreitungen. In einem Tempel hatte Vater bereits einen ganzen Flügel für uns angemietet. Den Abt dort kannte er noch aus Ningpo, er war sein Patient gewesen. Er selbst blieb in Schanghai und führte seine Praxis fort. Auch Wanchün und einige unserer Verwandten harrten dort aus. Die übrigen zogen im Sommer 1943 mit uns nach Tientai. Wir trugen fast unsere gesamten Ersparnisse am Leib; niemand vertraute sein Geld jetzt noch einer Bank an. Abermals also flohen wir vor dem Krieg. Mehr als zwei Jahre sollten vergehen, ehe wir zurückkehren konnten.

Es war ein Asyl in luftiger Höhe. Der Tempelkomplex lag inmitten weitläufiger Bambuswälder, das Dorf schmiegte sich in den darunter liegenden Talkessel. In einer kahlen, etwas abseits stehenden Halle richteten wir uns behelfsmäßig ein. Die Fensteröffnungen waren mit Papier verkleidet. Es gab keine Toiletten, und statt in kuscheligen Betten schliefen wir auf strohgefüllten Matratzen. Wir hatten nur einfachstes Mobiliar, an dem man sich leicht einen Schiefer einzog. Um nicht den Neid der Landleute zu wecken, trugen wir auch nur ärmliche Kleidung. Da Vater in Schanghai war, führte Mutter das Regiment. Ah Cheng und Ah Wong, die beiden Dienerinnen, waren mit uns gekommen; sie standen uns so nahe, dass wir sie eher als Familienangehörige betrachteten denn manche Verwandten. Zum ersten Mal in unserem Leben machten wir uns in der Küche nützlich. Wenn Vater allmonatlich zu uns kam, behandelte er die Mönche und auch manchen Bauern, um sich erkenntlich zu zeigen. In Schanghai konnte er sich derweil ungehindert seiner Konkubine und dem Jüngsten widmen. Aus seiner Sicht löste Tientai den Konflikt auf elegante Weise, und vielleicht machte die räumliche Trennung es auch für Mutter erträglicher.

Neugierig nahmen wir am Leben der Mönche teil. Bei Anbruch der Dämmerung legten sie sanddorngelbe Roben an und zogen unter feierlichen Gesängen dem Tempel zu. Anschließend rief sie ein Gong zum bescheidenen Frühstück in die Speisehalle. Danach zogen sie ein schwarzes Habit über und machten sich an die ihnen zugewiesene Arbeit. Einige fischten nach Wasserkastanien, andere ernteten Gemüse, fegten das Kloster oder halfen in der Küche. Nach dem Mittagessen, das etwa aus einer Nudelsuppe mit Lauch und Pilzen bestand, begannen sie erneut zu singen und zu beten. Sie umrundeten die Statuen im Tempel, rezitierten fromme Texte und warfen sich zum Kotau nieder, demütig die Stirn an den Boden pressend. Am Nachmittag gingen einige ins Dorf, um milde Gaben einzusammeln. Zu Abend aßen sie in ihren Zellen Tofu oder Reisbrei mit Gemüse; sie lebten durchweg vegetarisch.

Die meisten Familienmitglieder beklagten sich über die primitiven Verhältnisse. Doch wir lernten dabei auch viel. Wir lernten zu teilen, wir übernahmen Verantwortung füreinander und wir übten uns Tag um Tag in Geduld. Obwohl ich im Studium zwei wertvolle Jahre verlor, gehört jene Zeit in den Bergen zu den liebsten meines Lebens. Jeden Vormittag war Unterricht, meist im Freien, wobei die Älteren die Jüngeren anleiteten. Am Nachmittag durchstreiften wir die Täler, spielten an den schäumenden klaren Bächen oder wuschen dort mit Seife und Steinen die Wäsche. Die Jungen erprobten ihre selbst gefertigten Angeln und fingen mit geflochtenen Reusen Garnelen. Oder sie sammelten Kräuter, Pilze und Bambussprossen und taten es so den Großeltern nach, deren Revier dies einst gewesen war. Dabei entfernten sie sich nie allzu weit von den bewohnten Gebieten. Noch streunten die letzten Tiger durch die Berge, und auch vor Kragenbären und Wildschweinen hatte man sich in Acht zu nehmen. Die kreischenden Affen dagegen waren harmlos.

Das Kloster trug sich weitgehend selbst. Landlose Bauern bewirtschafteten seine Felder, die Erträge wurden geteilt. Büffel oder Esel durften sie allerdings keine einspannen, da sich die

Ausbeutung von Tieren nicht mit den religiösen Vorschriften vertrug. Auf den Feldern standen kleine Hütten, in denen kübelweise Exkremente als Dünger lagerten. Haine mit Maulbeerbäumen dienten der Seidenraupenzucht. Das Land roch nach Erde, Dung und Feldfeuern. Mit der Zeit lernten wir die Gebräuche der Dorfleute kennen. Bei Hochzeiten luden Böller die Gäste zum Fest. Die erste Salve kündigte den Beginn der Feierlichkeiten an, die zweite das Bankett, und nach der dritten geleiteten die Gäste das Paar ins Brautgemach. Dann band man der Braut eine große Tasche um die Hüften, prall gefüllt mit roten Eiern – ein Sinnbild der Fruchtbarkeit. Welten lagen zwischen diesen bukolischen Szenen und der grimmigen Wirklichkeit Schanghais.

# Eine Art Lähmung

Solange mich die Lymphknotenentzündung ans Bett band, konnte ich Hogbens Buch nicht zurückgeben. Als ich es endlich in die Bücherei brachte, wurden mir die Mahngebühren freundlicherweise erlassen. Weniger meiner Entschuldigung wegen, sondern weil die Lage durch die Machtübernahme der Japaner derart unsicher geworden war, dass man andere Sorgen hatte. Die ungefähr 6000 Briten und gut 1000 Amerikaner, die in der Stadt verblieben waren, mussten nun rote Armbinden tragen. Sie wurden aus der Verwaltung entlassen, ihre Geschäfte kamen zum Erliegen, persönlich aber blieben sie vorerst unbehelligt. Auch der Schulbetrieb lief zunächst weiter. Ich fand nun mehr Kontakt zu meinen Mitschülern, sie luden mich auch zu Abschiedsfeiern zu sich nach Hause ein. Die sozialen Normen lockerten sich etwas, niemand wusste, was die Zukunft bringen würde.

Da der Unterricht auf Englisch stattfand, hatte meine Mutter nun weniger Einsicht in mein Schulleben als in Wien. Zugleich wurde ich älter und unabhängiger, und so schwand die elterliche Autorität allmählich. Ich führte eine gespaltene Existenz. Wir lebten in Hongkew, doch war ich eigentlich nur an den Wochenenden richtig dort, unter der Woche verbrachte ich fast den ganzen Tag in der Schule. Zwei meiner Freunde wohnten dagegen in einem Heim; sie wussten in Hongkew viel besser Bescheid. Ich besuchte sie jedoch nie in diesem Heim, denn sie genierten sich für ihre Misere. Selbst wer in einer eigenen Wohnung lebte, verabredete sich lieber an einem neutralen Treffpunkt. Ein Gutteil des Jugendlebens spielte sich in den Räumen der

Shanghai Jewish Youth Association ab. Hie und da lud ich auch Freunde zu einer Party ein, wir hatten ja immerhin zwei Zimmer. Meine Eltern verschwanden dann für einige Stunden, so dass wir nicht unter Kuratel standen. Alkohol tranken wir bei diesen Zusammenkünften keinen, der blieb besonderen Anlässen vorbehalten. Aber wir redeten viel, tanzten ein wenig und amüsierten uns ausgelassen bei Gesellschaftsspielen.

Der Vater richtete zu dieser Zeit in der früheren Lebensmittelhandlung ein kleines Geschäft ein: *Farben-Sokal* in Schanghai! Zwar fehlte es ihm am Platz und an den nötigen Gerätschaften, um selbst Farben zu erzeugen. Aber er verkaufte welche und stellte zumindest Schuhcreme und Bohnerwachs eigenhändig her. Das brachte uns ein bescheidenes Einkommen. Als wichtiger noch erwies sich der Umstand, dass Chemikalien durch die Inflation bald horrend teuer wurden. Dadurch stellte eine Flasche 95prozentiger Alkohol einen beträchtlichen Wert dar, eine Flasche Azeton oder Ätznatron noch viel mehr. Ich darf gar nicht daran denken, dass wir all diese brennbaren Chemikalien in unserem Haus aufbewahrten, dessen Treppen und Böden aus Holz waren. Jedenfalls trug der Verkauf dieser Bestände in der Folge erheblich zu unserem Lebensunterhalt bei. So konnten mir die Eltern für siebzig amerikanische Dollar ein Fahrrad kaufen, damals ein kleines Vermögen. Allerdings war es aus Wasserrohren zusammengeschweißt und daher ungeheuer schwer. Es nur zu heben strengte schon an.

China war jedoch eine andere Welt, deren Regeln mein Vater nicht verstand oder jedenfalls nicht akzeptieren konnte. Wenn zum Beispiel eine neue Zigarettenmarke eingeführt wurde, war die Qualität anfangs gar nicht schlecht. Sie wurde viel beworben, und die Leute kauften sie. Sowie sie aber etabliert war, mischten die Hersteller schlechteren Tabak hinein. Es wurde eifrig und mit bemerkenswerter Schlitzohrigkeit betrogen. Manche Händler benutzten drei verschiedene Waagen: eine für den Einkauf, eine für den Verkauf und eine für die Polizeikontrollen. Da Kühe nach Gewicht gehandelt wurden, pumpten die Bauern sie vor dem Verkauf mit Wasser voll. Auf den Straßen bettelten echte und falsche Leprakranke. Ähnlich verhielt es sich auch mit Chemikalien. Man musste genau prüfen, ob Azeton auch wirklich Azeton war und ob die Gewichtsangabe auch stimmte. Mein Vater aber war ein grundehrlicher Mensch. Die Idee, dass man etwas verfälschen könnte, um Geld zu verdienen, war ihm fremd.

Es gab jedoch auch Emigranten, die in dieser hohen Schule der Rücksichtslosigkeit glänzend reüssierten. Zum Beispiel ein gewisser Starer, den mein Vater noch als einen armen, hungrigen Vertreter aus Wien kannte. Er war jedes Mal froh gewesen, ein paar Schillinge zu verdienen, wenn wir ihm eine Lieferung Paketschnur abkauften. In Schanghai aber wurde er durch irgendwelche Transaktionen ein reicher Mann. Offiziell führte er eine Seifenfabrik, doch man munkelte, dass er auch bei Drogen seine Hand im Spiel hatte. Dieser Typus des »Fluchtgewinnlers« war keine seltene Erscheinung. Storfer bemerkte dazu in der *Gelben Post*: »Es ist mancher hier die Treppe hinaufgefallen. Kleine Angestellte sind selbständige Unternehmer geworden, Statisten spielen Hauptrollen, aus Schnapseln werden Redakteure.« Diese Leute funktionierten innerhalb des herrschenden Systems und waren für die zerrüttete Zeit weitaus tauglicher als mein Vater, der sich nie auf veränderte Verhältnisse einzustellen vermochte. Wenn ihm damals im KZ nicht Onkel Lonio zur Seite gestanden wäre, der flexibler und wortgewandter war als er, er hätte es wohl nicht durchgehalten.

Ein weiteres Beispiel für die herrschende Mentalität war der Vater eines Freundes. Er hatte etwa keine Bedenken, den Stromzähler zu überbrücken, was meinem Vater nie eingefallen wäre. Diese Familie legte auch mehr Wert auf gutes Essen, dafür weniger aufs äußere Erscheinungsbild. Meine Mutter dagegen kochte zwar Hirse und Rinderherz, doch optisch gab es an uns nichts zu beanstanden. Obwohl es viel Mühe kostete, mir jedes Jahr die Kleidung anzupassen, denn ich wuchs ja noch. Meine Hosen, die im Sitz schon arg fadenscheinig geworden waren, ließen wir derart kunstvoll flicken, dass man es von Weitem kaum bemerkte. Verschlissene Sakkos, Mäntel und Krawatten wurden, wenn es irgend ging, gewendet. Leider hatten sie nur zwei Seiten. Immerhin leisteten wir uns den bescheidenen Luxus, zu einem Friseur zu gehen. Die Lagsteins dagegen schnitten sich die Haare meist gegenseitig.

Es gab auch Leute, die völlig vor die Hunde gingen, darunter nicht wenige Akademiker. Kurioserweise bestanden sie oft noch im Elend auf ihren gegenstandslos gewordenen Titeln: Herr Doktor, Herr Kommerzienrat, Herr Oberlandsgerichtsrat, Herr Rittmeister a. D. Besonders beschäftigte mich das Schicksal eines Berliner Chemikers namens Löwenthal, der etwa vierzig Jahre alt war und in einem der Heime lebte. Ich kannte ihn durch unsere Mieter, die Silberbergs, bei denen er seine Bücher untergestellt hatte, vornehmlich bakteriologische und chemische Werke. Er hatte wohl gehofft, in Schanghai eine Stelle als Chemiker antreten zu können. In den Heimen gab es keine Schränke, vielfach nicht einmal Tische oder Stühle, und manch letzte Habe verschwand auf Nimmerwiedersehen. Eine zwei Meter lange Bibliothek hätte man also schwerlich unterbringen können. Wir fragten ihn, ob ich mir seine Bücher borgen dürfe, und er hatte nichts dagegen. Bald beschäftigten mich alle möglichen Fragen, weshalb ich ihn auf einen Kaffee einlud. Es war jedoch nicht viel aus ihm herauszubringen. Als wir durch die Straßen gingen, wandte er sich unvermittelt einer Hausmauer zu und erleichterte sich. Das schockierte mich: Wie konnte ein Akademiker so tief sinken? Das kannte ich sonst nur vom chinesischen Proletariat. Er stellte ja zu dieser Zeit ein Vorbild für mich dar, war er doch der einzige Naturwissenschaftler, den ich kannte. Er verkam dann immer mehr und starb schließlich im Heim. Solch traurige Schicksale gab es zu Hunderten. Herr Silberberg verkaufte daraufhin die Hinterlassenschaft, und ich erhielt drei oder vier Bücher umsonst.

Es gab eine betonierte Kammer in unserem Haus, fast so eng und düster wie eine Gefängniszelle. Selbst in den Zeiten größter Armut konnten wir sie nie als Zimmer untervermieten, nur für eine Weile als Lagerraum. Dort richtete ich mir ein kleines Laboratorium ein. Ich hatte zwar keinen Chemiekasten, konnte aber einige Chemikalien aus Vaters Geschäft benutzen. Von der Mutter borgte ich mir Töpfe und Pfannen, ohne recht zu ahnen, dass viele Experimente nachhaltig ihre Spuren daran hinterlassen würden. Einmal fraß verschüttete Säure auch Löcher ins Tischtuch. Dennoch ließ die Mutter mich gewähren, und so lernte ich langsam einiges über Chemie. Ich wäre vielleicht sogar Chemiker geworden. Doch bis auf diesen verlotterten Berliner kannte ich niemanden, den ich darüber hätte befragen können. In der Schule hatten wir weder Biologie noch Chemie, und so plagte ich den Physiklehrer mit chemischen Fragen. Manchmal wusste er die Antwort, manchmal nicht. Beeindruckt von meinem offensichtlichen Interesse an der Naturwissenschaft, ernannte er mich schließlich zu seinem Assistenten. Bei Experimenten stand ich hinter dem Pult und durfte den Bunsenbrenner anzünden oder Messwerte ablesen. Einmal hatte ich gerade nichts zu tun und spielte, ganz in Gedanken, an dem tröpfelnden Wasserhahn des Laborbeckens herum. Ich hielt ihn mit dem Daumen zu, der Druck stieg – und plötzlich schoss ein Wasserstrahl heraus, direkt auf den Lehrer! Die Mitschüler lachten lauthals, und er glaubte natürlich, ich hätte es absichtlich getan. Das war das Ende meiner Assistentenlaufbahn.

Während meines Abschlussjahres arbeitete ich zeitweise als Gehilfe in einem kleinen medizinischen Labor. Der Inhaber, Dr. Jacob Wilczek, hatte vor dem Krieg in Bologna Medizin studiert, da in seiner polnischen Heimat ein Numerus clausus für jüdische Studenten bestanden hatte. Er führte das Labor alleine, nahm mich jedoch als freiwilligen Helfer auf. Nach einigen Monaten führte ich bereits Harnanalysen, Stuhl- und Blutproben durch. Auch viele der Parasiten, die im subtropischen und unhygienischen Schanghai vorkamen, lernte ich zu erkennen, etwa Maden-, Band- und Spulwürmer oder die Erreger von Malaria. Wenn der Chef anderweitig zu tun hatte, saß ich mit ernster Miene im Labor und nahm die Tiegel und Flaschen in Empfang, in denen die Patienten ihre Proben ablieferten.

Wilczek war ein komischer Kauz. Er sprach sehr langsam, ein mit polnisch-jiddischem Akzent gefärbtes Deutsch. Dabei schaute er seine Gesprächspartner nie an. Am liebsten beugte er sich übers Mikroskop, während er sich zugleich mit mir oder den Patienten unterhielt. Sein

Englisch war höchst mangelhaft. Dennoch rief er mich »Little Boy« und ich ihn »Big Chief«. Obwohl ich eine Stütze des Labors war, fiel es ihm nicht ein, mir ein Entgelt anzubieten. Zwanzig Jahre später sollte ich ihm in Haifa noch einmal meine Aufwartung machen. Da nannte er mich noch immer »Little Boy«.

Wilczek praktizierte auch in einem von russischen Juden geführten Spital in der französischen Konzession. Als mein Vater einmal mit seiner Brille nicht zufrieden war, empfahl er ihm dort einen Augenarzt. Ich kam als Dolmetscher mit. Im Bus wurde dem Vater unvermittelt schlecht, und er fiel in Ohnmacht. Was ein gehöriges Problem für mich darstellte. Denn wenn man in China jemandem half und der Betreffende daraufhin erkrankte oder gar starb, so wurde dem Helfer eine Mitverantwortung zugeschrieben, und er musste für das Begräbnis aufkommen. Deshalb waren die Leute wenig hilfsbereit, noch dazu gegenüber einem Ausländer. Irgendjemand half mir schließlich doch, ihn aus dem Bus zu ziehen und in eine Rikscha zu setzen. Damit fuhren wir eilig zum Spital.

Dr. Wilczek kam sofort herunter. Mit einigen Helfern trugen wir den Vater hinein, und jemand verabreichte ihm eine Spritze. Es schien sich um eine Art Nervenlähmung zu handeln. Er konnte auch kaum sprechen, aber die Symptome waren nicht die eines typischen Schlaganfalls. Ein junger Wiener Neurologe, Dr. Grosslicht, behandelte ihn. Anfangs dachte er, es könnte vielleicht eine Spätsyphilis vorliegen. Aber mein Vater schwor, dass er die nie in seinem Leben gehabt hatte, und sowohl der Wassermann- als auch der Kahn-Erkennungstest, die wir in Wilczeks Labor vornahmen, verliefen negativ. Am Ende war Dr. Grosslicht der Meinung, dass diese Symptome nur von den Schlägen verursacht worden sein konnten, die mein Vater im KZ erhalten hatte. Es dauerte dann noch einmal fast zwei Jahre, bis diese Lähmungserscheinungen abklangen.

Die Ärzte hatten damals nicht besonders viel zu tun und gaben sich betont freundlich; jeder Patient war schließlich Gold wert. Dr. Grosslicht kam jeden Nachmittag auf Hausbesuch, auch als es dem Vater längst wieder besser ging. Er bekam Kaffee und Kuchen, und langsam brachte er seinen Patienten wieder auf die Beine. Er war ein äußerst zugänglicher Mensch und diente mir während meiner Jugendzeit als Vorbild. So trank er seinen Kaffee immer schwarz, was ich bis heute auch so halte. Mit ihm konnte ich über Biologie reden, und er unterstützte mich zumindest moralisch in meinem Vorhaben, Wissenschaftler zu werden. Er selbst starb bereits mit 37 Jahren; er war sehr korpulent gewesen.

Bis Anfang 1943 wurden dann alle Bürger alliierter Staaten in Zwangslagern am Stadtrand interniert. Für Frauen und Kinder richteten die Japaner sogar mitten in der Stadt eines ein, in der zweiten britisch geführten Schule. Wenn man im Doppeldeckerbus daran vorbeifuhr, konnte man den Hof einsehen. Den Insassen dieser Lager erging es noch viel ärger als uns. Die hygienischen Bedingungen waren fürchterlich, die Versorgung kärglich und die Behandlung durch die Japaner erniedrigend. Dabei hatten die Europäer bis Pearl Harbor ein insgesamt gutes Verhältnis zu den Japanern gepflegt. Die Militärs hatten einander Höflichkeitsbesuche abgestattet, im Stadtrat waren die Geschicke Schanghais beraten worden, und europäische und japanische Kinder hatten einträchtig miteinander gespielt. Japan rangierte für den Westen höher als China; als Vertragsmacht zählte es zu den tonangebenden Nationen. Manchem mochte es auch nur als das kleinere Übel erscheinen.

Schon vor dem »Großasiatischen Krieg« aber hatte Japans Politik sich radikalisiert und Asiens Befreiung von weißer Vormundschaft gefordert. Selbst die Achsenmächte galten allenfalls als »freundliche Feinde«, und Nippon war nicht gewillt, die Macht in China zu teilen. Als deutsche Hilfstruppen zackig am Bund aufmarschierten, um Flagge zu zeigen und, wie es hieß, die Kontrolle über die französische Konzession zu übernehmen, entwaffneten die Japaner sie kurzerhand und schickten sie nach Hause. Die Obrigkeit der Konzession, die der Vichy-Regierung nahestand und daher mit Japan indirekt verbündet war, arrangierte sich mit den neuen Machthabern. Im Juli 1943 übergab der Konsul schließlich dem Bürgermeister der Kollaborateursregierung symbolisch die Schlüssel zur Konzession. So erkannten zwei Marionettenregime einander wechselseitig an.

Von der Inhaftierung waren auch alle Juden britischer oder holländischer Staatsangehörigkeit betroffen, so dass sie ihre Glaubensbrüder nicht weiter unterstützen konnten. Aus Amerika kam gleichfalls keine Hilfe mehr. Die Japaner hätten das Geld sogar hereingelassen, hatten sie doch ein Interesse an stabilen Verhältnissen in der Emigrantenkolonie. Doch Washington untersagte alle Überweisungen in Feindesland. So konnte das Komor-Komitee auch mein Schulgeld nicht länger bezahlen. Daraufhin erwirkte Mr. Crow beim Stadtrat, dass ich aufgrund meiner Leistungen davon befreit wurde. Dabei blieb es dann, selbst als die Engländer interniert wurden und wir einen japanischen Direktor bekamen. Meine Klasse schrumpfte auf acht Schüler zusammen. Wir mussten nun auch Japanisch lernen, die einzige Sprache, die ich fast völlig vergessen habe, wahrscheinlich, weil ich sie unter Zwang erlernen musste.

Eine bedrohliche Lethargie übermannte die Stadt. Seit Pearl Harbor gab es keine alliierten Zeitungen oder Radiostationen mehr, und über Kurzwelle Sender aus Australien oder Europa zu empfangen, war streng verboten. Mit unserem einfachen Röhrenradio bekamen wir jetzt nur mehr japanische, chinesische oder deutsche Nachrichten zu hören. Auch die Russen, die gegenüber Japan bis kurz vor Kriegsende neutral blieben, durften ihren Sender weiter betreiben. Es gehörte zu den vielen Widersprüchen der Besatzer, dass sie die sowjetische Propaganda, die sich doch gegen ihre deutschen Bundesgenossen richtete, kalt lächelnd zuließen. Den Russen war es lediglich untersagt, Meldungen zur Lage im Pazifikkrieg zu bringen, weshalb sie sich auf das Geschehen in Europa konzentrierten. Dieser Sender bildete unsere wichtigste Informationsquelle. Natürlich war er parteiisch und berichtete vor allem über die russischen Erfolge, aber doch auch über die Entwicklung an der Westfront. Zu den Nachrichten versammelten sich die Lagsteins und einige Freunde und Bekannte oft vor unserem Apparat. Onkel Lonio konnte ein paar Worte Russisch, und das einst geächtete Polnisch leistete den Eltern nun gute Dienste. Wenngleich wir, nach Grillparzers Wort, längst nur mehr »zwei Fremden und keine Heimat« hatten, fühlten wir uns doch weiterhin mit Europa verbunden, sorgten uns natürlich auch um unsere Verwandten. Anfangs sah es ausgesprochen bedrohlich aus, die Deutschen marschierten immer weiter nach Osten. Auch hatten sie Gestapoleute und SS-Offiziere nach Schanghai beordert. Doch die Japaner ließen sie kaum gewähren, so dass sie nur innerhalb der deutschen Kolonie Unheil stiften konnten.

So etwa der an der deutschen Botschaft in Tokio tätige Polizeiattaché Josef Meisinger, der während der japanischen Okkupation oft dienstlich nach Schanghai kam. Er galt als brutaler, undurchsichtiger Typ und war ein Intimus von Heydrich und Himmler, dessen Sekretärin er geheiratet hatte. Nach der Machtübernahme der Nazis hatte er zunächst als Leiter der Reichszentrale zur Bekämpfung der Homosexualität und Abtreibung für die Volksgesundheit gewütet. Später ging er als Kommandant des Sicherheitsdienstes nach Polen, wo er den Beinamen des »Schlächters von Warschau« erhielt. Ein weiterer Spezialist war der Pathologe Robert Neumann, der bereits in Buchenwald systematische Menschenversuche angestellt hatte. Die Opfer seiner Leberpunktionen waren allesamt krepiert. Anschließend hatte er als Lagerarzt nach Auschwitz gewechselt, wo ihn schließlich der Ruf an die Schanghaier Tongji-Universität erreicht hatte. Auf den Gebieten der Vererbungslehre und Rassenkunde galt er als Kapazität. Gottlob wussten wir, wusste vor allem mein Vater damals nichts von dieser gruseligen Nachbarschaft. In China begnügte Neumann sich mit Tierversuchen. Als einige seiner Laboraffen ausbüchsten und das benachbarte Krankenhaus heimsuchten, war das ein paar Tage lang Stadtgespräch. Nach dem Krieg kehrte Neumann nach Deutschland zurück, wo er 1962, hoch geschätzt, als Klinikleiter in Tübingen verstarb.

Dank der zahllosen hier vertretenen Nationen und Fraktionen entwickelte sich Schanghai zur rührigsten Agentendrehscheibe der Welt. Geheimgesellschaften und Freischärler, Politkommissare und Propagandaabteilungen trieben eifrig ihr Unwesen. Schwindler, Spitzel,

Waffenschieber und Erpresser waren hier zugange. Zu internationaler Berühmtheit brachte es der »Meisterspion« Richard Sorge, der im *Café Louis* zu verkehren pflegte, einem beliebten Emigrantenlokal. Fast jeder trieb ein doppeltes oder gar dreifaches Spiel: Die Nazis observierten die Japaner, die Komintern die Exilrussen, die Engländer die Franzosen und umgekehrt, und auch die »Neutralen« horchten eifrig nach allen Seiten hin. Selbst Länder wie Dänemark, Polen oder die Tschechoslowakei, die de facto nicht mehr bestanden, unterhielten hier weiterhin Vertretungen, die den jeweiligen Exilregierungen zuarbeiteten.

Die Italiener waren relativ stark präsent, wenn auch teilweise unfreiwillig. Die *Conte Verde*, mit der zuletzt Scharen von Flüchtlingen nach Schanghai gekommen waren, hatte beim Kriegseintritt Italiens im Hafen gelegen. Aus Furcht, von den Alliierten aufgebracht zu werden, hatte der Kapitän sich entschieden, nicht mehr auszulaufen. Seither ankerte das stolze Schiff mitten im Whangpoo. Die Besatzung blieb darauf wohnen, musste sich aber irgendwie ihren Lebensunterhalt verdienen. Nur einmal wurde die *Conte Verde* für eine merkwürdige Mission flottgemacht: Sie brachte einige Hundert englische und amerikanische Kriegsgefangene nach Mosambik, um im Gegenzug japanische Gefangene nach Schanghai zu bringen.

Zur deutschen Kolonie hatte ich praktisch keinen Kontakt. Sie umfasste gut 2000 Reichsdeutsche, die, anders als wir, gültige Pässe besaßen und von der Botschaft gut betreut wurden. Zu ihren Institutionen zählten die ehemalige Kaiser-Wilhelm-Schule, die Tongji-Universität, ein Krankenhaus, ein Seemannsheim, die evangelische Kirche und allerhand Vereine. Wie andere Nationen auch, bevorzugten die Deutschen ihre eigenen Klubs und Gasthäuser. Über dreihundert deutsche Firmen waren in Schanghai ansässig; die Franzosen etwa hatten nur halb so viele. Die meisten durften sich den »Old China Hands« zurechnen, den alteingesessenen ausländischen Unternehmen. So etwa Siemens & Halske, Bosch, die AEG, die Rickmers-Reederei und Handelshäuser wie Carlowitz & Co. oder Melcher & Co.

Diese Firmen wickelten gut die Hälfte des gesamten deutschen Chinahandels ab.

Auch wenn in Schanghai bereits 1932 eine »Ortsgruppe China« der NSDAP gegründet worden war, besaßen die Nazis anfangs wenig Einfluss in der deutschen Gemeinde. Die Handelskammer begehrte denn auch gegen die »doktrinäre Weltfremdheit« der neuen Außenpolitik auf, die sich verheerend auf die deutschen Interessen in China auswirke. Durch die englischsprachigen Zeitungen und Sender war man hier besser informiert als im abgeschotteten Reich. Allmählich jedoch gewannen die Funktionäre die Oberhand, und die Kolonie trübte sich braun. Hitlerjugend, Bund deutscher Mädel und diverse Partei- und Propagandastellen wurden, meist unter einem unverfänglichen Decknamen, aufgebaut. Die SA etwa nannte sich offiziell »Sportabteilung«.

Die gefragtesten westlichen Produkte in Fernost waren Waffen. Über ein Drittel aller deutschen Rüstungsexporte ging nach China, wo auch Dutzende deutscher Militärberater tätig waren, sowohl für die Kuomintang wie für die Kommunisten. Dass China, wenn überhaupt, nur mit einem starken Mann an der Spitze, mit diktatorischen Vollmachten und einer parierenden Volksgemeinschaft regierbar war, schien links wie rechts ausgemachte Sache. So brachte denn auch Tschiang dem Faschismus durchaus Sympathien entgegen. Wobei er weniger ein ideologisches als ein gewissermaßen handwerkliches Interesse an der Organisation von Macht zeigte. Für einige Zeit war er Deutschland auch familiär verbunden: Einer seiner Söhne diente als Ehrengast in der Wehrmacht und nahm mit seiner Gebirgsjäger-Kompanie an den Überfällen auf Österreich und die Tschechoslowakei teil. Angesichts dieser Affinität muss es Tschiang schwer getroffen haben, dass Deutschland sich, nachdem es seine fernöstliche Interessenpolitik lange austariert hatte, ab 1938 dem Erzfeind Japan zuwandte.

Das deutsche Konsulat war über das Leben der Emigranten gut informiert und verfasste dicke Dossiers darüber fürs Auswärtige Amt. Die NS-Frauenschaft führte schwarze Listen über Landsleute, die es wagten, in jüdischen Läden einzukaufen. Beim *Ostasiatischen Lloyd*, einer strammen Nazizeitung, ereignete sich ein Eklat, als herauskam, dass einige Annoncen von jüdischen Ärzten oder Schneidern geschaltet worden waren. Seither mussten Inserenten einen Ariernachweis beibringen. Gleichzeitig wurde diese Zeitung jedoch auf Geheiß der Japaner von zwei Juden zensuriert, einfach weil die Deutsch als Muttersprache hatten.

Sowohl von Berlin aus wie auch in Tokio und Schanghai drängten deutsche Stellen die Japaner, mit der »Judenfrage« Ernst zu machen. Im Februar 1943 wurde schließlich die Einrichtung eines Sperrbezirks für jüdische Flüchtlinge in Hongkew verfügt. Binnen dreier Monate hatten sie sämtlich dorthin zu übersiedeln. Offiziell wurde dieses Edikt als eine »Schutzmaßnahme« ausgegeben, die Ruhe und Ordnung sichern sollte. Doch natürlich wurde sie auch als Zugeständnis an das verbündete Deutschland gesehen. Finanzielle Gründe kamen hinzu: Das Ghetto trug sich selbst; für ein Lager hätten die Besatzer aufkommen müssen.

Gleichzeitig waren die Japaner aber darauf bedacht, nicht als Antisemiten zu erscheinen, und pflegten eine moderate, fast verschämte Judenpolitik. Historisch fühlten sie sich dem Judentum sogar verpflichtet: Der amerikanische Bankier Jacob Schiff hatte, erbittert über den Antisemitismus im Zarenreich, den erfolgreichen Krieg gegen Russland weitgehend finanziert und, nomen est omen, Japans Flotte aufgestockt. Allgemein wurden Juden in Ostasien eher als Über- denn als Untermenschen angesehen, man hielt sie für einflussreich und finanzkräftig. Andererseits bemitleidete man sie, weil sie keinen eigenen Staat hatten. Vorübergehend erwog Tokio sogar, verstärkt Juden in seinem Vasallenstaat Mandschukou anzusiedeln, der damaligen Mandschurei, um die dortige Wirtschaft zu beleben und zugleich in England und Amerika Sympathien zu gewinnen. Aus ähnlichen Beweggründen hatten Chinas Nationalisten eine Ansiedlung jüdischer Emigranten in Jünnan im fernen Südwesten ins Auge gefasst. Beide Vorhaben waren vom Krieg zunichte gemacht worden.

Von offizieller Seite war immer nur von »staatenlosen Flüchtlingen« die Rede, nie von Juden. Immer nur vom »ausgewiesenen Bezirk«, nie vom Ghetto. Auch die Emigranten benutzten diesen Begriff damals nicht, er bürgerte sich erst nach dem Krieg ein. Wobei man nicht vergessen sollte, dass ganz Schanghai für Ausländer solch ein Sperrbezirk war, da sie ohne Erlaubnis der chinesischen und später der japanischen Behörden nicht ins Hinterland durften. Die russischen Juden, meist ebenfalls staatenlos, waren dank der sowjetischen Neutralität von diesem Erlass nicht betroffen; auch, weil sie lange vor dem festgesetzten Stichtag schon in der Stadt gelebt hatten. Bei Ehepaaren, von denen nur ein Partner jüdisch beziehungsweise staatenlos war, hätte der andere im Prinzip außerhalb wohnen bleiben können. Tatsächlich zogen sie aber meist mit ins Ghetto, wobei diejenigen mit deutschem Pass frei ein- und ausgehen konnten. Die Mietpreise schossen nun in schwindelerregende Höhen. Überhaupt stieg die Inflation rasant. Briefmarken und Luxusseifen kursierten als Zahlungsmittel, Zigaretten wurden einzeln gehandelt, Butter in Scheibchen zu fünfzehn Gramm.

Da wir bereits innerhalb dieser Zone wohnten und meine Eltern auch vorher nur selten »in die Stadt« gegangen waren, änderte sich in unserem Alltag zunächst nicht allzu viel. Von den schrecklichen Ghettos, die zur gleichen Zeit in Europa eingerichtet wurden, wussten wir damals so gut wie nichts, sonst hätte es uns wohl stärker beunruhigt. Dieser Sperrbezirk hatte weder Mauern noch Zäune. Man hätte ihn leicht ungesehen verlassen können, was jedoch selten vorkam. Fast alle jüdischen Flüchtlinge hielten sich an die neuen Vorschriften. Wenn wir auf der Straße Fußball spielten und der Ball auf die andere Seite, sprich, nach draußen rollte, gingen wir vorsichtig hinüber, um ihn zu holen. Wobei das ein japanischer Polizist wohl noch nicht gerügt hätte. Eher schon einer der jüdischen Hilfspolizisten der *Pao Chia*, einer Art Bürgerwehr, wie es sie in China häufiger gab; der Titel bedeutete so viel wie »Hüter des Hauses«. Besonders die Deutschen unter ihnen machten sich als scharfe Aufpasser unbeliebt. Da gab es einen bestimmten Typus, der päpstlicher sein wollte als der Papst und den anderen das Dasein unnötig erschwerte.

Es war ein Glück, dass wir von Anfang an auf der »richtigen« Seite der Straße wohnten, durch die nun die Grenze des Sperrbezirks verlief.

Schon die Leute von gegenüber hatten wie Tausende andere Pech. Da hatten sie endlich eine annehmbare Behausung gefunden und sich recht und schlecht eingelebt, und nun mussten sie wieder ausziehen und sich in einem ohnehin schon überfüllten Viertel eine neue Bleibe suchen. Die Familie meines Freundes Otto Schnepp zum Beispiel musste nicht nur ihr kleines Apartment, sondern auch die Arztpraxis des Vaters aufgeben. Die frei werdenden Wohnungen wurden meist von chinesischen Familien übernommen, die, wie man hörte, die mühsam eingebaute Wasserspülung kurzerhand entfernten und zum bewährten »Honigtopf« zurückkehrten.

# III

# NEUE ZEIT

*In keiner anderen Stadt, West wie Ost, hatte ich je einen solchen Eindruck von dichtem, üppig wucherndem und mächtig sich ballendem Leben wie hier. Alt-Schanghai ist die Verkörperung von Bergsons* élan vital *im Urzustand, als nackte Wahrheit. Es ist das Leben selbst.*

ALDOUS HUXLEY
(britischer Schriftsteller, 1894–1963)

# Ghettodämmerung

Im Juni 1943 machte ich schließlich die Matura. Zusätzlich wollte ich noch das *Cambridge School Certificate* erlangen, das insbesondere für Schüler in den Kolonien gedacht war, die damit an jeder britischen Universität studieren konnten. Ich legte die Prüfung auch ab, erfuhr das Resultat jedoch nie. Unsere Examen wurden nach England geschickt, ins Feindesland also, aber in dieser Hinsicht waren die Japaner undogmatisch. Infolge des Krieges gingen die Arbeiten jedoch verloren, vielleicht wurde das Schiff gar von einem deutschen U-Boot versenkt. Doch auch mit meinem Abschlusszeugnis wurde ich schließlich an der St. John's-Universität aufgenommen. Meine Mutter ließ mir etwas vorschnell Visitenkarten drucken: »*Robert Sokal, stud. med.*«

Doch zunächst musste ich mich noch selbst in ärztliche Behandlung begeben, da ich aufgrund unserer mangelhaften Ernährung seit einiger Zeit an Blutarmut litt. Statt eines Medikaments verschrieb man mir in der Klinik schlicht Milch, und mein Körper erholte sich langsam wieder.

*13.5.1943*

*Shanghai Jewish Polyclinic & Hospital »Mishmeres Hoilim«*
*To whom it may concern: I hereby certify that Mr. R. Sokal, age 18 years, is suffering from Anaemia, Undernourishment, and he needs therefore milk. Dr. Koch*

Auf der Rückseite des Attestes vom Patienten notiert:
*»Entwurzelt zu leben, muss stark man sein.«*
*(Erich Maria Remarque)*

St. John's war die einzige Hochschule in Schanghai, an der auf Englisch unterrichtet wurde. Um an einer einheimischen Universität zu studieren, war mein Chinesisch nicht gut genug, und mangels ausreichender Französischkenntnisse kam auch die Aurora-Universität nicht in Betracht. Die Deutsche Medizinische Akademie, ein Ableger der Tongji-Universität, hätte mich ohnehin nicht aufgenommen; wenigstens blieb mir so Dr. Neumann erspart. St. John's war eine Gründung amerikanischer Missionare aus den 1860er-Jahren. Seltsamerweise war der Begründer ein polnischer Jude gewesen, Samuel Schereschewsky. Er war konvertiert und hatte es als Missionar zum Bischof von Schanghai gebracht, wo er dann auch die Bibel in den örtlichen Dialekt übertragen hatte. Das älteste Gebäude der Universität war nach ihm benannt. Da jedoch kein Chinese Schereschewsky aussprechen kann, hieß es einfach *S. Y.-Hall*. Ich hatte eigentlich keine Bedenken, hier missioniert zu werden oder irgendwelche Zugeständnisse machen zu müssen. Die amerikanischen Prediger waren bereits interniert worden, und die chinesischen Studenten und Professoren waren überwiegend areligiös. Ohnehin hielten sie sich in weltanschaulichen Dingen zurück, um bei den Japanern nicht aufzufallen.

Als die Ghettoregelung in Kraft trat, fürchtete ich erst, mein Studium überhaupt nicht aufnehmen zu können. Die Japaner führten jedoch ein kompliziertes System von Passierscheinen ein. Die Tagespässe galten etwa für Arztbesuche oder Beerdigungen, einmal sogar für Sommerkonzerte im Jessfield-Park. Nach Erledigung der jeweiligen Mission hatte man sich unverzüglich wieder ins »ausgewiesene Gebiet« zu begeben. Die Bewilligungen für Studenten wurden für drei Monate ausgestellt, danach musste man um Verlängerung nachsuchen. Vor dem entsprechenden Gebäude der japanischen Administration standen immer lange Schlangen. Manchmal musste man über zwei Tage hinweg in der prallen Sonne warten. Der zuständige Beamte hieß Ghoya, titulierte sich selbst als »König der Juden« und litt sichtlich unter Größenwahn. Ich wurde eines seiner vielen Opfer.

Dem Vernehmen nach war er zuvor Polizeichef von Kioto gewesen. Er galt als extrem launisch, schrie seine »Untertanen« aus heiterem Himmel an und ohrfeigte sie gelegentlich. Manchmal sprang er auch wie ein tollwütiger Affe auf den Tisch. Selbst für einen Japaner war er ziemlich klein geraten, daher schikanierte er groß gewachsene Leute offenbar besonders gern. Man erzählte sich die Anekdote von einem Bittsteller, der, ohnehin schon hoch aufgeschossen, auch noch im Gehrock und mit Zylinder vorsprach. Sofort schnauzte Ghoya ihn an, was das denn für ein Aufzug sei? »Den trage ich immer, wenn ich hochstehende Persönlichkeiten aufsuche«, erklärte der Besucher in aller Form. Von da an bekam er jedes Mal bereitwillig seinen Pass. Kindern gegenüber gab Ghoya sich dagegen betont freundlich, die wenigstens waren kleiner als er. Ich erlebte ihn einmal in einem Jugendklub, wo er uns etwas auf der Geige vortrug. Natürlich spielte er schrecklich, und wir mussten an uns halten, um nicht laut loszuprusten.

Um in den westlichen Bezirk zu gelangen, in dem die Universität lag, musste man zwangsläufig die Internationale Niederlassung durchqueren. Gewöhnlich bekamen wir Studenten beide Stadtteile auf unseren Pass gestempelt. Einmal jedoch vermerkte Ghoya nur den *Western District* darauf. Ich getraute mich nicht, ihn darauf aufmerksam zu machen, man wusste nie, wie er auf so eine implizite Kritik reagieren würde. Als ich den Pass das nächste Mal verlängern musste, beschuldigte er mich, ihn hintergehen zu wollen, zerriss den Schein und schrie: »You never get a pass again!« Dann gab er mir ein paar Watschen, und ich musste mich in eine Ecke stellen. Nach über einer Stunde erst wurde ich entlassen und schlich schweren Herzens hinaus. Einem russischen Hilfspolizisten, der am Eingang Wache stand, klagte ich mein Leid. Er meinte, ich solle mein Glück in ein paar Tagen erneut versuchen. So stellte ich mich bald voll Bangen wieder an, zeigte Ghoya meinen Studentenausweis vor – und erhielt anstandslos meinen Passierschein. Ich weiß nicht, ob er sich nicht an mich erinnerte oder ob er den Vorfall verdrängt oder gar bereut hat.

Im Herbst 1943 waren die alliierten Staatsbürger bereits interniert worden, daher unterrichteten an der Universität fast nur mehr einheimische Professoren. Die Reihen der Studenten lichteten sich hingegen nicht nennenswert. Amerikaner hatte es hier schon vor dem Krieg nur wenige gegeben, sie studierten doch lieber in den Staaten, und Engländer hätten damals keine amerikanische Universität besucht, schon aus Patriotismus, und wegen der unterschiedlichen Bildungssysteme. Die große Masse bildeten etwa 2000 chinesische Studenten, darunter auch zahlreiche Auslandschinesen, vor allem aus Südostasien. Hinzu kam ein Häuflein von vielleicht fünfzig Europäern: Portugiesen, Exilrussen und ein paar andere Emigranten, die es auch irgendwie an die Hochschule geschafft hatten. Einer davon war Alexander Gleichgewicht, ein junger Pole. Sein Name bot manchen Anlass zur Heiterkeit, denn diesen Zungenbrecher konnten die Chinesen beim besten Willen nicht aussprechen. Wenn die Anwesenheitsliste verlesen wurde, gerieten sie jedes Mal ins Stottern: *Gl–, Gl–, Gl–*, und dann meldete er sich auch schon und es war gut.

Ich wollte eigentlich Medizin studieren, musste dann aber erfahren, dass nach amerikanischem System unterrichtet wurde. Bevor man an der *Medical School* aufgenommen wurde, musste man vier Semester lang Biologie, Physik und Chemie belegt haben. Das enttäuschte mich sehr, glaubte ich doch, nun erfülle sich endlich mein langgehegter Traum. Aber schon nach ein paar Kursen merkte ich, dass Biologie wirklich mein Fall war. Es gab nur eine Handvoll Europäer im Hauptfach sowie zwei männliche und sieben weibliche chinesische Studenten. Die Vorlesungen wurden aber von weit mehr Hörern besucht, die nach Vorschrift oder aus Interesse Biologiekurse belegt hatten. Einiger Lehrstoff war mir bereits vertraut, etwa aus Löwenthals Büchern und Wilczeks Labor. In chemischen Dingen hatte ich ein gewisses Vorbild an meinem Vater. Er war ja selbst ein kleiner Chemiker – als solcher firmierte er auch im Emigranten-Adressbuch –, und so hatte er nichts einzuwenden, als er hörte, dass ich unter anderem Chemie studieren würde.

Um das Geld für die Straßenbahn zu sparen, fuhr ich meist mit dem Fahrrad eine knappe Stunde zur Universität. Im Winter 1943, als der Strom bereits rationiert wurde und es Kohle nur mehr zu Wucherpreisen gab, wurde auch St. John's nicht mehr beheizt. Wir zogen alles an, was wir hatten. Viele trugen beim Schreiben Handschuhe mit abgeschnittenen Fingerspitzen. In der Kantine war es trotz der heißen Speisen oft so kalt, dass mir die Stäbchen aus den Fingern fielen. Einmal schneite es sogar; ein Gruß aus den Weiten Innerasiens, der aber am nächsten Tag wieder verschwunden war.

Unter den wenigen verbliebenen ausländischen Dozenten waren auch einige Deutsche. Lothar Brieger zum Beispiel, der öfter Feuilletons in der *Gelben Post* geschrieben hatte: »Ich bin Refugee, Kunsthistoriker und Schriftsteller und lebe gegenwärtig in Schanghai. Sie werden sagen, so etwas muss ungemein interessant sein, aber ich versichere Ihnen, es ist ungemein schwer.« Bekannt war auch der Architekturprofessor Richard Paulick. Er kam aus dem Umfeld des Bauhauses und war schon 1933 emigriert. Seine Einblicke in Chinas soziale Misere wirkten nach, als er 1949 in die DDR ging und sich im Massenwohnungsbau engagierte. Auch ein Abschnitt der Berliner Stalinallee, deren eurasischer Neoklassizismus durchaus mit Schanghais Macht- und Prachtarchitektur korrespondiert, stammt von ihm.

Am Bund bot sich zu dieser Zeit ein seltsames Schauspiel. Nach Mussolinis Sturz im Juli 1944 hatte die Besatzung der *Conte Verde* versucht, das Schiff zu versenken, damit es nun nicht den Japanern in die Hände fiele. Doch im flachen Wasser des Whangpoo hatte der Luxusliner zwar starke Schlagseite bekommen, war aber nicht gänzlich gesunken. Nun konnten die Seeleute nicht mehr darauf wohnen, aber sie wurden ohnehin bald als neuerdings feindliche Ausländer interniert. Ganz Schanghai weidete sich schadenfroh am Anblick des Wracks. Bis auf die Japaner natürlich, die sich ingrimmig an die Bergung machten. Sie zurrten gewaltige Flaschenzüge, Ketten und Stahltrossen rund um das wuchtige Zollgebäude am Bund, und mittels Traktoren und Kuli-Kolonnen gelang es ihnen tatsächlich, die *Conte Verde* wieder aufzurichten. Erst kamen die Schornsteine zum Vorschein, dann die

Brücke, dann die Kabinenfenster. Als das Schiff gegen Kriegsende abziehende Truppen nach Japan brachte, wurde es schließlich doch noch versenkt.

Chinesen brauchten in Hongkew keinen Passierschein, und auch Angehörige neutraler Nationen wie Russen, Schweizer oder Spanier konnten unbehelligt ein- und ausgehen. Selbst ein deutscher Pastor kam, trotz Anfeindung durch die Nazis, regelmäßig ins Ghetto, um die christlichen Angehörigen jüdischer Emigranten zu unterstützen und Messen mit ihnen zu feiern.

Meine Eltern verließen den Sperrbezirk während dieser zweieinhalb Jahre nicht ein einziges Mal. Wenn man dagegen einen Passierschein hatte und einmal in der Stadt war, blieb man unbehelligt. Man war nur verpflichtet, ein Abzeichen zu tragen, doch manche nahmen selbst das einfach ab. Es handelte sich je nach Kategorie um blaue oder rote Anstecknadeln, auf denen in chinesischer Schrift »darf passieren« stand. Oftmals blieben Freigänger über Nacht bei Freunden in der Stadt. Niemand kontrollierte das, die Japaner hätten es auch organisatorisch gar nicht in den Griff bekommen. Hätten dagegen die Deutschen Schanghai besetzt, wäre es wohl anders zugegangen. Sie hätten gewiss auch die Alliierten binnen einer Woche interniert, während die Japaner sich ein Jahr lang damit Zeit ließen. Und wir Juden wären nicht um Passierscheine angestanden, sondern vermutlich umgebracht worden. Nach dem Krieg kursierten wilde Gerüchte über deutsche Pläne für ein KZ. Falls es sie gab, haben wir es der Unbelehrbarkeit der Japaner zu danken, dass sie nicht in die Tat umgesetzt wurden.

Der gemeinsame Feind schuf zwischen Emigranten und Chinesen eine Art Schicksalsgemeinschaft. So fremd beide Kulturen einander auch waren, hie und da gab es zaghafte Kontakte. Die Emigranten galten als verlässlich und kreditwürdig, ihr Geschäftssinn imponierte den Chinesen. Werner Silberberg etwa, der Sohn unserer Mieter und, wie er zu scherzen pflegte, »zweite Betriebsleiter« in der väterlichen Vulkanisierwerkstatt, wurde trotz seiner Jugend damit betraut, das »Wassergeld« für die gesamte Nachbarschaft zu kassieren, um es dann an die Stadtwerke zu entrichten. Die Chinesen vertrauten darauf, dass ein Ausländer sie nicht betrügen würde. Am ehesten fanden noch die Kinder zueinander, spielten Murmeln, Gummihüpfen oder Diabolo in den Hofgassen. In der Nachbarschaft gab es ein Haus, in dem unten eine chinesische und oben eine jüdische Familie wohnte. Wenn eine von beiden etwas gekocht hatte, gab sie ihren Hausgenossen davon ab. Zu diesem Zweck war außen ein Seilzug mit einem Korb angebracht, mit dem das Essen hochgezogen oder hinabgelassen wurde. Ein Klingelsignal verständigte die andere Partei, ohne dass sie einander allzu nahe hätten treten müssen. Ein weiteres Beispiel einer gelungenen Symbiose waren die Geschäfte des Herrn Wu. Er arbeitete in einer Kaschmirspinnerei, von der viele Flüchtlingsfrauen ihre Wolle bezogen. Zunächst hatten sie nur für den Eigenbedarf gestrickt oder allenfalls etwas in Emigrantenkreisen verkauft. Bald aber fand Schanghais Damenwelt Gefallen an den exotischen Strickwaren, und gefütterte Handschuhe, bunte Schals und Pullover mit Zickzackmuster avancierten zum letzten Schrei. Durch Einrichtung des Ghettos drohte diese kleine Heimindustrie von ihrem Rohstoff abgeschnitten zu werden. Da bot sich Herr Wu als Zwischenhändler an. Von zwanzig Nachbarinnen nahm er regelmäßig Bestellungen entgegen und radelte selbst in der Neujahrswoche in die Fabrik, um alle mit Wolle zu versorgen. Schließlich konnte er sich selbstständig machen und eine Wollhandlung eröffnen.

Einmal, als mein Vater noch an der Amöbenruhr litt, musste er unterwegs dringend auf die Toilette. Er war schon in unserer Straße angelangt, aber am anderen Ende. Irgendwie verständigte er sich mit einer einheimischen Familie, dass er deren Honigtopf benutzen konnte. Hinterher bedankte er sich erleichtert und ging nach Hause. Eine halbe Stunde später sammelte sich eine aufgebrachte Menge vor unserer Tür. »Was ist los«, fragten wir, »wo liegt das Problem?« Wie sich herausstellte, hatte er den falschen Bottich erwischt. Diese Familie bewahrte ihren Reisvorrat in einem ebensolchen Gefäß im gleichen Raum auf. Wir schwankten zwischen Lachen und Weinen, aber es kostete uns natürlich ein kleines Vermögen, den Reis zu ersetzen. Zu dieser Zeit erhielten zum Beispiel unsere Professoren zwei Sack Reis als Monatsgehalt. Mein Vater war kleinlaut und tief beschämt. Am Ende wuschen wir diesen vermaledeiten Reis und verkauften ihn auf dem Schwarzmarkt. Heutzutage würde man ihn wegschmeißen, aber damals konnten wir uns das einfach nicht leisten.

Als mein Vater wieder halbwegs einsatzfähig war, fand er eine Anstellung in der Farbenfabrikation eines russischen Juden. Nebenbei erledigte er zu Hause kleine Aufträge, unter anderem für orthodoxe Juden. Die ledernen Gebetsriemen, die diese sich um Stirn und Hände banden, wurden durch den dauernden Gebrauch und das feuchte Klima sehr mitgenommen. Mein Vater überzog sie dann mit neuem Lack. Da er aber unter der Woche bei diesem Russen arbeitete, hatte er immer nur am Samstag Zeit dafür. Wenn seine Kunden gewusst hätten, dass er zur Erledigung ihres Auftrags die Sabbatruhe brach, wären sie natürlich entsetzt gewesen.

Diese ultra-orthodoxen Juden waren nicht sonderlich beliebt. Die meisten anderen Flüchtlinge brachten für eine derart intensive Religiosität kein Verständnis auf. Hinzu kam, dass sie nicht richtig Deutsch konnten, nur Jiddisch und Polnisch, ein Hintergrund, von dem sich viele aus der Generation meiner Eltern mühsam emanzipiert hatten. Sie brachten einen Hauch von Schtetl nach Hongkew. Von einigen Rabbinern wusste man, dass sie auf dem Schwarzmarkt tätig waren. Die Studenten lasen von früh bis spät die Thora und erwarteten von den anderen, dass sie dafür aufkamen. Über die polnische Exilregierung ging ihnen etwas Unterstützung zu, die sie selbstredend für sich behielten. Bei internationalen Hilfslieferungen hingegen beanspruchten sie, bevorzugt behandelt zu werden.

1945 überflogen Langstreckenbomber regelmäßig die Stadt, am Ende kamen sie bereits von Okinawa herüber. Die chinesischen Studenten auf dem Campus applaudierten ihnen couragiert. Wir hörten auch öfter Bombeneinschläge. Der schwerste Angriff galt einer japanischen Funkstation in Hongkew, die für den Schiffsverkehr wichtig war. Doch die Sprengsätze detonierten auch auf einem benachbarten Marktplatz. Mehrere hundert Chinesen und rund vierzig Juden kamen dabei ums

Leben. Etliche Emigranten halfen beim Löschen oder legten den Verletzten Notverbände an, und auch die Ärzte taten, was sie konnten. Als die Angehörigen sie bezahlen wollten, lehnten sie dankend ab. Diese uneigennützige Hilfe verbesserte, reichlich spät freilich, die nachbarschaftlichen Beziehungen. Natürlich war die Trauer groß, es gab viele Beerdigungen. Fast jeder Emigrant kannte eines der Opfer; das Ghetto funktionierte ja wie eine Kleinstadt.

Nachdem im fernen Frankreich die Kollaborateursregierung des greisen Pétain die Waffen gestreckt hatte, betrachteten die Japaner alle Franzosen als feindliche Ausländer, entwaffneten die verbliebene Infanterie und setzten die leitenden Beamten ab. Auch für die deutsche Kolonie nahte nun die Stunde der Wahrheit. Am 20. April beging das Generalkonsulat noch einmal Führers Geburtstag, und zwei Wochen später ließ man es sich nicht nehmen, eine Totenfeier für ihn abzuhalten. Dann aber lösten die Naziorganisationen sich überstürzt auf, und ihre Mitglieder versuchten unterzutauchen. Die offiziellen Dienststellen wurden von den Japanern aufgehoben; in gewisser Hinsicht waren nun auch die Deutschen »staatenlos«.

Wir Emigranten nahmen das Kriegsende in Europa zwar mit großer Erleichterung auf, manche begossen es sogar mit Wein und Schnaps. Was aber würde nun im Pazifikkrieg geschehen? Und was war aus unseren Angehörigen geworden? Wir machten uns viele Sorgen und hatten wenig Hoffnungen. Unser Leben in Schanghai war schwer genug, aber lange nicht so schwer, als wenn wir in Europa geblieben und in ein Lager gekommen wären. Freilich wussten wir zu dieser Zeit nur von den Vorkriegs-KZs, die noch keine Vernichtungslager gewesen waren. Etwas Derartiges vermochten auch wir uns einfach nicht vorzustellen, und als die Wahrheit nun ruchbar wurde, konnten wir sie kaum glauben. Die ersten Berichte standen in der jüdischen Zeitung, danach folgten Aushänge des Roten Kreuzes und jüdischer Organisationen. Noch vor Ende des Pazifikkrieges brachten russische Wochenschauen die ersten Bilder. Später hingen in den Heimen Listen von Überlebenden aus. Umsonst suchten wir darauf nach Cornels Familie, nach den Ölbergs, nach Onkel Salo und Tante Gisela. All die Jahre über hatten wir nichts von ihnen gehört, wir wussten noch nicht einmal, was aus Großmutter Julie geworden war. Schließlich erreichte uns eine Nachricht von ihrer christlichen Freundin: Sie hatte noch zwei Jahre lang gelebt und war dann, soweit sich das angesichts solcher Umstände überhaupt sagen ließ, eines natürlichen Todes gestorben. Wenigstens war sie so vor der Verschleppung bewahrt geblieben.

Vom Abwurf der ersten Atombombe erfuhren wir am Abend des 7. August aus dem Radio. Am nächsten Tag stand eine kleine Meldung in der *Shanghai Jewish Chronicle*, die weiterhin Selbstzensur übte, um es sich mit den Japanern nicht zu verderben. Dramatische Berichte machten die Runde, doch was eine Atombombe eigentlich war, verstand man damals nicht. In der Nacht zum 11. August hörten Nachbarn im Radio das Gerücht, dass Japan sich geschlagen gebe. Aufgeregt rannten sie auf die Straße und fielen sich in die Arme. Dadurch wurden die Chinesen wach und fragten, warum die Ausländer so viel Lärm machten. Kaum erklärte man es ihnen, stimmten sie in den Jubel ein. Am nächsten Tag ließ sich kein Japaner mehr blicken. Doch erst vier Tage später verkündete Kaiser Hirohito tatsächlich die Kapitulation. Daraufhin wurden alle möglichen Fahnen gehisst: chinesische, russische, alliierte. Wir selbst malten einen Davidsstern auf ein altes Leintuch – Farbe besaßen wir ja genug.

Wir erwarteten, dass die Chinesen sich nun auf die Japaner stürzen würden. Doch nichts dergleichen geschah. Auch im Ghetto kam es zu keinen Racheakten. Die einzige aufrührerische Aktion unternahmen einige Mitglieder der Betar-Organisation, einem Klub rechtsorientierter jüdischer Burschen. Mit großem Tamtam besetzten sie eine japanische Polizeistation, um sie den Alliierten bei deren Einmarsch zu übergeben. Doch als dann Tag um Tag nichts geschah, wurde ihnen mulmig zumute, sie räumten die Station, und die Japaner kehrten noch einmal zurück. Die Zeit schien stillzustehen. Erst Anfang September brachte ein Flugzeug, vermutlich aus Tschungking kommend, einige amerikanische Militärs und chinesische Offiziere nach Schanghai, die nun formell die Macht übernahmen.

Einige Emigranten fahndeten nun nach Ghoya, um Rache zu nehmen. Sie fanden ihn in einem jener Sammellager, in denen die Japaner sich selbst interniert hatten. Wutentbrannt schleppten sie ihn auf ein Feld am Rande der Stadt und verprügelten ihn, ließen dann jedoch von ihm ab. Zusammen mit früheren Klassenkameraden suchte ich bald nach der Kapitulation ein ehemaliges Kriegsgefangenenlager auf. Tatsächlich machten wir in dessen Baracken den Direktor, Peter Crow, und einige andere Lehrer und Schüler ausfindig. Sie waren ausgesprochen dankbar für unseren Besuch, vor allem für das Verpflegungspaket der Hilfsorganisation UNRRA, das wir ihnen brachten. Dennoch fühlte ich mich gegenüber Crow befangen, seine Hiebe hatten sich mir eingeprägt. Alle Inhaftierten waren in einem erbärmlichen Zustand und noch viel kränker und hungriger als wir. Dabei hatten sie zuvor der Herrenklasse angehört! Obwohl niemand sie mehr festhielt, blieben sie vorerst im Lager wohnen. Ihre Häuser waren teils noch von Japanern und teils schon von Chinesen besetzt. Einige wenige hatten Glück und einen treuen Boy gehabt, der ihr Haus behütet hatte. Andere fanden ihre Villen vollständig ausgeräumt.

Auf Schanghais Straßen hatte bis dahin aufgrund der britischen Prägung Linksverkehr geherrscht. Um den amerikanischen Militärfahrzeugen das Fahren zu erleichtern, und wohl auch, um die Stadt dem übrigen China anzupassen, stellte man nun auf Rechtsverkehr um. Es war eine gewaltige Aktion: Alle Ampeln und Verkehrsschilder, alle Bus- und Straßenbahnhaltestellen mussten geändert werden. Und nicht nur das – in den Bussen wurden die Türen auf der rechten Seite verriegelt und neue auf der linken ausgeschnitten! Eigentümlicherweise war dies schon die zweite derartige Verkehrsrevolution, die ich miterlebte, denn bis zum deutschen Einmarsch hatte im östlichen Österreich ebenfalls Linksverkehr geherrscht.

Für uns brachte das Kriegsende endlich wieder Bewegungsfreiheit innerhalb der Stadt. Ich übersiedelte in ein Studentenheim, wo ich mir ein Zimmer mit Otto Schnepp teilte, der Chemie studierte und ebenfalls aus Wien stammte. Damals widmete ich mich schon intensiv der Wissenschaft. Leider aber vermochte mich der Chef der biologischen

Abteilung, Professor Yuanting Chu, nicht zu inspirieren. Er wirkte durch den Krieg verbraucht und hatte wohl ein schweres Leben. Obwohl er als Chinas bedeutendster Fischkundler galt, betätigte er sich nachmittags als Immobilienmakler. Als idealistischer junger Mensch und werdender Wissenschaftler brachte ich dafür kein Verständnis auf. Schließlich rief ich, wohl im November, mit einigen Kommilitonen die *St. John's Biology Society* ins Leben. Ein Aushang lud alle Interessierten zur Gründungsversammlung dieses Klubs in die *Social Hall*. Das Biologiegebäude war von den Japanern besetzt gewesen und noch nicht wiederhergestellt. An einem langen Tagungstisch saßen wir also beisammen, als sich die Tür öffnete und zwei aparte, mir unbekannte chinesische Mädchen hereinschauten. Sie trugen leichte Pelzjacken, es war schon etwas kühl. Erfreut blickte ich zu ihnen auf, weil sie hübsch anzusehen waren, und weil uns natürlich jeder Interessent willkommen war. »Ist das hier die *Biology Society?*«, fragte die eine. Es war Julie. Und ich hab ja gesagt.

# Yangs Dorf

Endlich streckte der Krieg die Waffen. Im August 1946 zogen wir von Tientai nach Hangtschou, um dort, auf halbem Wege nach Schanghai, den Frieden abzuwarten. Noch standen japanische Einheiten in der alten Stadt am Südende des Kaiserkanals, doch sie verschanzten sich in den Kasernen und zogen bald darauf ab. Wenig später lösten sich auch die Truppen der Kollaborateure auf, deren Führer zuvor noch Geheimverhandlungen mit den Kommunisten versucht hatten, ob sie sich die Macht im Nachkriegschina nicht teilen könnten. Ende August sandte Vater uns Nachricht, dass wir nach Schanghai zurückkehren konnten. Gemeinsam mit Wanchün erwartete er uns am Bahnhof, wo wir einander überglücklich in die Arme fielen.

Bereits im September nahm ich mein Studium wieder auf. Während ich zwei Jahre versäumt hatte, waren meine damaligen Kommilitoninnen ins eigentliche Medizinstudium aufgerückt. Dass ich mich hätte hintanstellen müssen, verletzte meinen Stolz, und so stieg ich auf Biologie um. Hsiuchu schloss sich mir an. Bald nach Semesterbeginn lasen wir einen Aushang, der zum Gründungstreffen der biologischen Gesellschaft lud. Da wir keine Gelegenheit mehr versäumen wollten, unsere Fachkenntnisse zu erweitern, gingen wir erwartungsvoll hin. Ungefähr zwanzig Leute hatten sich eingefunden. Sie organisierten eine Vortragsreihe zu wissenschaftlichen Themen und schmiedeten außerdem Pläne für eine Weihnachtsfeier, die erste nach dem Krieg. Einer der Initiatoren dieses Kreises war Robert. Er war europäischer Herkunft, groß gewachsen, wirkte sympathisch und engagiert. In der Folge sah ich ihn noch verschiedentlich auf dem Universitätsgelände, interessierte mich jedoch zunächst nicht weiter für ihn. Wobei ich damals auch chinesischen Männern keine größere Aufmerksamkeit schenkte; ein ausländischer Partner war vollends jenseits meines Vorstellungsvermögens, dafür kannte ich auch keinerlei Vorbilder. Ich wollte endlich studieren, und so nahm ich mir vor, auch die folgenden Veranstaltungen des Biologieklubs zu besuchen. Dazu diese exotische Weihnachtsfeier; etwas Geselligkeit tat mir nach der Abgeschiedenheit von Tientai gut.

Unser Vater hatte inzwischen ein Haus im Südwesten Hongkews gekauft. Es hatte einer britischen Familie gehört, die China nun, dem Lager entronnen, so schnell wie möglich verlassen wollte. Der dreistöckige Backsteinbau war von japanischen Truppen besetzt gewesen und derart heruntergekommen, dass Vater ihn günstig hatte erwerben können. Die Besatzer hatten sogar Sitze in die Badewannen einzementiert, um sie in japanische Bäder zu verwandeln. Ein Bataillon von Handwerkern brachte vier Monate damit zu, das Haus wieder auf Vordermann zu bringen. Im Erdgeschoss lagen Küche und Speisesaal sowie Vaters neue Praxis. Die Verwandtschaft nahm den ersten Stock in Beschlag, wir den zweiten. Vom sogenannten Attika-Geschoss schraubte sich dann eine Wendeltreppe hoch aufs Dach. Von dort blickte man in den begrünten Hof, in dem es einen Anbau mit drei Garagen gab. Vater schlug Wanchün vor, dort eine Autowerkstatt zu eröffnen. Das war ganz nach dessen Geschmack. Freilich machte er sich nicht selbst die Hände schmutzig, sondern heuerte ein paar Mechaniker an. Er besorgte dann auch den bulligen schwarzen Ford, der rasch Vaters ganzer Stolz werden sollte.

Bald war unser Domizil in der Nachbarschaft als »Yangs Dorf« bekannt. An den vier runden Tischen im Speisezimmer ließen es sich bis zu vierzig Verwandte schmecken. Die schwarz lackierten

Fußböden wurden bei so viel Betrieb schnell schmutzig, so dass zwei Aufwärter einmal die Woche alles auf Hochglanz brachten. Doch manches Wochenende ließ Vater es sich nicht nehmen, die Böden eigenhändig zu polieren. »Mir fehlt die körperliche Betätigung«, meinte er und rutschte freudig über die Dielen. Es war schon ein verrücktes Haus; ich habe es innig geliebt.

Zu allem Überfluss holte Vater auch noch seine Geliebte und ihren Sprössling zu uns. Sie bezogen ein großes Zimmer im dritten Stock. Es muss unserer Mutter sehr schwergefallen sein, zumal nun auch noch so viele Augen Zeugen dieser fortwährenden Kränkung waren. »Zwei Löffel in der gleichen Schüssel«, heißt es bei uns, »stoßen immer aneinander.« Wohlweislich gingen die beiden Rivalinnen sich aus dem Weg, und wenn sie sich trotzdem einmal auf der Treppe begegneten, ignorierten sie einander. Bestimmt gab es zwischen den Eltern immer wieder Auseinandersetzungen darüber, aber davon bekamen wir wenig mit. Vater reagierte auf seine Art, mit dem üblichen Schweigen. Die Nächte verbrachte er meist bei der Konkubine. Deren Sohn, unser Stiefbrüderchen, behandelte Mutter dagegen korrekt, ja sogar fürsorglich. Sie wollte ihn ihre Schmach nicht büßen lassen, die er doch zugleich unübersehbar verkörperte. Er wirkte wie eine Miniatur unseres Vaters, der ihn denn auch gehörig verwöhnte. In seiner Gegenwart wurde er selbst wieder zu einem großen Jungen.

Nationalisten und Kommunisten schlossen einen halbherzigen Burgfrieden, der freilich nicht lange Bestand hatte. Die ausländischen Konzessionen wurden nun auch offiziell aufgehoben und ganz Schanghai chinesischer Obhut unterstellt. Zugleich hielten sich aber zeitweise mehr als hunderttausend amerikanische Soldaten in der Stadt auf. Auch wenn viele davon bald ins Landesinnere weiterzogen, sorgte ihre Präsenz doch für Unmut und Unruhe. Der Nationalismus erstarkte, zu mächtig war der Wunsch, sich für die erlittenen Demütigungen schadlos zu halten. Als Sündenböcke machte man die im vermeintlich sicheren Schanghai verbliebenen Geschäftsleute und Intellektuellen aus, die man pauschal der Kollaboration bezichtigte, auch wenn sie oft genug nur ums Überleben gekämpft hatten.

Amerikanische und chinesische Dienste ermittelten nun auch gegen die deutsche Kolonie. Einige Hundert ihrer Mitglieder wurden als mutmaßliche Nazis vorübergehend interniert, etliche Agenten vor Gericht gestellt. Die Waren deutscher Firmen wurden beschlagnahmt und ihre Niederlassungen liquidiert. Obwohl viele Deutsche gerne bleiben wollten, wurden sie fast komplett repatriiert. Auch die französischen Kollaborateure zog man zur Rechenschaft. Woraufhin der frühere Kommandant der Truppen sich mit einem pathetischen »ils m'ont trompés« die Pistole an den Kopf setzte. Doch auch diese letzte Amtshandlung vollzog er nur halbherzig. Er verwundete sich dabei lediglich und starb erst Jahre später.

Eine meiner Studienkolleginnen zu dieser Zeit war Lily Chen. Hatte ich eine Vorlesung verpasst, ließ sie mich ihre Notizen abschreiben, und so freundeten wir uns allmählich an. Sie war eine weitläufige Verwandte Sun Yat-sens, der wohl ihr Großonkel oder dergleichen gewesen war. Damit war sie auch mit dessen Schwager Tschiang Kai-schek verwandt, den sie »Onkel« zu nennen pflegte. Lily war kleiner als ich, ausgesprochen schlank und reichlich ehrgeizig. Sie hatte auch schon einen Freund, einen jungen Geschäftsmann, dessen Familie mehrere Textilfabriken besaß. Er führte uns gelegentlich in ein Café aus, damals in China noch ein ziemlich exotischer Zeitvertreib. Lily war großstädtischer und weltoffener als ich, sprach besser Englisch und war überhaupt stärker westlich assimiliert. Sie stellte dann auch für die Weihnachtsfeier der biologischen Gesellschaft das Haus ihrer Familie zur Verfügung. Hätte dieses Fest nicht bei meiner Freundin stattgefunden, wäre ich wahrscheinlich nicht hingegangen.

Hsiuchu war daran nicht weiter interessiert, und so machte ich mich allein auf den Weg. Prompt fand ich mich mit Robert und seinem Freund Otto im selben Straßenbahnwagen wieder. »Siehst du die Kleine dort?«, stupste Robert seinen Begleiter an. »Ist sie nicht hübsch?« Von meinem Deutschkurs her verstand ich gerade noch so viel, dass ich mir den Rest zusammenreimen konnte. Prompt schlug mein Herz ein wenig schneller. Da Partys in China nicht üblich waren, wusste ich nicht genau, was mich erwartete. Es gab Limonade und allerhand zu knabbern, und Lily legte westliche Musik auf. Als die Stimmung etwas lockerer wurde, forderte Robert mich zum Tanzen auf. Da ich von Tango und Walzer keine Ahnung hatte, übernahm er die Führung. Erst viel später ging mir auf, dass auch er kein begnadeter Tänzer war. Jedenfalls gefiel er mir. Er war stattlich und ganz ansehnlich, und er brachte mich zum Lachen. Dann tanzte er aber auch noch mit anderen Mädchen, und weiter passierte an diesem Abend nichts. Schließlich fuhren wir zu dritt wieder zurück, worüber ich schon deshalb froh war, weil es mir in der Stadt zu so später Stunde nicht geheuer war. Und irgendwie genoss ich auch die Gesellschaft dieser beiden europäischen Studenten. Otto schlug mir vor, am nächsten Abend mit ihm ins Kino zu gehen. Zwei Jahre lang hatte ich keinen einzigen Film gesehen, und gerade liefen die ersten amerikanischen Kriegs- und Nachkriegsstreifen bei uns an: Seeräuberfilme, Western, Schnulzen. Bereitwillig sagte ich zu.

Aus Männern machte ich mir damals wirklich nicht viel. Ich hatte so viele Brüder und Cousins, dass ein Freund mir nur als ein weiteres Familienmitglied erschienen wäre. Bis dahin war ich nur einmal mit einem Jungen ausgegangen, einem Kumpan von Wanchün. Der hatte durch seine Garage bisweilen Umgang mit Leuten von zweifelhafter Couleur. Dieser Freund war Offizier und finanziell recht gut gestellt, weshalb unsere Mutter ihn eigentlich für Hsiuchu auserkoren hatte. Doch wenn er uns besuchte – er kam jedes Mal in Uniform –, hatte er nur Augen für mich. Die Leute meinten, er sähe gut aus, aber für meinen Geschmack benahm er sich zu affektiert. Er schaute dauernd in den Spiegel und gebärdete sich wie ein Filmstar. Eines Tages lud er mich zu einer Kahnpartie ein. Am Bund konnte man im Sommer Sampans mitsamt Bootsmann mieten. Eine Leinwand überspannte die Sitze, so dass man ungestört war und nur die Beine des Schiffers sah. Mein Kavalier kam viel zu schnell zur Sache und legte sich mit Händen und Füßen ins Zeug. Das war nun gar nicht nach meinem Geschmack! Also hieß ich den Bootsmann umkehren und machte, dass ich nach Hause kam. Als Mutter mich fragte, ob mir der junge Mann denn gefiele, sagte ich nein, und damit war das Thema erledigt.

Am Abend nach der Weihnachtsfeier ging ich also mit Otto ins Kino. Wir sahen, glaube ich, das *Phantom der Oper.* Mein Begleiter unterhielt sich pausenlos mit mir, so dass ich vom Film kaum etwas mitbekam. Jedenfalls hat Otto als Verehrer keinen nennenswerten Eindruck bei mir hinterlassen. Danach begleitete er mich nach Hause, und wir verabschiedeten uns freundschaftlich. Das war alles.

# Bon ami

Ich war neunzehn, natürlich interessierten wir uns für Mädchen. Meine erste Flamme war die Tochter eines Wiener Zahnarztes gewesen. Sie ging auf eine Mädchenschule in der Stadt, so dass wir uns gelegentlich in der Straßenbahn trafen, was mich immer ungemein beglückte. Auch wenn meine Erfolge bei ihr kaum der Rede wert waren, bewahrte ich noch jahrelang eine sentimentale Anhänglichkeit an sie.

Otto war immer viel flotter als ich. Mir nichts, dir nichts hatte er Julie ins Kino eingeladen, und sie hatte eingewilligt. Als er nach jenem Abend ins Studentenheim zurückkehrte, schwärmte er mir vor, was für ein nettes Mädchen sie sei. Wenn er sie also ausführen konnte, warum dann nicht auch ich? Sie gefiel mir ja mindestens genauso wie ihm, nur hatte ich mich nicht getraut, sie aufzufordern, aus Angst, einen Korb zu bekommen. Am nächsten Tag nahm ich all meinen Mut zusammen und schlug Julie meinerseits einen gemeinsamen Kinobesuch vor. Es handelte sich um eine amerikanische Komödie, *It happened tomorrow*. Und siehe da, sie sagte zu.

Damals hatten wir gerade von der UNRRA Soldatenverpflegung bekommen. Die Rationen enthielten auch Schokoriegel, die es bis dahin in Schanghai nicht gegeben hatte. Solch einen Leckerbissen brachte ich Julie am Abend zur Begrüßung mit. Die Marke hieß *Bon ami*, das kam bereits gut an. Dann machten wir es uns im Saal bequem. Als das Licht erlosch, fischte sie verstohlen eine Brille heraus, die sie sonst aus Eitelkeit nicht trug. Verglichen mit Otto verhielt ich mich stiller, so dass Julie diesmal auch vom Film etwas mitbekam. Darin entwickelt ein junger Reporter die prophetische Gabe, die Schlagzeilen des nächsten Tages zu schauen. So kann er Pferderennen und Wahlergebnisse vorhersagen und wird über Nacht berühmt. Dann aber liest er die Nachricht von seinem eigenen Tode ... Die Filmmusik klang recht eingängig. Dass sie jedoch von dem österreichischen Operettenkönig Robert Stolz stammte, fiel mir damals gar nicht auf. Ich ging das erste Mal mit einem chinesischen Mädchen aus, da schaute ich nicht auf den Vorspann.

Jedenfalls amüsierten wir uns gut, fanden Gefallen aneinander und verabredeten uns bald erneut. Ich führte Julie ins *Delikat* aus, ein alteingesessenes Kaffeehaus unweit des berüchtigten Gefängnisses an der Ward Road. So wenig Geld ich auch besaß, wollte ich es mir doch nicht nehmen lassen, sie zu österreichischer Küche einzuladen. Also bestellte ich für sie einen Apfelstrudel, für mich etwas Billigeres. Damals war mir nicht bewusst, dass sie, wie die meisten Chinesen, nur ungern Süßspeisen aß. Anstandshalber kostete sie von dem Strudel, ließ ihn dann jedoch stehen. Nur ihren Kaffee trank sie, das immerhin. Natürlich hätte ich jetzt zu gerne diesen Strudel verspeist, aber wir waren noch nicht so vertraut miteinander, dass ich mir das herausgenommen hätte. Und so ging er zu meinem stillen Bedauern fast unberührt zurück in die Küche, wo ihn dann wohl jemand anderer genossen hat.

Wir trafen uns dann häufiger. Dabei sprachen wir englisch miteinander, durchsetzt mit einigen chinesischen Vokabeln. Für gewöhnlich besuchten wir Kaffeehäuser in Hongkew, dort kannte ich mich am besten aus. In den chinesischen Vierteln gab es keine Cafés, und die einheimischen Restaurants waren wiederum mir fremd. Vor allem aber gingen wir ausgiebig spazieren. Julie selbst wäre nie auf die Idee gekommen, kreuz und quer durch Schanghai zu streifen. Ich, der Emigrant, zeigte ihr nun ihre Stadt! Sie war auch noch nie in unserem Viertel gewesen. Dort gab es dunklere Straßen und hellere. Welche man wählte, hing davon ab, mit wem man unterwegs war und welchen Zweck der Spaziergang verfolgte. An der Ecke Tongshan und Kunping Road küssten wir uns schließlich das erste Mal. Danach begleitete ich sie noch in einer Fahrradrikscha nach Hause. Dabei erzählte sie mir gleich, ihre Mutter hätte ihr eingeschärft, ausländische Männer wären treulos. Noch heute, über sechzig Jahre später, erinnere ich sie gerne an diesen Spruch.

Es war damals Winter, und ich muss wohl einen etwas verfrorenen Eindruck gemacht haben. Julie dachte nicht ganz zu Unrecht, dass ich nicht genug Geld für warme Kleidung hätte. Und so schenkte sie mir zum Geburtstag, also nur drei Wochen nach der Weihnachtsfeier, ein paar Unterhemden aus Flanell. Sehr zur Belustigung meiner Freunde, aber gebrauchen konnte ich sie allemal. Ich revanchierte mich mit einem Kimono, wie man sie nun, nach Abzug der Japaner, günstig zu kaufen bekam. Nach anfänglichem Widerstreben freundete sie sich damit an. Julie besaß überhaupt einen ausgeprägten Sinn für Mode und beglückte mich bei fast jedem Treffen mit einer anderen Garderobe. Die chinesische Damenmode wirkte auf uns Mitteleuropäer überaus apart. Zwar waren die Kleider immer bis oben hin geschlossen, da der Hals offenbar als eine besonders schützenswerte Zone galt. Doch dafür waren sie unten bis weit übers Knie aufgeschlitzt. Das war natürlich eine Augenweide für uns, wir kannten es ja eher umgekehrt. Mein Leben lang bildeten schwarzhaarige, hübsche und vollschlanke Mädchen mein Frauenideal. Julie entsprach diesem Typus, war nur eben die chinesische Spielart davon. Außerdem wirkte sie reizend unschuldig und weckte in mir den Wunsch, ihr Lehrer und Beschützer zu werden, auch wenn ich, wie sich herausstellen sollte, knapp drei Jahre jünger war als sie. Zugleich bot sich mir durch sie eine Chance, Chinas Kultur aus der Nähe kennenzulernen. Julie war offen und bereit dafür, einem Ausländer zu begegnen, wobei gewiss das Vorbild ihres Vaters eine Rolle spielte. Andere chinesische Mädchen wirkten derart unnahbar, dass ich gar nicht erst versuchte, mit ihnen in Kontakt zu treten.

Trotz Schanghais unbestreitbarem Rang als Sündenstadt herrschte ein strenger moralischer Code. Nicht nur in der gebildeten Schicht, sondern auch fürs einfache Volk stellten Anstand und Rechtschaffenheit hohe Ideale dar. Ich versuchte, mich den chinesischen Gepflogenheiten anzupassen, ohne sie freilich recht zu kennen. Und natürlich wollte ich trotz allem Julies Herz erobern. Ich wollte zärtlich zu ihr sein und fürchtete zugleich, sie zu verprellen. Genau genommen war der Respekt selbst eine Form der Zärtlichkeit, eine amouröse Disziplin, deren Grenzen ich erkundete. Ihr mit der Hand übers Haar zu streichen, ihr in einer dunklen Gasse einen scheuen Kuss zu rauben, das waren einstweilen die Höhepunkte meiner Bemühungen. Wobei damals im Westen kaum weniger strenge Sitten herrschten. Auch in Amerika etwa wurden Intimitäten in der Öffentlichkeit zu dieser Zeit kaum geduldet, selbst dann, wenn man bereits miteinander verlobt war.

Gerade die gemeinsam zu meisternden Schwierigkeiten banden uns enger aneinander. In Hongkew waren die Straßen sicher, dort bewegten wir uns unbeschwert. Doch in anderen Stadtteilen konnte es gefährlich werden. Für gewöhnlich warfen die Passanten nur missbilligende Blicke auf uns, einmal jedoch auch Steine. Wir hielten es für das Klügste, rasch weiterzugehen. Leute dieses Schlages wollten einfach nicht, dass Chinesinnen mit Ausländern verkehrten. Die vielen amerikanischen Soldaten und Matrosen sorgten für Unruhe, zogen sie doch nicht nur mit leichten Mädchen herum, sondern schnappten den Chinesen vereinzelt auch die ehrbaren Frauen weg.

Überhaupt wehte den Europäern nun ein härterer Wind entgegen. Was Japan gelungen war, sollte auch China zustande bringen: dem Westen die Stirn zu bieten. Heillos gespalten und wirtschaftlich am Boden, betrachtete es sich gleichwohl als Siegermacht. Doch bald zeigte sich, dass es die Folgen von acht Kriegsjahren nicht zu bewältigen vermochte. Mitte 1946 entbrannte, vor allem im Norden, erneut der Bürgerkrieg. In Schanghai führten die Nationalisten einen zweifachen Kampf gegen die kommunistische Infiltration und gegen vorgebliche Kollaborateure aus der Besatzungszeit. Sie beschlagnahmten deren Betriebe und Vermögen, wobei es ihnen meist nicht um die künftige Entwicklung, sondern um bloße Bereicherung ging. Den Kredit, den sie sich durch ihr Ausharren auf verlorenem Posten erworben hatten, verspielten sie nun durch Vetternwirtschaft, Zersplitterung und Unfähigkeit. Die Inflation begann erst zu traben, fiel dann in den Galopp und ging schließlich vollends durch.

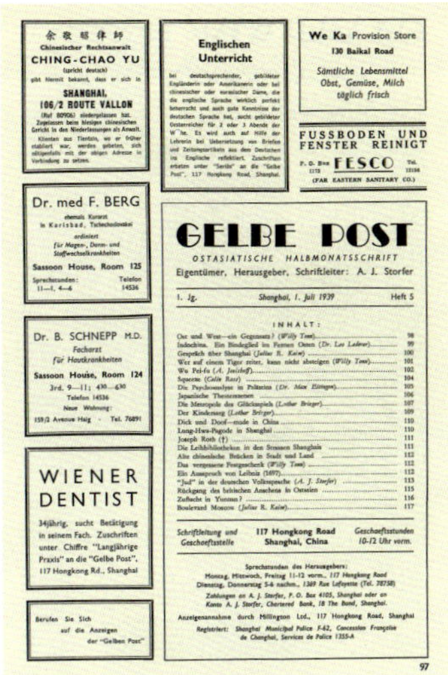

余敬昭律師
Chinesischer Rechtsanwalt
CHING-CHAO YU
(spricht deutsch)
gibt hiermit bekannt, dass er sich in
SHANGHAI,
106/2 ROUTE VALLON
(Ruf 80906) niedergelassen hat.
Zugelassen beim hiesigen chinesischen Gericht in den Niederlassungen als Anwalt.
Klienten aus Tientsin, wo er früher etabliert war, werden gebeten, sich nötigenfalls mit der obigen Adresse in Verbindung zu setzen.

Englischen Unterricht
bei deutschsprechender, gebildeter Engländerin oder Amerikanerin oder bei chinesischer oder eurasischer Dame, die die englische Sprache wirklich perfekt beherrscht und auch gute Kenntnisse der deutschen Sprache hat, sucht gebildeter Oesterreicher für 2 oder 3 Abende der Woche. Es wird auch auf Hilfe der Lehrerin bei Uebersetzung von Briefen und Zeitungsartikeln aus dem Deutschen ins Englische reflektiert. Zuschriften erbeten unter "Serifs" an die "Gelbe Post", 117 Hongkong Road, Shanghai.

We Ka Provision Store
130 Baikal Road
Sämtliche Lebensmittel
Obst, Gemüse, Milch
täglich frisch

FUSSBODEN UND FENSTER REINIGT
P. O. Box 1173 FESCO Tel. 13136
(FAR EASTERN SANITARY CO.)

Dr. med F. BERG
ehemals Kurarzt
in Karlsbad, Tschechoslowakei
ordiniert
für Magen-, Darm- und Stoffwechselkrankheiten
Sassoon House, Room 125
Sprechstunden: 11—1, 4—6
Telefon 14536

Dr. B. SCHNEPP M.D.
Facharzt
für Hautkrankheiten
Sassoon House, Room 124
3rd. 9—11; 4³⁰—6³⁰
Telefon 14536
Neue Wohnung:
159/2 Avenue Haig - Tel. 76891

WIENER DENTIST
34jährig, sucht Betätigung in seinem Fach. Zuschriften unter Chiffre "Langjährige Praxis" an die "Gelbe Post", 117 Hongkong Rd., Shanghai

Berufen Sie Sich auf die Anzeigen der "Gelben Post"

GELBE POST
OSTASIATISCHE HALBMONATSSCHRIFT
Eigentümer, Herausgeber, Schriftleiter: A. J. Storfer

1. Jg. — *Shanghai, 1. Juli 1939* — Heft 5

INHALT:
Ost und West—ein Gegensatz? (*Willy Tonn*) .... 98
Indochina. Ein Bindeglied im Fernen Osten (*Dr. Leo Lederer*) .... 99
Gespräch über Shanghai (*Julius R. Kaim*) .... 100
Wer auf einem Tiger reitet, kann nicht absteigen (*Willy Tonn*) .... 101
Wu Pei-fu (*A. Josisboff*) .... 102
Squeeze (*Colin Ross*) .... 104
Die Psychoanalyse in Palästina (*Dr. Max Eitingon*) .... 105
Japanische Theatersitten .... 106
Die Metropole des Glücksspiels (*Lothar Brieger*) .... 107
Der Kindersarg (*Lothar Brieger*) .... 109
Dick und Doof—made in China .... 110
Lung-Hwa-Pagode in Shanghai .... 110
Joseph Roth (†) .... 111
Die Leihbibliotheken in den Strassen Shanghais .... 111
Alte chinesische Brücken in Stadt und Land .... 112
Das vergessene Festgeschenk (*Willy Tonn*) .... 112
Ein Ausspruch von Leibniz (1697) .... 112
"Jud" in der deutschen Volkssprache (*A. J. Storfer*) .... 113
Rückgang des britischen Ansehens in Ostasien .... 115
Zuflucht in Yunnan? .... 116
Boulevard Moscow (*Julius R. Kaim*) .... 117

*Schriftleitung und Geschaeftsstelle* — 117 Hongkong Road, Shanghai, China — *Geschaeftsstunden 10-12 Uhr vorm.*

Sprechstunden des Herausgebers:
Montag, Mittwoch, Freitag 11-12 vorm., *117 Hongkong Road*
Dienstag, Donnerstag 5-6 nachm., *1369 Rue Lafayette (Tel. 78758)*
*Zahlungen an A. J. Storfer, P. O. Box 4105, Shanghai oder an Konto A. J. Storfer, Chartered Bank, 18 The Bund, Shanghai.*
Anzeigenannahme durch Millington Ltd., 117 Hongkong Road, Shanghai
*Registriert: Shanghai Municipal Police F-62, Concession Française de Changhai, Services de Police 1355-A*

97

Die *Gelbe Post*: In dieser Ausgabe inserierte auch Dr. Bruno Schnepp.

Reklame für einen echten »Wiener Heurigen« in Schanghai.

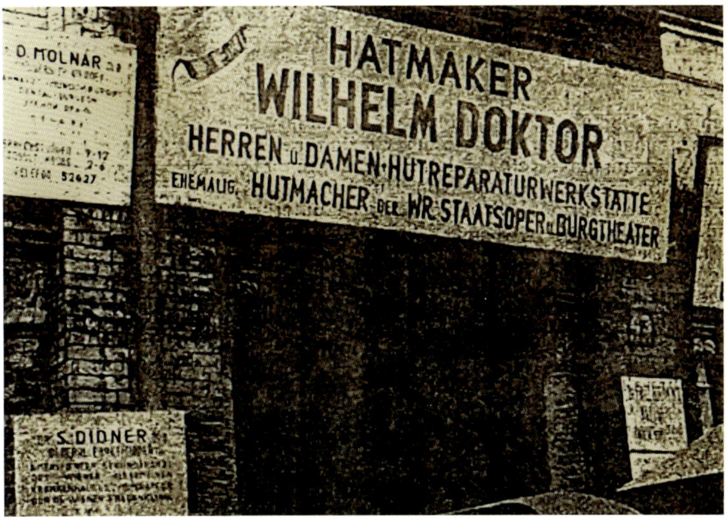


Auch dieser Wiener Hutmacher versuchte, sich in Schanghai eine neue Existenz aufzubauen.

Am Tag von Pearl Harbor: Robert hütet krank das Bett, Kater Toby leistet ihm Gesellschaft. Auf dem Tisch wartet folgenschwere Lektüre: Hogbens *Science for the Citizen.*

ROBERT SOKAL
STUD. MED.

Etwas vorschnell ließ Roberts Mutter ihm gleich nach der Universitäts-Immatrikulation in Schanghai Visitenkarten drucken.

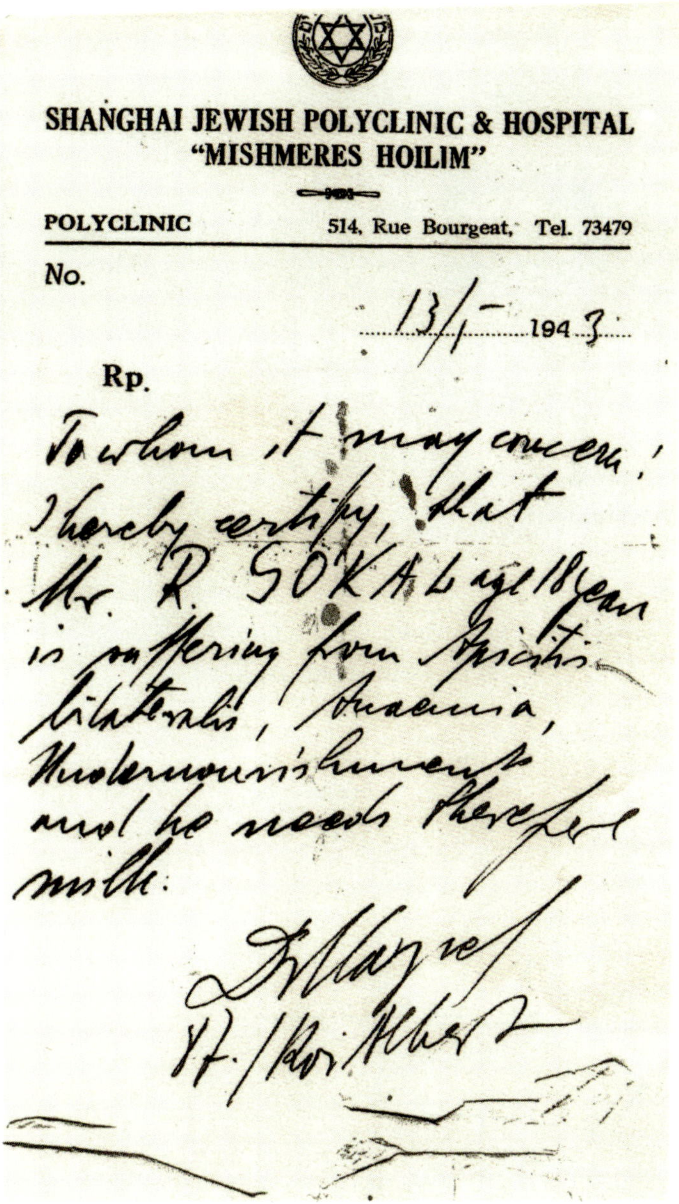
SHANGHAI JEWISH POLYCLINIC & HOSPITAL
"MISHMERES HOILIM"

POLYCLINIC 514, Rue Bourgeat, Tel. 73479

No.

13/I 1943

Rp.

To whom it may concern!
I hereby certify, that
Mr. R. SOKAL age 18 years
is suffering from Apicitis
bilateralis, Anaemia,
Undernourishment
and he needs therefore
milk.

[illegible]

Ein ärztliches Attest bescheinigte Robert Mangelernährung, 1943.

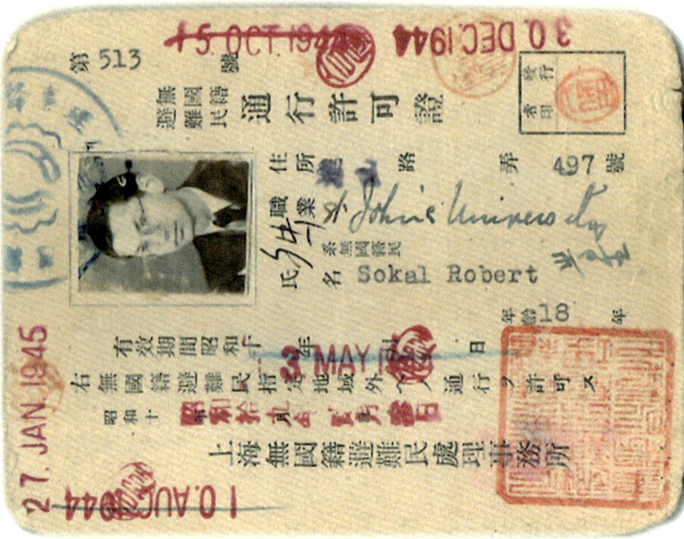


Der begehrte Passierschein, der Robert zum Verlassen des »Ghettos« berechtigte. Zum letzten Mal wurde er bis 23.8.1945 verlängert – da hatte Japan bereits kapituliert.

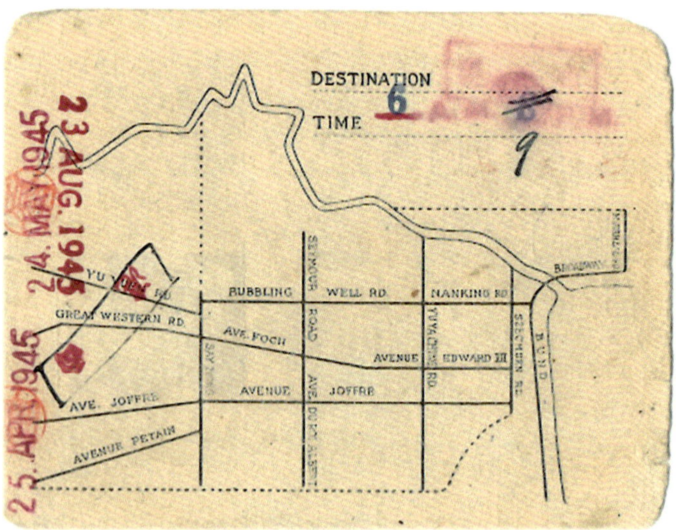

Stadtansicht von Schanghai in den Vierziger Jahren.

Robert nach bestandenem Diplom, im Juni 1947.

Ein Jahr später machte dann auch Julie erfolgreich ihren Abschluss.

Die S.Y.-Hall, das älteste Gebäude der St. John's Universität, wo Robert und Julie sich kennenlernten.

Derartige Schubkarren dienten zur Beförderung von Lasten wie von Menschen.

Ein von Julie nachkoloriertes Foto mit Widmung für Robert, drei Wochen nach der folgenreichen Weihnachtsfeier.

Julie auf der Motorhaube jenes Lkws, mit dem ihr Bruder Wanchün die Gäste zur Verlobungsfeier brachte.

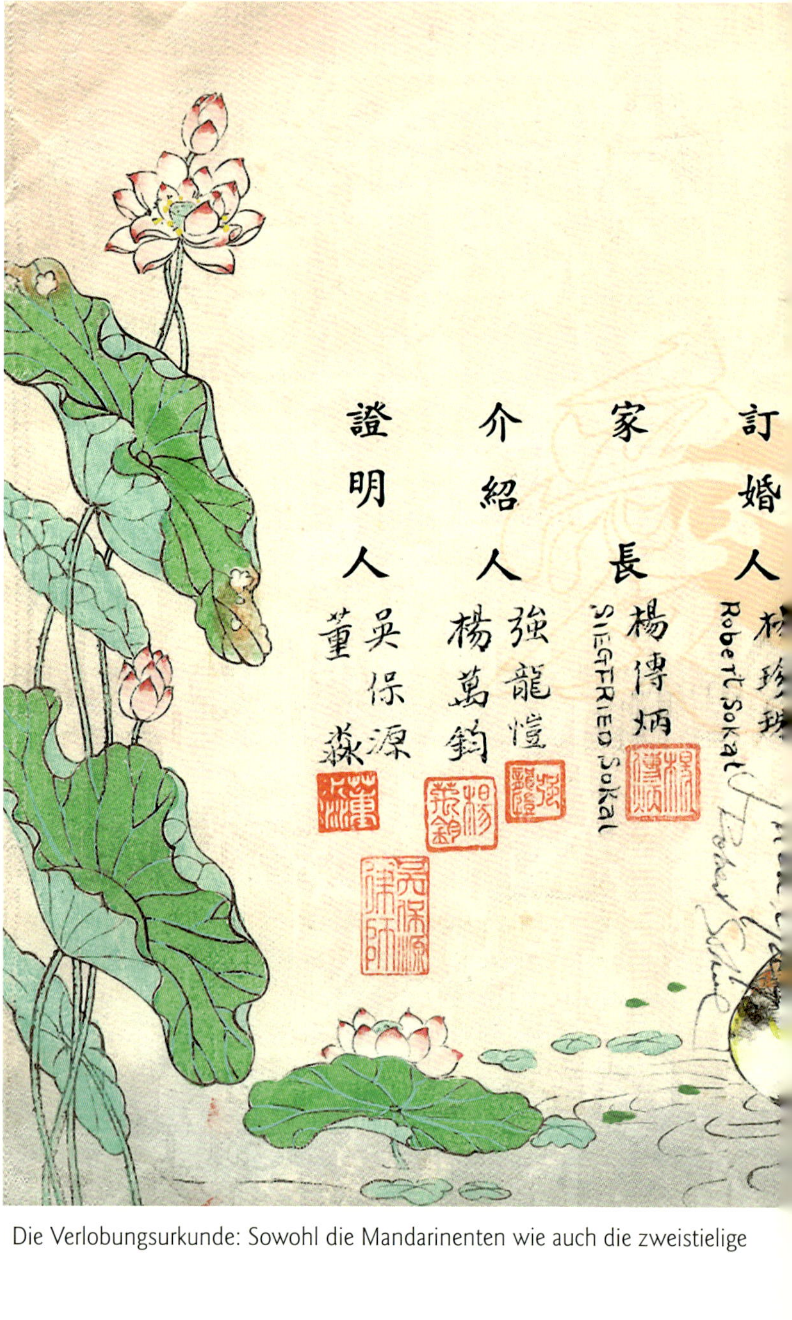


Die Verlobungsurkunde: Sowohl die Mandarinenten wie auch die zweistielige

楊珍珠 中國浙江省鄞縣人年念叁歲
民國拾四年肆月念叁日卯時生
Robert Sokal 奧國省維也納縣人年念弍歲
民國拾五年元月拾叁日 時生
今以雙方意志相投性情相契堪與
偕老蒙
強龍愷 先生熱心介紹於
楊葛鈞
中華民國叁拾陸年捌月拾陸日在上海崑山路二五三號
舉行訂婚互換信物並由雙方家長

lotosartige Pflanze gelten traditionell als Symbol für Zweisamkeit und Treue.

Julie und Robert bei einem Ausflug nach Pootung: Bei den seltenen Fahrten ins Grüne waren die beiden Liebenden vergleichsweise ungestört.

Robert auf dem Weg zur amerikanischen Schule in Schanghai, an der er unterrichtete, 1946.

Tante Frieda, Onkel Lonio und Mutter Klara im April 1947, als die Lagsteins nach England aufbrachen.

Ende der Vierziger Jahre verließen nahezu alle Emigranten wieder Schanghai. Nicht wenige kehrten nicht nach Europa zurück.

Der Kofferanhänger von Vater Siegfried, welcher Anfang 1947 nach Wien zurückreiste.

Roberts Eltern Mitte der Fünfziger Jahre in der wiedererlangten Wiener Wohnung. Der Sohn ist in Lebensgröße präsent.

Auch die Filiale seines Geschäftes in der Erdbergstraße erhielt Siegfried Sokal 1948 zurück.

Der Kimono war ein Geburtstagsgeschenk
von Robert an Julie, 1948.

Julie an Bord der »President Wilson«, die sie in die USA brachte.

Robert und Julie als jungverheiratetes Paar am Ufer des Lake Michigan.

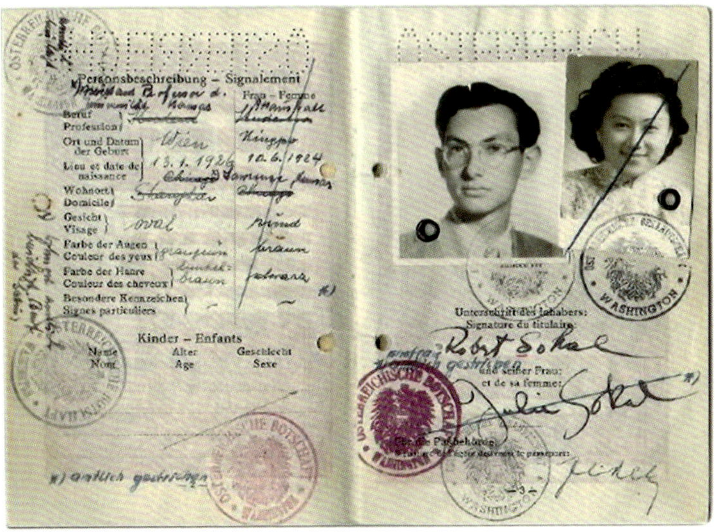


Roberts österreichischer Pass: Um den Flüchtlingsstatus seiner Frau abzusichern, ließ er sie erst eintragen, dann aber wieder streichen.

David und Hannah,
die beiden Kinder von Robert
und Julie Sokal, um 1958.

Familienfoto anläßlich von Julies 70. Geburtstag, 1994.

Um etwas Geld zu verdienen, unterrichtete ich nebenbei als Hauslehrer und gab Englischstunden in einer chinesischen Abendschule. Obwohl selbst noch ein blutjunger Student, hielt ich auch bereits Vorträge an der jüdischen Volksbildungsanstalt. Zum Schluss erteilte ich Biologieunterricht an einer amerikanischen Schule. Diesen Job hatte mir Otto ebenso vermittelt wie den an der Abendschule; und letztlich verdanke ich ihm ja auch Julie. Der Direktor lud mich vor, nahm mich freundlich ins Verhör, und ich bestand die Prüfung. Er war ein ausgesprochen schmächtiger Mann und hinkte, sonst aber fiel mir nichts weiter an ihm auf. Erst mehr als fünfzig Jahre später sollte ich erfahren, dass sein Amt ihm offenbar als Tarnung gedient hatte und er damals der führende Kopf des amerikanischen Geheimdienstes in Schanghai gewesen war.

Ich musste dort die 9. Klasse unterrichten, war also nur wenig älter als meine Schüler. Für den ersten Tag hatte ich mich gründlich vorbereitet und meine besten Sachen angezogen. Doch gerade an diesem Morgen schüttete es in Strömen. Da ich wie gewöhnlich mit dem Fahrrad unterwegs war, kam ich mit triefenden Hosen in den Unterricht. Abgesehen von diesem verunglückten Einstand aber gefiel mir meine erste richtige Lehrtätigkeit sehr. Auch brachte sie 200 US-Dollar im Monat ein, zu jener Zeit ein kleines Vermögen. Was ich an der Universität lernte, gab ich gleich an meine Klasse weiter. Mein Unterricht kam gut an, auch wenn ich dafür berüchtigt war, mit Kreide nach unaufmerksamen Schülern zu werfen. Ich wurde mit weiteren Kursen betraut, und schließlich lud der Direktor mich ein, auf dem Campus zu wohnen. Ich bekam ein Zimmer für mich allein und aß im Speisesaal für die Lehrkräfte, die vom chinesischen Personal bestens bedient wurden. Ich glaubte damals, dass alle Amerikaner so komfortabel lebten – ich wusste es nicht besser.

Was die wissenschaftliche Arbeit anging, wurde unser Anatomieprofessor Francis Chang zu einem Vorbild für mich. Er war Chinese, hatte in Neuseeland studiert und dort eine Maori geheiratet. Chang war unermüdlich im Labor tätig und begeisterte sich und uns für sein Fach. Als Gast besuchte ich seinen Sezierkurs. Auf je sechs Studenten kam eine Leiche, und es ergab sich, dass ich übrig blieb. Für mich allein könne er keinen eigenen Leichnam rechtfertigen, meinte Chang, ich solle mich ersatzweise an einem Hund versuchen. Namenlose Tote hätte es in der Stadt genug gegeben, das Problem war eher das kostspielige Formalin. Das wenigstens konnte ich über meinen Vater besorgen. Nun fehlte mir noch ein Hund. Ich wandte mich an einen Emigrantentierarzt, und einige Tage später brachte man ihm tatsächlich einen alten Rüden zum Einschläfern. Wir wickelten ihn in Ölpapier, dann fuhr ich ihn auf dem Gepäckträger meines Fahrrads nach Hause. In meiner Laborkammer injizierte ich ihm Formalin und Färbemittel: die Arterien rot, die Venen blau. Das gelang mir recht gut, ich hatte zuvor schon an einem Frosch geübt.

Von den zwölf Tischen im Seziersaal waren fünf belegt. Den Instruktionen eines Arbeitsbuches folgend, nahmen wir uns alle Körperteile der Reihe nach vor. Eine chinesische Studentin schloss sich mir an, später gesellte sich zu meiner Freude noch Julie hinzu. Ich zeigte ihr hier einen Schnitt, dort ein Organ, aber sie hatte selbst schon einen Hasen und eine Katze zerlegt und schaute wohl eher meinetwegen herein. Als das männliche Geschlechtsteil an die Reihe kam, pumpte Chang Luft in die Schwellkörper, um deren Funktionsweise zu demonstrieren. Verlegenes Gekicher war die Folge. Bei meinem Versuchsobjekt dagegen gab es nichts aufzublasen – Hunde besitzen einen Knorpel.

Chang ging mir später auch bei meiner Diplomarbeit zur Hand, die sich mit der Morphologie einer Libelle beschäftigte, der *Pantala flavescens*. Diese weitverbreitete oder, wie es in der Fachsprache heißt, kosmopolitische Art ließ sich in den Tümpeln und Reisfeldern rund um Schanghai verhältnismäßig leicht fangen. Meist fuhr ich mit dem Fahrrad zur Jagd, aber einen dieser Brummer fing ich auch keine zweihundert Meter von unserem Haus. Insgesamt erbeutete ich an die fünfzig Exemplare. Damals hatte ich die naive Idee, die komplette Anatomie dieser Art darstellen zu wollen, so wie ich es bei Chang anhand des Menschen gelernt hatte. Ich ging diese Aufgabe jedoch so gründlich an, dass ich über den Kopf nie hinauskam. Ich hätte noch etliche Jahre gebraucht, um die gesamte Libelle zu beschreiben. Meine Arbeit tippte ich auf der tragbaren roten Olivetti, die meine Eltern mir zum Schulabschluss geschenkt hatten.

Mikroskope konnte ich nur am Institut benutzen, wo ich sie mit anderen Studenten teilen und immer wieder neu einstellen musste. Da hörte ich vom *Musée Heude* an der Aurora-Universität, der bedeutendsten naturkundlichen Sammlung Ostasiens. China bildete damals ein aufregendes biologisches Forschungsrevier. Es war noch keine zwanzig Jahre her, dass man den Großen Panda oder die Überreste des Pekingmenschen entdeckt hatte. Die entomologische Abteilung unterstand einem Jesuitenpater, der in Indochina tätig gewesen und erst Anfang 1945, während der japanischen Besetzung, nach Schanghai evakuiert worden war. Er sprach nur Französisch und Annamesisch, wie man Vietnamesisch damals nannte, und so musste ich mein Schulfranzösisch auffrischen. Im Museum gab es einen Arbeitsraum mit Bibliothek, wo ich ungestört meine Untersuchungen anstellen konnte. Anfangs befürchtete ich, dass die Patres versuchen könnten, mich zu bekehren, doch das Thema kam nie auf. Sie waren äußerst zuvorkommend und verziehen es mir sogar, dass ich einmal ein Mikroskop fallen ließ. Die Reparatur kostete mich dreißig amerikanische Dollar, damals eine erhebliche Summe.

Für die Anatomie der Libelle bedurfte ich einiger Publikationen aus Journalen, die in der Universitätsbibliothek nicht vorhanden waren. Ich wusste jedoch, dass es unweit von New York eine auf wissenschaftliche Separatabdrucke spezialisierte Firma gab. Der schrieb ich meine Wünsche, und sie hatte die ziemlich esoterischen Artikel tatsächlich auf Lager. Überhaupt streckte ich meine Fühler nun zunehmend in Richtung Amerika aus. Durch eine nach amerikanischem Vorbild geführte Universität geprägt, und durch meinen Unterricht an der Schule zusätzlich motiviert, verdichtete sich in mir allmählich der Wunsch, meine Laufbahn in den Staaten fortzusetzen. Über die amerikanische Schule konnte ich das Geld für die Separatabdrucke dann auch überweisen, und wenige Wochen später trafen sie ein. Einer davon war auf Tschechisch geschrieben. Ich musste also einen Tschechen finden, um ihn übersetzen zu lassen, doch das fiel in Hongkew nicht allzu schwer. Dieses Paket zu erhalten war ein wunderbares Gefühl. Zum ersten Mal fühlte ich mich mit der wissenschaftlichen Welt verbunden. Der Krieg war wirklich zu Ende.

Nach und nach nahm Hongkew nun wieder chinesischen Charakter an, während immer mehr Flüchtlinge zum Aufbruch rüsteten. Sie gingen nach Amerika, Australien oder Palästina, manche auch wieder nach Europa. Meine Eltern hatten sich entschieden, nach Wien zurückzukehren. Doch über die Lebensverhältnisse dort, gar über den Zustand unserer Farbengeschäfte, hatten wir keinerlei Nachricht. Infolgedessen bestand mein Vater darauf, allein vorauszureisen. Er wollte sehen, ob ein Neuanfang überhaupt möglich wäre. Auch wusste man nicht, wie sich die Bevölkerung gegenüber den Heimkehrern verhalten würde. Falls er dort nicht mehr hätte Fuß fassen können, hätte die Mutter als Flüchtling in Schanghai vielleicht leichter eine Einreisegenehmigung für ein anderes Land bekommen als der Vater in unserer legalen Heimat. So trat er schließlich Mitte Januar auf einem ehemaligen Truppentransportschiff die lange Heimreise nach Wien an.

Julie und ich trafen uns weiterhin. Freilich hatte ich kaum Vergleichsmöglichkeiten, wie sich eine Beziehung entwickeln könnte, deshalb ging ich bewusst auch mit anderen Mädchen aus. Nicht aus Frivolität, sondern um uns beiden unnötigen Kummer zu ersparen, sollten andere Verbindungen sich als unkomplizierter und lebbarer erweisen. Einige Male verabredete ich mich mit Riva Katz, einer russischen Kommilitonin. Sie war sehr klein, so dass wir wie Pat & Patachon gewirkt haben müssen. Auch mit Eva, einer jungen Wienerin, versuchte ich mein Glück. Doch all diese Bemühungen verliefen im Sande, während meine Neigung zu Julie immer stärker wurde.

Gelegentlich besuchten wir den Nachtklub *Senet* in der Rue Lafayette, eine Taverne mit Musik und Kabarett, die von Stewards und Köchen der *Conte Verde* betrieben wurde. Seit der Befreiung aus dem Lager hatte sich ihnen noch keine Rückfahrgelegenheit geboten, sie schienen es auch gar nicht eilig zu haben. Einmal besuchten wir auch das russische Restaurant *Yar*. Der Kellner war Chinese, sprach aber fließend Jiddisch. Entweder hatte er es von seinen Gästen aufgeschnappt oder bei osteuropäischen Juden gearbeitet. Auf der Speisekarte stand gebratene Ente. Ich unterrichtete damals schon an der amerikanischen Schule und verdiente verhältnismäßig gut. Für Julie bestellte ich daher die Ente, für mich nur das erheblich billigere *Bœuf Stroganoff*. Während ich munter zu essen begann, rührte Julie ihre Ente nicht an. Es war eine halbe Ente, am Stück – und so etwas hatte sie noch nie mit Messer und Gabel gegessen! Das *Bœuf Stroganoff* war dagegen klein geschnetzelt, und so tauschten wir eben die Teller. In Amerika sollte ich dann lange nicht genug Geld haben, um meine Frau zu einer Ente einladen zu können.

Ein anderes Mal gingen wir zum Tanzen in den *Roof Garden*. Dachgärten waren in Schanghai schon vor dem Krieg sehr beliebt gewesen, nun erwachten sie zu neuer Blüte. Sie waren sowohl Ausdruck der Lebenslust als auch Folge der urbanen Verdichtung; so ließen sich die Erträge eines Hauses maximieren. Von dort oben konnte man das Treiben in Hongkew überschauen. Rund um die Tanzfläche standen Kaffeehaustische, und die Kapelle spielte *Warum lügst du, Chérie; Ich küsse ihre Hand, Madame; Ich tanze mit dir in den Himmel hinein*. Die meisten mir vertrauten Schlager stammten noch aus Deutschland und Österreich. Amerikanische Hits kannte ich dagegen kaum, die waren nach Pearl Harbor nicht mehr zu uns gedrungen.

Bei diesem Stelldichein im *Roof Garden* erblickte uns eine Bekannte meiner Mutter. Sie hinterbrachte ihr die Neuigkeit dann auch unverzüglich: »Ich habe Ihren Sohn mit einer Chinesin tanzen gesehen!« Damals hatte meine Mutter noch keine Ahnung von Julies Existenz. Sie machte es aber zunächst nicht groß zum Thema, sie freute sich vermutlich, dass ich überhaupt tanzen ging. Zumindest dachte ich mir das damals so.

Während ich ihr meine Verliebtheit zu verheimlichen suchte, beriet ich mich mit Otto und anderen Freunden, ob ich mich wirklich auf eine Verbindung mit Julie einlassen sollte. Wo würden wir leben? Was sollte werden, wenn wir Kinder bekämen? Meine Freunde rieten mir davon ab. Es gab so gut wie keine Ehen zwischen Chinesen und Emigranten, und auch von anderen Ausländern kannte man das nur ganz vereinzelt. Ein Brite etwa, der sich ernstlich mit einer Chinesin einließ, musste zu dieser Zeit noch seine Stellung aufgeben. Getreu dem Diktum aus Kiplings berühmter Ballade: »Oh, Osten bleibt Osten, und Westen bleibt Westen, und nie werden die beiden zueinander finden.« Selbst in Amerika waren gemischte Ehen damals lange nicht so geläufig und allgemein akzeptiert, wie das heute üblich ist. Auch in Wien war eine derartige Liason seinerzeit etwas ganz Ausgefallenes gewesen. Das einzige Beispiel, das mir je zu Ohren gekommen war, war die Verbindung zwischen Julius Meinl und einer japanischen Opernsängerin gewesen. »Kaffeekönig liebt Teeblüte«, hatten die Zeitungen damals getitelt. Wer so reich war wie der Meinl, der konnte vielleicht eine Exotin zur Frau nehmen. Aber ich?

# Briefe einer Pessimistin

*Schanghai, 31. I. 47*

*Lieber Fritz. Heute sind es vierzehn Tage, daß Du wegfuhrst, ich habe noch gar keine Nachricht von Dir. Hoffentlich ist alles in Ordnung. Ich bin zehn Tage im Bett gelegen, ich habe mich damals im Regen stark erkältet. Ich bin schon sehr neugierig auf Deine ersten Zeilen aus Wien. Du wirst mir ja hoffentlich die Wahrheit schreiben. Wir müssen wieder von A anfangen. Verliere keine Zeit und trachte gleich ein Geschäft zurückzubekommen wie auch die Wohnung. Du sollst auf den Antonsplatz pochen, denn der ist effektiv weggeraubt worden. Ich hoffe, Du wirst die Sache gut machen, schon Dein Ehrgeiz wird viel dazu beitragen, mir zu zeigen, daß Du der alte tüchtige Kaufmann bist. Ich bitte Dich nur, zurückhaltend und dabei selbstbewußt aufzutreten. Laß Dich von niemandem falsch beraten. Ich persönlich bin sehr deprimiert und möchte auch einmal zur Ruhe kommen. Wer weiß, wann und wo? Ich, Bertl und die Lagsteins grüßen Dich. Deine Klara. Schreibe uns bald und viel.*

*Schanghai, 15. III. 47*

*Lieber Fritz! Ich kann es mir nicht erklären, warum ich bis heute keine Post habe. Es sind schon volle zwei Monate verstrichen. Fast alle Heimkehrer haben schon geschrieben. Wenn Du vielleicht von uns nichts mehr wissen willst, dann schreibe es offen heraus. Ich habe gewußt, wenn Du wegfahren wirst, wirst Du uns alle vergessen. Die Lagsteins fahren bald zu Fela nach London, ich bleibe hier mutterseelenallein. Am 20. Mai geht dasselbe Schiff mit ein paar hundert Heimkehrern nach Wien. Ich glaube, es ist die letzte Repatriierung. Ich erwarte von Dir postwendend Antwort, ob ich mich dafür anmelden soll. Deine Klara*

*Schanghai, 25. III. 47*

*Mein lieber Fritz! Dein langersehnter Brief ist nun endlich bei uns eingelangt. Wir danken Dir dafür. Ich habe noch so viele Fragen, doch bis mein Brief hinkommt und Deiner zurück, vergehen 6 – 7 Wochen. Warum schreibst Du kein Wort über die viel wichtigeren Probleme? Vielleicht willst Du mich überraschen, sonst kann ich mir nicht vorstellen, wozu Du mich kommen läßt. Ich bin des Zigeunerns so müde; für mich nimmt der Krieg kein Ende. Ich habe gehört, man darf heute gar nicht fünf Zimmer besitzen? Wie ist es in Deiner Branche, bekommt man Ware? Hast Du schon etwas verdient? Du schreibst so wenig über die Verhältnisse im Allgemeinen. Vor allem will ich wissen, ob Du gesund bist und ob sich Deine Nerven beruhigt haben im lieben Wien. Sonst brauche ich ja nicht zu kommen. Sei geküßt und gegrüßt von uns beiden. Klara*

*Schanghai, 3. IV. 47*

*Lieber Fritz! Alle Koffer stehen bereit, auch wenn es noch keinen festen Zeitpunkt für die Abfahrt gibt. Schreibe mir noch, was ich mitbringen soll, was eventuell dringend gebraucht wird. Ich habe gehört Kaffee und Sacharin, ist das wahr? Wie ist es mit Schuhen, Geschirr, Kleidung? Gibt es schon offene Geschäfte? Sieht man Pelze in den Auslagen? Ich frage aus Neugierde, ich habe mir nichts angeschafft. Ich habe für den Jungen zwei Pyjamas für die Ausreise gekauft und drei Unterhosen. Der Arme plagt sich, ein paar Groschen für Amerika zu ersparen. Er hat diese Woche einen großen Artikel in einer englischen Zeitung über Palästina geschrieben. Er hat mit Robert Reuven Sokal gezeichnet, damit jeder weiß, daß er Jude ist. Sei innig gegrüßt und geküßt. Klara. Grüße von Silberbergs.*

*Schanghai, 10. IV. 47*

*Mein lieber Fritz! Deinen l. Brief mit Heimatschein haben wir erhalten. Du bist sehr rührig geworden, hoffentlich bleibt es auch für die Zukunft dabei ... Doch jetzt möchte ich wissen, wie die Sache mit der Wohnung steht. Was soll denn mit mir geschehen, wenn ich nach Wien komme? Ich kann ja nicht schon in die Versorgung gehen. Ich war immer der gebende Teil, ich möchte einmal auch der nehmende sein. Unser Haus hier wird hoffentlich diese Woche verkauft sein. Halte Daumen! Der Wäscher von »Wien – Berlin« will es vielleicht kaufen. Es waren auch schon viele Chinesen hier. Was das für Umsicht, Mühe und Schlauheit erfordert, kannst Du Dir nicht vorstellen. Aber sonst könnte ich gar nicht wegfahren, ich habe keinen Groschen mehr, und die Teuerung ist groß. Ein Pfund Zucker kostet jetzt 4500 Chinadollar. Wie steht's um die Geschäfte? Sei mir gegrüßt und geküßt. Klara*

*Schanghai, 17. IV. 47*

*Lieber Fritz! Beim Abschied von Lagsteins waren wir alle ganz gebrochen. Auch Komparts und Kohns fahren bald weg. Ich kann mich gar nicht mit dem Alleinsein abfinden und weine den ganzen Tag, ohne es zu wollen. Jetzt sehe ich erst, wie traurig mein Schicksal ist, und mich erwartet noch das Schwerste, der Abschied von meinem geliebten Jungen. Er ist äußerst brav und behandelt mich, als wäre er die Mutter und ich das Kind. Außerdem habe ich das Haus verkauft, an einen Chinesen. Doch inzwischen ist eine solche Inflation eingetreten, daß mir ein großer Dreck davon geblieben ist. Der U.S.-Dollar ist plötzlich herauf 23 000, die Waren natürlich entsprechend. Wenn das nicht gekommen wäre, hätten wir hier sehr gut abgeschnitten. Niemand weiß, wann das Schiff geht. Schreibe weiter fleißig, aber Tacheles! Deine Klara*

*Schanghai, 26. V. 47*

*Lieber Fritz! So einsam und verlassen war ich noch nie in meinem Leben. Solange ich auf Trab war, habe ich es weniger gespürt. Doch seit Lagsteins weg sind, bin ich ganz zusammengekracht. Die Silberbergs haben jetzt gar kein Interesse mehr an mir, nachdem ich das Haus verkauft habe. Nur eines will ich mir erhalten, das Kind. Gestern sagte er zu mir: Mutti, auf den Besuch bei Dir freue ich mich die ganze Woche, als würde ich zu meiner Geliebten gehen. Ich habe nicht den Mut, ihn in einer fremden Welt allein zu lassen. Es herrschen hier jetzt auch Pocken, Dr. Koch war in Lebensgefahr. Und in diesem Lande soll ich mein einziges Kind lassen! Glaube mir, ich habe es wahrhaftig nicht leicht auf dieser Welt. Hast Du etwas in der Wohnungsfrage unternommen? Wenn ich denke, wie traurig mein Leben diese neun Jahre lang war und wie leer es jetzt wird – dann noch obdachlos leben zu müssen, da glaube ich lohnt das Ganze nicht mehr. Vielleicht sehe ich alles zu schwarz. Ich bin ja immer Pessimistin, habe aber leider immer recht. Es grüßt Dich Klara*

*06 VI 47 ANTONSPLATZ IN MEINEN HAENDEN VORLAEUFIGE UNTERKUNFT GESICHERT BITTE KOMM MIR NACH +*

*Schanghai, 10. VI. 47*

*Mein l. Fritz! Gestern habe ich Dein Telegramm in Empfang genommen. Unsere Freude war sehr groß, nur gräme ich mich, daß Du Dir solche Auslagen machst. Am selben Tag kam auch der erste Brief von Lagsteins aus London. Der Schwiegersohn ist reizend, besser wie ein Sohn. Wir haben aber auch eine unangenehme Nachricht erhalten: die Cornell Universität hat Bertl abgesagt. Der Junge war ganz niedergeschlagen. Jetzt gibt es nur noch eine Hoffnung: Chicago. Ich selber muß am 15. VII. endgültig aus der Wohnung. Den größten Fehler meines Lebens habe ich mit dem Verkauf des Hauses gemacht. Wenigstens ist der Käufer sehr geduldig mit mir. Sei herzlich gegrüßt und geküßt, Klara*

*Schanghai, 17. VI. 47*

*Mein lieber Fritz! Ich schreibe diesen Brief um zwei Uhr nachts, weil ich nicht schlafen kann und mein Kopf zerspringt vor Sorgen. Ich war heute bei Bertl. Ich habe mich gründlich mit ihm ausgesprochen und seinen Worten entnommen, daß er in eine Chinesin ganz verliebt ist. Ich habe Angst, wenn ich ihn nun so alleine zurücklasse, daß er eine große Dummheit begeht und sie am Ende gar heiratet. Er ist so jung und unerfahren, er kann seine ganze Zukunft ruinieren. Ich habe ihm alles klargelegt und ihm gesagt, wenn er das macht, dann hat er auch gleich mich auf dem Gewissen. Das Schiff nach Neapel soll jetzt Ende Juli gehen. Sei gegrüßt und geküßt von Deiner Klara*

# Spaziergang in der Love Lane

Chinesische Liebespaare hielten sich zu dieser Zeit allenfalls die Hände, aber weder umarmten noch küssten sie einander. Schon gar nicht in der Öffentlichkeit. Und so verstand ich anfangs nicht so recht, was Robert von mir wollte. Nun, ich kam dann schon dahinter. Doch ich dachte, dass wir eben ein paar Mal miteinander ausgehen würden und die Sache dann wieder einschliefe. Zu vage schien mir doch unser Verhältnis, zu mächtig die herrschende Konvention.

Ich schärfte Robert ein, dass er mich im Beisein anderer auf keinen Fall berühren sollte. Tat er es dennoch, wehrte ich ihn ab – und sehnte mich zugleich nach seiner Nähe. Doch die Regeln des Anstands gestatteten keine Intimitäten und ließen mich in einem Zustand der Zerrissenheit zurück. In einem derart dicht bevölkerten Land sind immer Augen und Ohren zugegen. Das allgemeine Bedürfnis nach Kontrolle wird höchstens von dem nach Klatsch noch übertroffen. Und so prägte sich wohl dieser Minimalismus der Leidenschaften aus, eine Kultur sparsamster Gesten und Zeichen. Auch Lily und ihren Freund sah man nie Zärtlichkeiten austauschen, obwohl sie bis über beide Ohren ineinander verliebt waren und einen modernen Lebensstil pflegten. Das höchste Glück war, überhaupt mit dem zusammen zu sein, den man liebte. Unter solchen Umständen konnte eine beiläufige Berührung wonniger sein als eine ungestüme Umarmung. Es fühlte sich wunderbar elektrisierend an, wenn unsere Arme im Kino aneinanderstießen, wenn Robert mir im Restaurant den Vortritt ließ und mir dabei sachte die Hand auf den Rücken legte. Weitergehende Liebkosungen aber verboten sich. Vollends undenkbar wäre es für ein Mädchen aus unseren Kreisen gewesen, mit einem Mann für ein paar Stunden in einem Hotel zu verschwinden.

Es gab in Schanghai eine »Love Lane«, benannt nach einem englischen Offizier namens Love. Der Name hatte sich dann irgendwann für stille Gassen aller Art eingebürgert, in denen Liebespaare einander näherkamen. Solche Gassen gab es auch rund um unser Haus. Wir gingen dort häufiger spazieren und küssten uns im Schutz der Dunkelheit. Trotzdem war es für Robert anfangs nur ein ungewöhnlicher Flirt; ich wusste ja, dass er auch mit anderen Mädchen ausging. Die Warnungen meiner Mutter gingen mir nicht aus dem Kopf. Auch Professor Yuanting Chu riet seinen Studentinnen dringend davon ab, sich mit Ausländern einzulassen. Er stammte gleichfalls aus Ningpo und war daher nicht von ungefähr zu Chinas führendem Fischkundler aufgestiegen. Zwar konnten wir uns in unserer heimatlichen Mundart unterhalten, doch mir gefiel seine Art nicht. Andauernd ermahnte er mich, dies oder jenes nicht zu tun. Mit unserem Botaniker kam ich besser zurecht, nur gestaltete sich da die Verständigung schwieriger, da er aus dem tiefen Süden stammte. Dennoch gelang es ihm, ein lebenslanges Interesse an Pflanzen in mir zu wecken.

Das Studium war hart, doch Robert half mir dabei. Als die Histologie-Prüfung anstand, lud er mich zu sich nach Hause ein, wo wir, wie er meinte, ungestört den Lernstoff der Gewebekunde durchnehmen könnten. Seine Mutter begrüßte mich mit einem freundlichen »good bye« – ein Lapsus, der ihr häufig unterlief, und den Robert ihr nicht auszureden vermochte. Nach fast drei Ghettojahren war ich der erste Besuch aus der Stadt. Ich konnte spüren, wie sich beide ihrer Armut schämten. Frau Sokal strich uns ein paar leckere Brote, die wir mit Appetit verzehrten. Dann wollten wir uns eigentlich unseren Büchern widmen. Doch die

Konzentration fehlte einfach, wir hatten nur Augen für uns. Schließlich schlug ich vor, das Lernen sein zu lassen und stattdessen wieder einmal ins Kino zu gehen. Robert kam erleichtert mit. Umgekehrt besuchte auch er mich einige Male zu Hause. Wenn er zum Abendessen blieb, schaute er unschlüssig in die Runde und musterte all die fremdartigen Gerichte. War ihm eines vertraut, setzte er sich direkt davor hin und nahm es in Beschlag. Dabei wandern bei uns doch die Speisen reihum, damit alle von allem kosten können.

Bald merkten meine Eltern, dass sich zwischen uns etwas anbahnte. Das behagte ihnen überhaupt nicht. Eines Tages sah Vater Robert zufällig in der Stadt, wie er in einem hellen, wohl etwas schmutzigen Regenmantel zur Universität radelte. »Ich habe heute deinen Freund gesehen, diesen Bettelstudenten«, berichtete er mir am Abend. Zeitweise mussten wir uns heimlich treffen. Dann wartete Robert unter einer Laterne, die ich von meinem Fenster aus sehen konnte. Doch an manchen Abenden harrte ich vergeblich. Ich wusste, dass er sich gelegentlich die Zeit mit anderen Mädchen vertrieb und dass auch er Zweifel hegte, ob unsere Verbindung wirklich lebbar wäre. Trotzdem war ich natürlich zutiefst gekränkt, schloss mich dann ins Badezimmer ein und weinte ewig vor mich hin. Als meine Eltern mich einmal so sahen, rieten sie mir, nie wieder mit ihm auszugehen.

Mir aber zeigten gerade meine Tränen, dass ich mich ernstlich in ihn verliebt hatte. Robert eröffnete mir eine neue Welt, und meine eigene sah ich durch ihn mit anderen Augen. Er erklärte mir Filme, Bücher und den Gang der Weltgeschichte, sprach über Zellteilung ebenso gescheit wie über Zionismus. Keine meiner Freundinnen hatte einen Ausländer zum Freund, das war selbst in Schanghai etwas ganz Ungewöhnliches, eine Singularität, so selten wie eine Mutation in der Genetik. Deshalb ließ ich den anderen gegenüber nichts davon verlauten, nur Lily und Hsiuchu weihte ich ein. In der Universität gab es ein Café, in dem wir uns ab und zu verabredeten. Mit der Zeit fand ich

Geschmack an Toastbrot, Frühstücksei und sogar Käse. Anfangs bezahlte jedes Mal Robert, bis ich mir über seine Verhältnisse klar wurde. Dann schob ich ihm manchmal unter dem Tisch einen Schein zu.

Gelegentlich gingen wir auch zu viert aus. Denn meine Schwester hatte mittlerweile ebenfalls einen Verehrer: Vincent Lu, einen Medizinstudenten, der an der Aurora seinen Abschluss machte. Die Eltern wollten Hsiuchu allmählich unter die Haube bringen, und da Wanchün Vaters Hoffnungen hartnäckig enttäuschte, sollte wenigstens der erste Schwiegersohn ein Mediziner sein. Vincent, der in einem katholischen Waisenhaus aufgewachsen war, hätte es kaum besser treffen können. Tatsächlich sollte er sich später als guter Arzt bewähren, und eines Tages hätte er wohl auch Vaters Praxis übernehmen können, wenn nicht alles ganz anders gekommen wäre. Als er in unser Haus eingeführt wurde, machte er versehentlich erst einmal mir den Hof. Nachdem man ihn auf seinen Irrtum hingewiesen hatte, schwenkte er ergeben um und bemühte sich fortan um Hsiuchu, die von ähnlich ruhigem Wesen war wie er. Lustiger wurde es, wenn Otto uns Gesellschaft leistete. Doch mit diesen unbeschwerten Stunden war es bald darauf vorbei, als Otto nach Kalifornien aufbrach, um in Berkeley weiter Chemie zu studieren.

Ende Juni 1947 erlangte Robert sein Diplom. Zur Examensfeier erschien seine Mutter im besten Kostüm. Nach all den Plagen der Emigration muss dieser Tag ihr viel bedeutet haben. Roberts Diplomarbeit war bereits in den *Notes d'Entomologie Chinoise*, die das *Musée Heude* herausgab, veröffentlicht worden. Wenig später verschaffte ihm dies das Entree in Chicago. Dass er schon im Grundstudium selbstständig geforscht und darüber publiziert hatte, das beeindruckte offenbar die Gutachter. Daraufhin erhielt er kurzfristig ein Visum für die Staaten.

Auch wenn es uns viel kürzer vorkam: Wir waren nun schon seit anderthalb Jahren vertraut miteinander. Doch wie sollte es jetzt weitergehen? Wir entschlossen uns, trotz aller Widerstände das gemeinsame Abenteuer zu wagen. Unser Plan war, dass Robert unverzüglich aufbrechen sollte, während ich mein Studium zu Ende bringen wollte. Dann würde ich nachkommen und ihn in Chicago heiraten. Nun musste er wohl oder übel bei meinem Vater um meine Hand anhalten. Als die Stunde der Wahrheit gekommen war, wirkte er ziemlich verschüchtert. Ich hatte versucht, meine Eltern auf unsere Entscheidung vorzubereiten, und mittlerweile hatten sie es aufgegeben, mir unsere Verbindung ausreden zu wollen. Vater stellte Robert dann auch nur eine einzige Bedingung: »Ich will, dass Sie meine Tochter so lieben, wie ich sie liebe.« Mutter äußerte sich noch weniger, das heißt, sie blieb stumm. Doch von diesem Zeitpunkt an behandelten sie Robert mehr oder weniger als künftigen Schwiegersohn. So ausgefallen und sicherlich auch mutig es von mir war, mit einem Europäer zusammen zu sein, kaum weniger ungewöhnlich war, dass meine Eltern mir am Ende die Entscheidung überließen.

Frau Sokal trat Ende Juli 1947 die Rückreise nach Europa an. Von unserer Verlobung hatte Robert ihr vorsichtshalber nichts erzählt, wohl wissend, wie ihre Reaktion ausgefallen wäre. Mit nennenswertem Rückhalt durch unsere Familien konnten wir jedenfalls beide nicht rechnen. Mittlerweile drängte die Zeit. Anfang August fuhren wir mit der Bahn nach Nanking, um pro forma ein Rückreisevisum für Robert zu erhalten. Denn er musste nachweisen, dass er die Staaten nach beendetem Studium wieder verlassen würde. Damals besaß er noch keine österreichischen Papiere, und so gab es kein Land, in das er automatisch hätte zurückreisen können. Dieses Problem brachte er eines Abends bei uns zu Hause zur Sprache. Ein Cousin setzte schließlich in formvollendeter Kalligraphie ein Schreiben auf: dass Robert und ich so gut wie verlobt seien, dass er unser Land liebe, ein herausragender Absolvent der St. John's-Universität sei und sich nun in Amerika vervollkommnen wolle, um China später einmal dienen zu können. Der Cousin rühmte sich auch seiner Beziehungen zum Außenministerium, wo er einen hohen Marineoffizier oder gar Admiral kennen würde, der uns protegieren könne.

Das erste Mal kam Robert so ins Landesinnere. Auf der Fahrt konnte er sich an den grünen Kuppen entlang der Strecke kaum sattsehen – das Delta ist ja völlig flach. Auch ich kannte von China kaum mehr als Ningpo und Schanghai. In Nanking kamen wir für zwei Nächte bei einer Verwandten unter. Der Termin im Außenministerium brachte mich in ziemliche Verlegenheit. In Nanking wird ein anderer Dialekt gesprochen, eigentlich eine Abart des Mandarin. Und nun sollte ich mit meinem unüberhörbaren Akzent an höchster Stelle anrufen! Wo man sich schon in Schanghai immer über die Leute aus Ningpo lustig machte, das als Inbegriff der Provinz galt. Wenn jemand weit fortzog, sagte man auf Pidgin-Englisch: »He go Ningpo more far.« Auch wenn ein Houseboy mit dem Familiensilber durchgebrannt war, hieß es nur: »He go Ningpo more far« – der ist längst über alle Berge, und das Silber dazu.

Zu guter Letzt rief Robert selbst im Ministerium an. Unser »Admiral« entpuppte sich als einfacher Leutnant, der in irgendeinem Vorzimmer saß und keinerlei Einfluss hatte. Aber den brauchten wir am Ende auch nicht. Ein hoher Beamter, der gut Englisch sprach, hörte sich freundlich unsere Geschichte an und überflog dieses Wunderwerk von einem Brief. Schließlich blickte er Robert verschwörerisch an: »Wenn Sie mir versprechen, dass Sie nicht zurückkommen, dann stelle ich Ihnen ein Rückreisevisum aus.« Robert versprach es ihm gerne.

Danach hatten wir Zeit für uns. Es war das erste Mal, dass wir in einer fremden Stadt zusammen waren. Wir ließen uns von einem Pferdewagen herumkutschieren. Die Straßen waren von mächtigen Regierungsgebäuden gesäumt, und anders als im jungen, kommerziellen Schanghai gab es in dieser klassischen Kapitale etliche historische Stätten: Tore und Tempel, Trommeltürme und Porzellanpagoden, das bombastische Mausoleum

Sun Yat-sens und auch das Grab des Ming-Kaisers Tschu Yün-Tschang, des Paten von Ningpo.

Im 36. Jahr der Republik, im 8. Monat am 16. Tag, begingen wir dann unsere Verlobung. So verzeichnete es unsere Urkunde. Mein Vater übernahm die Kosten für das Fest, an dem nahezu hundert Gäste teilnahmen: Freunde, Verwandte, Kommilitonen und Professoren. Darunter auch Yuanting Chu, obwohl er sich anfangs strikt gegen unsere Verbindung ausgesprochen hatte. Wanchün hatte einen Lastwagen organisiert, mit dem er die Gäste in der ganzen Stadt einsammelte. Robert stand ein schwerer Tag bevor. In China stoßen alle Gratulanten reihum mit dem Verlobten an. Wenn hundert Leute auf sein Wohl trinken, wird der arme Mann natürlich sturzbetrunken. Ich hielt das für wenig erstrebenswert und beriet mich deshalb mit meinem Vater. Er wies unseren Koch an, Tee in Roberts Kännchen zu füllen, der etwa die gleiche Farbe wie Reiswein hat und ebenfalls heiß getrunken wird. Und so kippte der Verlobte einen Tee nach dem anderen hinunter, alle übrigen tranken Wein, und jeder war zufrieden.

Fünf Tage später reiste Robert ab. Die letzte Nacht verbrachte er in einem Zimmer in unserem Haus, wodurch er endgültig zu einem Mitglied der Familie wurde. Schließlich begleitete ich ihn zum Hafen. Verloren standen wir am Pier vor der *General Gordon.* Dieser umgebaute Truppentransporter würde ihn mit nach San Francisco nehmen, zusammen mit Hunderten junger Chinesen, die ebenfalls in Amerika studieren durften. Wir machten uns keine großen Versprechungen, außer dass wir einander treu sein und uns oft schreiben wollten. Und dass ich mich beim Studium beeilen würde, um ihm so bald wie möglich zu folgen. Dann dröhnte die Sirene, die Schornsteine qualmten. Robert warf mir eine letzte Kusshand zu.

Zum ersten Mal in meinem Leben weinte ich einem Manne nach. Für mich hatte die Verlobung unsere Verbindung auch innerlich besiegelt. Zu Hause angekommen, schrieb ich einen Brief an ihn. Einen Brief? Einen törichten Erguss, voll Beteuerungen und Beschwörungen, voll Empfindungen, die auszudrücken ich nicht gewagt hatte. Ich schickte diese Zeilen jedoch nie ab. Stattdessen sandte ich ihm am nächsten Tag einen etwas weniger schwelgerischen Brief postlagernd nach Honolulu.

Unterdessen spitzte sich die Situation im Land immer mehr zu. Die Nationalisten vermochten das Machtvakuum nicht auf Dauer zu füllen. Je rigider sie China unter Kontrolle zu bringen suchten, desto unbeherrschbarer wurde es nur. Die Wirtschaft lief aus dem Ruder, und die Geldentwertung nahm aberwitzige Dimensionen an. Um den freien Fall der Währung aufzuhalten, wurde es den Bürgern untersagt, Edelmetalle und ausländische Währungen zu besitzen – obwohl nur diese noch Sicherheit boten. Herrn Li Fu-kuis Branche hatte wieder einmal Konjunktur. Schwarzhändler und Kommunisten wurden erbarmungslos verfolgt, Streiks und Studentenkrawalle erschütterten die Ordnung zusätzlich. Auch antiamerikanischer Protest wurde zunehmend laut, nicht zuletzt wegen Washingtons Wiederaufbauhilfe für Japan.

Zum Glück hatte Vater zahlungskräftige Patienten und gut gehütete Goldvorräte, so dass wir unseren Lebensstandard auch in dieser turbulenten Zeit halten konnten. Betreut vom unumgänglichen Professor Chu machte nun auch ich mich an meine Diplomarbeit. Sie behandelte das Nervensystem eines begehrten Speisefisches. Hsiuchu begann parallel eine Arbeit über Tauben, was ihrem sanften Wesen gut entsprach. Sie schloss sie jedoch nicht mehr ab, da sie das Interesse an der Wissenschaft dann weitgehend verlor und lieber Lehrerin werden wollte. Ich bemühte mich auch noch, ganz andere, nämlich praktische Dinge zu lernen. So absolvierte ich einen Kurs in »westlicher Zivilisation«, wo man uns weltläufige Umgangsformen beizubringen suchte: Wie man in Begleitung spazieren geht, wie man Fremde anspricht, wie man sich niedersetzt, wie man eine Banane mit einem Messer dergestalt schält, dass sie sich mit einer Drehung aus der Schale lösen lässt. Diesen Kunstgriff beherrsche ich noch heute.

Von seiner langen Reise sandte Robert mir scherzend-sehnsuchtsvolle Briefe nach Schanghai. Hawaii, wo sechs Jahre zuvor der pazifische Krieg ausgebrochen war, hatte scheinbar zum romantischen Südseeleben zurückgefunden. In Pearl Harbor, berichtete Robert, hätte er keine Zerstörungen mehr feststellen können. Zusammen mit einer Gruppe chinesischer Studenten hatte er per Taxi eine Inselrundfahrt unternommen. Was sie dabei am meisten beeindruckte, waren weder die alte Hütte von Robert Louis Stevenson noch die tropischen Wasserfälle, sondern ein Springbrunnen im Foyer des Royal Hawaiian Hotel. Aus dem sprudelte Ananassaft heraus, und man konnte so viel trinken, wie man wollte. Die Leute standen geduldig an, bis die Reihe an sie kam. Hätte es so etwas in Schanghai gegeben, wären vermutlich Unruhen ausgebrochen.

Einer dieser Studenten sprach nicht nur bemerkenswert gut Deutsch, sondern obendrein mit leichtem Wiener Akzent. Er hatte vor dem Krieg die Rudolf-Steiner-Schule besucht, dort sogar Eurhythmie- und Kochkurse belegt und eine tiefe Zuneigung zur Klassik entwickelt, seit der jüdische Deutschlehrer ihm Goethes *Erlkönig* eröffnet hatte. Wie sich später herausstellte, handelte es sich um niemand anderen als Monto Ho, den Sohn jenes früheren Konsuls in Wien, der so vielen Juden die Flucht erleichtert hatte. Ho war auf dem Weg nach Cambridge, um an der Harvard-Universität Medizin zu studieren.

Bald nach seiner Ankunft in Chicago schickte Robert mir ein Buch, auf das er zufällig gestoßen war: *My Chinese Wife*. Es stammte von Karl Eskelund, einem dänischen Reiseschriftsteller, dessen Geschichte der unseren nicht unähnlich war. Wir besitzen es bis heute, mit Roberts liebevoller Widmung und allerhand Marginalien von meiner Hand, unterstrichenen Begriffen wie *Wikinger, exzentrisch* oder *Tourist*, die ich im Wörterbuch nachschlug. Längst sind mir all diese Vokabeln geläufig, dafür aber habe ich mittlerweile Mühe, meine chinesischen Randbemerkungen zu entziffern.

So hielt jeder von uns am anderen fest, obwohl die halbe Welt zwischen uns lag. Freilich hatte ich große Angst, dass Robert in Chicago eine andere Frau kennenlernen würde. Aus amerikanischen Filmen wusste ich ja, wie viele Versuchungen es dort gab. Als er dann einmal in seinen Briefen eine Kommilitonin erwähnte, reagierte ich ähnlich panisch wie seinerzeit unsere Mutter auf das Foto aus St. Louis. Wenn dem so wäre, schrieb ich ihm erbost, bräuchte ich ja nicht mehr zu kommen. In beiden Fällen war die Eifersucht wahrscheinlich grundlos, aber gleichwohl heftig. Ein familiäres Muster, dem ich mich nicht entziehen konnte. So sehr ich meinen Vater liebte – für seine Untreue hasste ich ihn. Wenn selbst er einen solchen »Verrat« begehen konnte, war dies jedem Mann zuzutrauen. Oder wartete ich sogar heimlich darauf, dass Robert abtrünnig werden würde? Dass er es sich anders überlegte und ich meine Familie, mein Land am Ende doch nicht zu verlassen brauchte?

Wie lange konnte ich angesichts der unsicheren politischen Lage überhaupt noch ausreisen? Lily, die nach ihrem Examen eine Stelle im Außenministerium angenommen hatte, verhalf mir zu einem Pass. Nach vielen quälenden Formalitäten erhielt ich zu guter Letzt auch ein Besuchervisum für die Staaten. Meine Eltern hatten nicht geglaubt, dass mir das überhaupt gelingen würde. Sie waren überhaupt höchst skeptisch, und je näher der Tag der Trennung rückte, desto besorgter wurden sie. Wovon sollten wir leben? Würde ich in dieser fremden Welt zurechtkommen? In Schanghai hätte ich notfalls in den Schoß der Familie zurückkehren können. In Chicago aber würde ich auf mich allein gestellt sein. Doch von all dem wollte ich nichts hören. Ja, ich war dumm, naiv und verstockt. Denn sie hatten durchaus recht: Ich blieb von Kummer nicht verschont, und in manch trüber Stunde sehnte ich mich zurück in die häusliche Geborgenheit. Doch da war meine Familie schon so weit weg und derart unerreichbar, als wären alle tot.

Während der letzten Woche in Schanghai glich das Haus einem Bienenstock. Sechs Schneiderinnen arbeiteten an einem langen Tisch auf der Veranda. Auf der einen Seite schnitten sie Seide und Brokat zu, auf der anderen nähten sie ein elegantes Kleid in Gold, Silber, Schwarz, Grün und Kastanienbraun. Weder meine Mutter noch ich konnten uns damals vorstellen, dass ich bald ganz ohne Bedienstete würde auskommen müssen, dass ich selbst bügeln würde und zu Hause die Böden schrubben sollte.

Mitte Juli 1948, einen Tag vor meiner Abreise, versammelte sich die Sippe zum Abschiedsfoto im Hof. In der Mitte thronte das Familienoberhaupt, zu seiner Linken die Ehefrau, zur Rechten die Zweitfrau, zu seinen Füßen der Goldjunge. Am nächsten Tag kamen alle an den Kai, um mir Lebewohl zu sagen. Schluchzend steckte Mutter mir noch einen kleinen Stapel Stofftaschentücher zu, und am Ende heulten wir alle. Für den Fall, dass ich krank werden würde, gab Vater mir sein medizinisches Wörterbuch mit, außerdem einen Brief an seinen früheren Professor in St. Louis. »Wenn du jemals in Schwierigkeiten geraten solltest«, versicherte er, »dieser Mann wird dir helfen.« Robert und ich versuchten dann tatsächlich einmal, ihn ausfindig zu machen. Doch da war er schon seit vielen Jahren tot.

Als das Schiff ablegte und den Whangpoo hinabglitt, winkten mir alle überschwänglich zu. Sie winkten und winkten, als wollten sie mich bis nach Amerika lotsen. Es war das letzte Mal, dass ich meine Eltern sah. Ich war 24 Jahre alt.

Wir stachen in See! Die Decks der *President Wilson* waren voller freudestrahlender Studenten, die einen Studienplatz in Amerika ergattert hatten. Mit an Bord war auch Yang Mae, eine Freundin unserer Familie, die in San Francisco ihren Verlobten treffen sollte. Und zwar zum allerersten Mal, die Verbindung war nach bewährter Sitte arrangiert worden. Ihre Mutter hatte mich gebeten, mich um sie zu kümmern und sie vor »bösen Buben« zu bewahren. Ich musste schmunzeln und erschauerte zugleich: Wusste ich denn, wer die guten und wer die bösen Buben waren?

Der leuchtend blaue Julihimmel und ein einsames Paar Kumuluswolken spiegelten sich im Meer. Die Sonne strahlte über der ruhigen See, durch die das Schiff eine schäumende Schleppe hinter sich herzog. Die Passagiere lachten und quiekten rund ums Schwimmbecken oder räkelten sich in ihren Liegestühlen. Andere standen schwärmerisch an der Reling, den Blick in die Ferne gerichtet. Eine davon war ich. Das Lachen am Pool mischte sich mit dem Krächzen der Möwen. Ein ganzes Geschwader hatte sich kreisend über uns eingefunden und haschte nach den Happen aus dem Speisesaal, die übermütige Passagiere ihnen zuwarfen.

Widerstreitende Sehnsüchte erfüllten mich. Nach meiner Familie, mit der ich dieses Hochgefühl zu gerne geteilt hätte, wie auch nach Robert, von dem ich nun schon ein volles Jahr getrennt war. Ich ließ mein ganzes bisheriges Leben zurück, um einer ungewissen Zukunft entgegenzuziehen. Es war das erste Mal, dass ich von zu Hause fort war. Ein salziger Geschmack von Gischt und Tränen weckte mich aus meinen Träumereien. Die Möwen schwebten noch immer über unseren Köpfen, und ich argwöhnte, dass die Ergebnisse ihrer Fütterung mein kostbares Kleid beflecken könnten. So zog ich mich in meine Kabine zurück und schrieb einen Brief nach Hause. Zerrissen zwischen der Liebe für einen Mann und der Liebe zu den Eltern, sagte ich ihnen unter Tränen Lebewohl. Ich verfasste sogar ein Gedicht über die Bürde der ersten, schmerzend starken Liebe, die mich veranlasste, meine Familie zu verlassen. Sorgt euch nicht, versuchte ich sie und mich zu beschwichtigen, ich werde dort weder Not leiden noch mich in Gefahr begeben. Unsere Liebe soll euch glücklich machen, und über kurz oder lang werden wir einander wieder in die Arme schließen. Versehentlich schrieb ich zuletzt unsere alte Adresse in Ningpo aufs Couvert, als wollte ich die Zeit zurückdrehen.

Am nächsten Vormittag versammelten wir uns zur Gymnastik auf dem Oberdeck. Der Vorturner ließ uns der Größe nach Aufstellung nehmen, dann drehten und streckten und beugten wir uns eifrig. Kaum hatten wir uns davon erholt, rief die Glocke schon zum Mittagessen. Es gab Sandwiches und Salate, Fleisch und Fisch, Desserts und Früchte. Doch das Gemüse war angebrannt, das Fleisch fast roh. Bald sehnte ich mich nach den Künsten unserer Küchenmeister zurück. Die zweifach gekochten zarten Schweinsstelzen! Morcheln mit Enteneiern! Rot gesottener Fisch! Was die Minderwertigkeit von amerikanischem Essen anging, waren wir Studenten uns einig. Gleichzeitig aber erfüllte uns Stolz, überhaupt einen Vorgeschmack auf die Neue Welt zu erhalten. Als ich sah, wie tollpatschig die meisten mit Messer und Gabel hantierten, war ich froh um meinen Benimmkurs.

Die Möwen waren längst verschwunden. Rundum die graue See, der graue Himmel. Die Welt fand zwischen Bug und Heck Platz. Der Wind frischte auf, wurde dann stürmisch. Die Gischt schlug bis zum Ballsaal hoch. Bald eilten die Stewards die Treppen rauf und runter, um die stinkenden Reste halb verdauter Mahlzeiten zu beseitigen. Ich aber fühlte mich blendend, und während das Oberdeck sich leerte, genoss ich die wilde Macht der See.

Am Morgen des 2. August legten wir im nebelverhangenen San Francisco an. Da Robert sich die Fahrt an die Westküste nicht hatte leisten können, sollte mich Otto in Empfang nehmen, der ja in Berkeley studierte. Angestrengt versuchte er, mich inmitten Hunderter chinesischer Studenten ausfindig zu machen. Auch Yang Maes Verlobter fand sich ein. Er begrüßte seine Zukünftige und stellte hocherfreut fest, dass sie noch hübscher war als auf den Fotos. Für die nächsten beiden Tage wurde er unser Stadtführer und ein höchst bereitwilliger Begleiter dazu. Wir wollten in den Zoo, in die Parks und in sämtliche Restaurants von Chinatown. Yang Maes Verlobter hatte einen Wagen gemietet und schien überhaupt ein richtig amerikanisches Leben zu führen. Was ihn freilich nicht vor Ausgrenzung bewahrte: Wir mussten uns eine Unterkunft in Chinatown suchen, da andere Hotels keine Chinesen aufnehmen wollten.

Den stärksten Eindruck hinterließ der Zoo. Obwohl Biologie mein Fach gewesen war, hatte ich fast keines dieser Tiere zuvor *in natura* gesehen. Sonst erinnere ich von diesen ersten Tagen in Amerika erstaunlich wenig; vielleicht auch, weil es in Chinatown gar nicht so viel anders zuging als bei uns zu Hause. Und natürlich sehnte ich das Wiedersehen mit Robert herbei, alles andere war dagegen unwichtig. Otto brachte mich schließlich hinüber nach Oakland, von wo der Zug nach Chicago ging. Die Fahrt war eine einsame Angelegenheit. Die meisten Passagiere in meinem Großraumwagen hatten blonde oder braune Haare. Ihre Gesichter waren sehr weiß, ihre Nasen ziemlich lang und ihre Körper reichlich groß. Von ihrem Englisch verstand ich wenig, und jeden Satz, den ich sagen wollte, bereitete ich mit Hilfe eines Wörterbuchs geflissentlich vor. Als ich den schwarzen Steward um Toilettenpapier bitten musste, errötete ich. Erst später kam mir Robert wieder in den Sinn. Wie würde unser Wiedersehen verlaufen? Würden wir gut miteinander zurechtkommen? War er überhaupt noch der gleiche Mann, mit dem ich in Schanghai fast zwei Jahre verbracht hatte? Der Steward ging durch die Reihen und schwang die Glocke: Zeit zum Abendessen. Doch konnte ich mein ganzes Gepäck so einfach zurücklassen? Die meisten Mitfahrer machten einen respektablen Eindruck, und so ging ich schwankenden Schrittes in den Speisewagen. Zum ersten Mal in meinem Leben würde ich ganz alleine etwas essen! Die beiden schwarzen Kellner schienen mich ebenso neugierig zu mustern wie ich sie. Wodurch ich noch mehr in Verlegenheit geriet. Ich versuchte, auf der Speisekarte etwas zu finden, das sich ohne Messer und Gabel bewältigen ließ. Ein Club-Sandwich! Sandwiches, so viel wenigstens wusste ich, nahm man einfach in die Hände. Aber als ich es dann serviert bekam, lag es so schön mit Salatblättern auf dem Teller arrangiert, dass ich zögerte, so einfach zuzugreifen. Mein Blick schweifte fragend zu den Kellnern hinüber, doch die schauten mich nur abwartend an. Vorsichtshalber griff ich zu Messer und Gabel, aber damit war diesem *pièce de résistance* kaum beizukommen. Ich schlang die Stücke hinunter, ließ ein dickes Trinkgeld auf dem Tisch und verzog mich in meinen Waggon.

Nach zwei Tagen und einer langen Nacht ging die Reise zu Ende. Umzingelt von meinem Gepäck hielt ich durchs Türfenster nach Robert Ausschau. In China hatte er die Menge immer um einen Kopf überragt und war leicht auszumachen gewesen. Hier würde er einer von vielen sein. Aber da sah ich draußen auch schon einen schlanken jungen Mann mit starken Brillengläsern nach mir suchen. Endlich! Mein Herz schlug bis zum Hals. Wir waren beide schüchtern und benahmen uns reichlich ungeschickt beim ersten Wiedersehen.

# Kostbare Perle und Strahlender Ruhm

Otto hatte mir Julies glückliche Ankunft in San Francisco gemeldet. Unser Wiedersehen am Bahnsteig war voller Freude, aber nach einem ganzen Jahr der Trennung natürlich auch verwirrend und anfangs vielleicht auch ein klein wenig fremd. Nicht dass ich Zweifel gehegt hätte, dafür wäre es jetzt auch etwas spät gewesen. Doch es war mir bewusst, dass ich eine große Verantwortung trug. Ich hatte Julie aus ihrer Heimat und Kultur in ein fremdes Land geholt, wo sie weitgehend von mir abhängig sein würde. Damit fing für mich endgültig der Ernst des Lebens an.

Für die ersten Nächte hatte ich ihr ein Hotelzimmer reserviert, damit wir uns keine Kommentare anhören müssten. Am nächsten Morgen begaben wir uns zur zuständigen Behörde, um die Heiratsgenehmigung zu bekommen, wofür wir auch einen Bluttest auf Geschlechtskrankheiten vornehmen lassen mussten. Danach waren wir mit Rabbi Richard Hertz verabredet. Julie hatte sich mir zuliebe bereit erklärt, zum jüdischen Glauben überzutreten. Zwar war sie seinerzeit auf Drängen ihrer Direktorin an der *High School* hin getauft worden, doch das Wasser war anscheinend nicht sehr tief eingedrungen. Ich dagegen hatte mich in China bewusst dem Judentum zugewandt und war zudem ein überzeugter Zionist geworden. Wir beabsichtigten, langfristig nach Israel zu gehen, und spätestens dort wäre es schwer gewesen, ein jüdisches Leben mit einer nichtjüdischen Frau zu führen. So hatte ich mich an Rabbi Hertz gewandt, einen Reformrabbiner. Nach einigen Bedenken hatte er versprochen: »Gut, ich werde sehen, was ich tun kann.« Als wir ihn dann aufsuchten, war auch er freudig erregt, eine getaufte Chinesin traute er nicht alle Tage. Er plauderte mit Julie, um die Stimmung zu lockern, und erkundigte sich wie nebenbei: »Lieben Sie Robert?« Für einen amerikanischen Geistlichen, der eine Trauung vornehmen sollte, keine ganz unbegründete Frage. Julie aber blickte ihn erstaunt an, errötete und meinte nur: »Teils, teils.« Woraufhin nun wiederum Rabbi Hertz verdutzt dreinschaute, eine solche Antwort hatte er noch von keiner Braut erhalten. Bis wir ihm erklärten, dass Chinesen derartige Gefühle nicht öffentlich äußerten. Am Ende gab er ihr einen Stapel Bücher über jüdische Geschichte und Religion zu lesen.

Zur Eheschließung drei Tage später lud er uns in sein elegantes Apartment am Michigansee ein. Es hätte sich nicht gelohnt, in der Synagoge zu heiraten, wir besaßen nur wenige Freunde in Chicago. Julie sah wunderschön aus. Sie trug ein weißes Kostüm aus sogenannter Haifischhaut und einen weißen Hut, ich einen hellgrauen Sommeranzug aus Schanghai. Der Rabbi gab ihr eine Stelle aus dem Buch Ruth mit auf den Weg: »Wo du hingehst, da will ich auch hingehen; wo du bleibst, da bleibe ich auch. Dein Volk ist mein Volk und dein Gott ist mein Gott.« Sie enthält das Bekenntnis einer Nichtjüdin zum Gott Israels; Ruth sollte schließlich zur Ahnfrau Davids werden. Julie überreichte Frau Hertz zwei bestickte Kissen, die ihre Mutter ihr eigentlich für unsere Hochzeitsnacht mitgegeben hatte. Doch als einziges Geschenk waren sie ihr für einen so vornehmen Haushalt geeignet erschienen.

Als gelernter Europäer und noch etwas naiver Student hatte ich eine richtige Hochzeitsfeier erwartet und daher meine Freunde angewiesen, vorher nichts zu essen. Nachdem der Rabbi die Trauung vollzogen hatte, wartete seine Frau mit Kanapees und einer Flasche Champagner auf. Das war alles! Heute, nach all den Jahren in Amerika, sehe ich, dass die beiden durchaus großzügig mit uns waren. Trotzdem standen Brautpaar und Gäste nun mit fast leerem Magen da. Besorgt nahm ich Joe Froomkin beiseite, einen russischen Juden, der mit mir in Schanghai studiert hatte, und fragte ihn auf Chinesisch: »Kannst du mir Geld borgen?« Joe rettete die Situation, und wir speisten dann in einem italienischen Restaurant nahe der Universität. Nach jüdischem Brauch mussten wir nun noch ein Glas zerschlagen. Auch in Zeiten des Glücks sollst du die Sorgen deines Volkes nicht vergessen – das ist ungefähr der Sinn dieses Rituals. »Glück und Glas, wie leicht bricht das.« Es war klar, dass wir auf dem schönen Teppich des Rabbi kein Glas zerschmettern konnten. Also stibitzten wir eines im Restaurant, gingen ein Stück die Straße hinunter, warfen es auf den Boden und trampelten darauf herum. Das war der nächste Kulturschock für Julie: In China bedeuten Scherben ein böses Omen! Rabbi Hertz ließ sich übrigens später scheiden; wir aber sind immer noch zusammen.

Bis zu Julies Ankunft hatte ich in einem Studentenheim gewohnt. Für die nächsten Wochen bezogen wir eine vergleichsweise luxuriöse Wohnung, die ein Apothekerpaar während der Ferien vermietete. In dem geräumigen Wohn- und Esszimmer standen ein sogenannter Loveseat, ein kleines Sofa also, das zwei Leuten gerade Platz bot, dazu ein Sessel und ein Plattenspieler in Form einer Jukebox. Vor dem Schlafzimmer lag eine Tankstelle, die nachts so grell erleuchtet war, dass man kein Licht brauchte.

Unsere Flitterwochen dauerten drei Tage, und auf Hochzeitsreise ging es mit der Straßenbahn. Wir verbrachten einen zauberhaften Tag im Riverside Park, dem Prater von Chicago. Auch wenn Julie im Riesenrad schlecht wurde und mir in der Achterbahn, deren bunte Wägelchen ich fatalerweise für die einer harmlosen Geisterbahn gehalten hatte. Einer der Aussteller hatte sich neben einer Waage postiert und bot den Besuchern an, gegen einen Obolus von 25 Cent ihr Gewicht zu schätzen. Je nachdem, wie weit er danebenlag, konnte man kleine oder größere Preise gewinnen. Bei Julie verschätzte er sich völlig; vermutlich hatte er wenig Erfahrung mit Asiatinnen. Und so verließ meine Frau den Riverside Park mit einem großen Teddybär im Arm.

Es war Sommer, und wir verbrachten zumindest die ersten Wochen eine sehr glückliche Zeit. Freilich wurden wir schon dabei mit Anpassungsschwierigkeiten konfrontiert, die uns, die vor allem Julie über Jahre begleiten sollten. An einem der ersten Tage wollte ich sie zum Beispiel in die Kantine des Studentenheims ausführen. Da es sehr heiß war, drängte ich sie dazu, Shorts anzuziehen. Im konservativen Schanghai hatte sie etwas derart Freizügiges nie getragen, und so redete ich wohl zwanzig Minuten auf sie ein, bis sie schließlich nachgab. Kaum aber hatten wir die Kantine betreten, wies deren Chefin uns darauf hin, dass Mädchen hier entweder Röcke oder lange Hosen zu tragen hätten, und komplimentierte uns energisch wieder hinaus. Für Julie ein beschämender Gesichtsverlust, für mich eine leidige Erfahrung, wie viel auch ich noch über die Feinheiten des Lebens in Amerika zu lernen hatte.

Bei meiner Ankunft hatte ich wenig mehr über Chicago gewusst, als dass es ähnlich wie Schanghai im Ruf einer berüchtigten Gangsterstadt stand. Anfang der Dreißigerjahre hatte es sogar einmal einen Austausch zwischen den Polizeikräften beider Metropolen gegeben. Dem Vernehmen nach hatten die Schanghaier sich wie im Urlaub gefühlt, die Amerikaner dagegen ihren Aufenthalt vorzeitig abgebrochen. Auch über meine Universität wusste ich kaum etwas. Von den Studenten auf der *General Gordon* hatten nur ganz wenige Chicago als Ziel angegeben. Das konnte man entweder so interpretieren, dass es keine gute Hochschule war, oder aber eine ausgezeichnete, die entsprechend streng auswählte. Letzteres war der Fall: Die biologische Fakultät zählte zu den besten der Staaten. Der Unterricht dort bewegte sich auf einem anderen Niveau als in Schanghai, so dass ich mich ordentlich anstrengen musste. Insbesondere galt es, die neuere Entwicklung der Forschung nachzuholen, die Bibliothek von St. John's war ja auf dem Stand von 1937 eingefroren gewesen. Für den Fall, dass ich meine Studien der *Pantala flavescens* hätte weiterführen wollen, hatte ich einen ganzen Tiegel konservierter Exemplare mitgebracht. Nun aber erweiterte sich mein Horizont beinahe täglich. Ich entdeckte viel aufregendere Themen und entledigte mich schließlich meiner kosmopolitischen Libellen.

Nachdem ich meine Eltern von unserer Hochzeit in Kenntnis gesetzt hatte, schrieb meine Mutter mir ein halbes Jahr lang überhaupt nicht mehr. Sie hatte gehofft, dass ich mir Julie aus dem Kopf schlagen würde, sobald China hinter mir läge. Vor vollendete Tatsachen gestellt, konnte sie mir meinen Eigensinn lange nicht verzeihen. Vermutlich hatte sie sich eine mondäne Schwiegertochter aus besseren Kreisen erträumt. Eine Amerikanerin hätte ihr sicher weniger zu schaffen gemacht, und sie hätte wohl auch nicht auf einer jüdischen Schwiegertochter bestanden. Aber eine Chinesin! Eine »Mischehe«! Das war undenkbar für sie, daran hatten auch all die Jahre in Schanghai nichts zu ändern vermocht, sie wohl sogar in ihrer Voreingenommenheit bestärkt. Und nun musste sie sich auf schlitzäugige Enkelkinder gefasst machen! Auch wenn sie sich dann allmählich damit versöhnte, so hatte Julie doch die ersten Jahre über einen schweren Stand bei ihr, obwohl sie immerhin die Tochter eines Arztes war.

Die 800 Dollar Startkapital, die ich zusammengespart hatte, waren bei Julies Ankunft schon aufgebraucht. Nachdem das Aufgebot bestellt und die Apothekerwohnung angemietet war, waren mir noch genau drei Dollar geblieben. Julie hatte dann ebenfalls 800 Dollar mitgebracht und gottlob eingewilligt, gemeinsame Kasse zu machen. Als sie auf der Bank ihre Unterschrift hinterlegen sollte, zeichnete sie automatisch mit ihrem Mädchennamen. Sie brauchte drei Anläufe, bis ihre Hand ihrem Verstand gehorchte, so sehr hatte die Signatur sich eingefleischt.

So froh wir auch waren, das Jahr der Trennung überstanden und alle äußeren Widerstände überwunden zu haben, so unsicher war doch unsere Lage. Was den Alltag nicht einfacher machte; verheiratet zu sein ist eben doch eine ganz andere Sache, als verliebt zu sein. Von Anfang an plagten uns sowohl finanzielle wie auch bürokratische Schwierigkeiten. Ein jüdisches Komitee in Chicago hatte mir ursprünglich eine monatliche Unterstützung von fünfzig Dollar gewährt, sie dann jedoch gestrichen, als es von meiner Heirat erfuhr. Wäre Julie eine »echte Jüdin« gewesen, hätte man uns wohl weiter unterstützt. Da ausländische Studenten keiner festen Arbeit nachgehen durften, versuchten wir alles Mögliche, um uns über Wasser zu halten. Das erste Jahr betätigte Julie sich als Babysitterin, im zweiten betreuten wir einen gelähmten Professor. Julie besorgte seinen Haushalt, ich half ihm beim An- und Auskleiden, schob seinen Rollstuhl und fuhr ihn zur Universität. Als Gegenleistung konnten wir umsonst bei ihm wohnen und essen. Im dritten Jahr führten wir einer Methodistenpastorin die Wirtschaft, die taubstumme Gemeindemitglieder betreute. Dennoch wurden unsere Finanznöte allmählich derart drängend, dass Julie, obwohl ihr das als Ausländerin untersagt war, eine Stelle als Assistentin am Enrico-Fermi-Institut annahm. Dort wurden chemonukleare Forschungen betrieben. Julie liebte diese Arbeit, und ihr Chef und die Kollegen zeigten sich sehr mit ihr zufrieden. Dieses Einkommen ermöglichte es uns endlich, eine eigene Wohnung anzumieten.

# Die letzten Tage von Schanghai

Zur Hochzeit hatte mir Robert sechs Geschenke überreicht: Ein Hula-Röckchen, das er noch bei seinem Zwischenstopp auf Hawaii erstanden hatte, ein goldenes Halskettchen mit Davidsstern, ein Kochbuch, ein Radio, ein Bügeleisen und zwei Schürzen. Da wusste ich schon, woran ich war. Das Röckchen stand für Tanz und sinnliche Verlockung, der Davidsstern für den Glauben, das Kochbuch für gutes Essen. Das Radio sollte uns die Welt ins Haus bringen; damals, in der turbulenten Gründungszeit des Staates Israel, schaltete Robert es wohl ein Dutzend Mal am Tag ein. Das Bügeleisen und die Schürzen schließlich sollten eine ordentliche Hausfrau aus mir machen. Ich nahm mir immerhin vor, mich allseits zu bemühen und meinen Mann glücklich zu machen.

Einmal die Woche lernte ich Hebräisch sowie jüdische Religion und Gebräuche. Abends gab Robert mir noch Privatunterricht. Das zog sich über zwei Jahre hin, danach war ich gewissermaßen Diplomjüdin. Ich lernte, dass Gott eins und unteilbar ist; dass man seinen Namen nicht entweihen soll, indem man ihn ausspricht oder auch nur buchstabiert, es sei denn in den heiligsten Gebeten; dass er uns befiehlt, seine Mitzwoth zu befolgen, die sowohl göttliche Gebote wie auch gute Taten umfassen. Ich lernte die Bedeutung der Feiertage und einiges über jüdische Geschichte. Den Rest, den jüdischen Humor etwa, jiddische Ausdrücke, den Stolz und die Freude darüber, dieser Gemeinschaft anzugehören, aber auch die Bereitschaft, das Leid aller Juden zu teilen – all das nahm ich mit der Zeit eher intuitiv in mich auf. Dennoch brachten mir viele Juden anfangs nur Geringschätzung entgegen. Dabei befolgte ich die Gebote wahrscheinlich konsequenter als sie und wusste wohl mehr übers Judentum als die meisten von ihnen. Manche jüngeren Glaubensgenossen dagegen hießen mich herzlich willkommen.

Mit dem Haushalt hatte ich meine liebe Not. Daheim in China hatten unsere Diener all diese Arbeiten verrichtet. Zwar lernte ich schnell Kochen, aber ans Kloputzen konnte ich mich lange nicht gewöhnen. Auch widerstrebte es mir, die Wäsche in die Wäscherei zu bringen. Ich fand es unschicklich für eine junge Dame, einen großen Sack durch die Gegend zu schleppen. So wusch ich denn einmal die Woche Bettwäsche, Tischtücher und Jeanshosen von Hand und hängte sie kreuz und quer zum Trocknen auf. Dann sah es bei uns aus wie damals im Internat, als Hsiuchu mein Bettzeug gewaschen hatte.

Allmählich gewöhnte ich mich daran, alleine einkaufen zu gehen. Um das Fahrgeld für die Straßenbahn zu sparen, lief ich die acht Blocks hin zum Supermarkt und, bepackt mit vier, fünf Tüten, wieder zurück. Zu Hause übermannten mich dann zuweilen die Tränen. Hinzu kam, dass ich mit vielen Produkten nicht vertraut war. Konserven zum Beispiel hatte es in China nicht gegeben. Ich war mit dem Angebot überfordert, griff mir einfach dies und das aus den Regalen und schleppte es nach Hause. Robert war dann oft gar nicht zufrieden mit meiner Wahl. »Wofür ist das? Und das, wozu brauchen wir das? Du vergeudest unser Geld!« So musste ich diese Waren am Ende auch noch zum Umtausch zurücktragen. Bei Meinungsverschiedenheiten gab er in den seltensten Fällen nach. Manches Mal rebellierte ich gegen dieses neue Leben, das so ganz anders als mein bisheriges war und das ich nicht immer verstehen konnte. Wodurch es freilich nicht einfacher wurde.

Ich war offen genug gewesen, in die Fremde zu gehen. Doch nun fühlte ich mich der neuen Umgebung kaum mehr gewachsen. Ich war es gewohnt, ständig Leute um mich zu haben, schon mein engster Familienkreis hatte doch ein Dutzend Menschen umfasst. Nun aber verbrachte ich ganze Tage alleine. Ich war mit einem Besuchervisum eingereist, das mich weder zur Fortsetzung meines Studiums noch zur Annahme einer Arbeit berechtigte. Zumindest anfangs hätte es mir aber wohl auch am nötigen Antrieb dafür gefehlt. Jedenfalls kam mir nach der Heirat die eigene Perspektive abhanden. Mein Leben wurde eintönig. Richtig ausgehen konnte ich kaum, wir lebten meist in weitläufigen Wohnvierteln. Etwas besser wurde es dann vorübergehend, als wir ins Haus dieses gelähmten Professors zogen. Er beschäftigte zusätzlich eine schwarze Haushälterin, von der ich Bügeln, Staubsaugen und amerikanische Küche lernte, und die mir auch ein wenig neuen Lebensmut gab. Sonst aber fand ich zu Amerikanern nur schwer Kontakt. Ihre direkte Art verletzte mich, und als arme Ausländerin fühlte ich mich als ein Mensch zweiter Klasse.

Um mich zu trösten, schrieb ich Gedichte und geschönte Briefe an meine Familie. Ich gab vor, dass alles zum Besten stünde, und dass die reichen Leute in Amerika auch nichts anderes essen würden als wir. Bisweilen sehnte ich mich nach China zurück. Schanghai selbst vermisste ich nicht, aber die heimische Landschaft, die Poesie der Natur in Tientai etwa. Als ich die Taschentücher, die Mutter mir am Kai zugesteckt hatte, zum ersten Mal benutzte, entdeckte ich, dass sie *»Komm wieder!«* darauf gestickt hatte. Tatsächlich hatten wir verabredet, dass ich sie nach zwei oder drei Jahren besuchen käme. Die ersten Monate schrieben wir uns auch noch fleißig, so dass ich über die Entwicklungen in »Yangs Dorf« auf dem Laufenden war. Wanchün hatte ein Mädchen aus der Nachbarschaft geheiratet, Wang Wan-yi, und Ende 1948 stellte sich der erste Enkel ein. Vater ließ es sich nicht nehmen, eigenhändig als Geburtshelfer zu wirken. Auch Hsiuchu und Vincent heirateten um diese Zeit, und bald durften unsere Eltern auch noch eine Enkelin verwöhnen.

In China kennen wir vier Tugenden für eine gute Ehefrau: Sie soll ihrem Mann ergeben sein, ihm allzeit zur Seite stehen, sich um seine Eltern kümmern und auch den übrigen Personen im neuen Haus Respekt erweisen. Mein Leben lang habe ich Robert mit ganzer Kraft unterstützt. »Wo du hingehst, da will ich auch hingehen ...« Ich habe ihm auch meine eigene Karriere geopfert. Mir blieb einfach keine Zeit, meine Ausbildung fortzusetzen. Zuerst musste ich ihm helfen und später für unsere beiden Kinder da sein. Eine Putzfrau oder Babysitterin konnten wir uns nicht leisten. Robert wollte so rasch wie möglich promovieren, um Geld verdienen zu können. Als er seine Doktorarbeit schrieb, fertigte ich die Zeichnungen und Diagramme an und übernahm etliche Berechnungen. Als er schließlich seinen Ph. D. bekam, hätte ich fairerweise einen Ph. T. erhalten sollen, für »putting husband through«.

Er verbrachte Tage und Nächte im Labor und arbeitete bis zur Erschöpfung. Seine Gewissenhaftigkeit war ebenso groß wie sein Ehrgeiz; nicht umsonst verheißt der Name Robert ursprünglich »strahlenden Ruhm«. Ich wusste, dass diese Kraftanstrengung nötig war, auch, um unsere prekäre Existenz eines Tages auf eine tragfähige Grundlage stellen zu können. Und doch bedeutete seine Abwesenheit Gift für mich. Die Eifersucht beschlich mich wieder: Studierte er nicht zusammen mit anderen Mädchen? Fand er sie womöglich interessanter, intelligenter, verführerischer als mich? Und passten sie nicht auch besser zu ihm als ausgerechnet eine »kostbare Perle« aus Ningpo? In einsamen Stunden dachte ich manchmal daran, fortzugehen. Wie damals unsere Mutter, als sie sich vor den Zumutungen ihres Ehelebens ins Hotel flüchtete. Aber wohin hätte ich gehen sollen? Am Ende wäre ich doch wieder zurückgekehrt und hätte mein Gesicht so ein zweites Mal verloren. Yang Mae sandte mir Fotos von ihrer Hochzeit, später auch von ihrem ersten Kind. Doch zu dieser Zeit hatte ich die Nase vom Thema Ehe derart voll, dass ich das Glück anderer nicht wahrhaben wollte und ihr nie antwortete. Auch die

Verbindung zu Lily riss ab. Erst meines Kummers wegen, später, weil ich befürchten musste, dass Briefe aus Amerika ihr schaden würden. Aus dem gleichen Grund musste ich dann auch die Korrespondenz mit meiner Familie einstellen.

Die amerikanischen Medien berichteten ausgiebig über die Lage in China. Alles sah nach einem großen Showdown in Schanghai aus. Die Nationalisten riefen dazu auf, es bis zum letzten Blutstropfen zu verteidigen. Rund um die Stadt wurden Schützengräben ausgehoben, Drahtverhaue gespannt und Schießstände vorbereitet. Hunderttausende flohen aufs Land, zugleich aber drängte die versprengte Landbevölkerung in die Stadt. Der Hunger wütete schlimmer als zu Zeiten der Besatzung. Ein letztes Mal noch lief die *President Wilson* in den Whangpoo ein, um Ausländer zu evakuieren. Die kommunistischen Verbände näherten sich von Nordwesten, machten dann jedoch mehrere Wochen im Hinterland Halt. Die Geschichte hielt den Atem an. Ende Mai 1949 marschierten sie schließlich unter General Chen Yi ein. Ihre erste Etappe war St. John's, wo sie vorübergehend ihr Hauptquartier aufschlugen. Binnen weniger Tage brachten sie die Stadt ohne nennenswerten Widerstand in ihre Hand. Die Schlacht um Schanghai fiel aus. Zur Belohnung wurde Chen zum Bürgermeister ernannt.

Die Revolution war an ihren Ursprungsort zurückgekehrt. Mao Tse-tung ließ sofort den Hafen und die Flugplätze schließen. Schanghai verfiel ein zweites Mal in Agonie. In die leeren Hotels wurden Soldaten einquartiert, später karrte man Bauern aus der Provinz heran, damit sie einmal im Leben Luxus kosteten. Schanghai, nach Maos Wort die Hure der Imperialisten, wurde zur Sklavin der Kommunisten degradiert. Später sollte der Bund gar zum Revolutionsboulevard erklärt und seine Ampeln allen Ernstes umgestellt werden, damit Rot freie Fahrt bekäme.

Das nationalistische Regime implodierte, seine Parteigänger flohen nach Taiwan. Ningpo war eine ihrer letzten Bastionen, auf den Chusan-Inseln hielten sie sich noch bis Mitte 1950. Von dort flogen ihre Bomber vereinzelt Angriffe auf Schanghai, doch dank russischer Schützenhilfe wurden sie abgewehrt. Mao revanchierte sich beim großen Bruder: Während alle »Imperialisten« enteignet und hinausgeworfen wurden, durften die Russen bleiben. Als einzige ausländische Macht erhielten sie auch ihr angestammtes Konsulat zurück. Anders als katholische und protestantische Kirchen blieben die russisch-orthodoxen unbehelligt, und die Kinos zeigten vermehrt sowjetische Filme. Für die überwiegend antikommunistischen russischen Emigranten freilich wurde die Lage prekär. In einer spektakulären Aktion rettete sich eine größere Gruppe schließlich auf die Philippinen.

Anhand ihrer Briefe konnte ich mir ausmalen, dass meine Angehörigen schwere Zeiten durchmachten. Nun waren sie es, die mich über ihr hartes Los zu beruhigen suchten. Dabei verdiente unser Vater beinah nichts mehr und wurde demonstrativ schikaniert. Hatte er doch in Amerika studiert, beim Klassenfeind! Schwerer noch wog der Umstand, dass einige seiner Patienten der Kuomintang angehört hatten. »Ich helfe jedem, der zu mir kommt«, pflegte er zu sagen. Er folgte seinen ärztlichen Prinzipien, nicht seinen politischen Ansichten. Das genügte, ihm einen Strick daraus zu drehen. Er war ein Reaktionär, ein Bourgeois! Wofür schließlich auch sein Lebenswandel sprach: Ein Arbeiter hat keine Konkubine.

In der Volksrepublik gab es dann weder Privatpraxen noch Privatpatienten mehr, und da alle gleich arm werden sollten, verdienten Ärzte kläglich. Vater wurde in einer staatlichen Apotheke angestellt, wo er sich der Laufkundschaft anzunehmen hatte: Hafen- und Bauarbeiter, Straßenhändler, Hausfrauen. Er konnte wenig mehr tun, als ihnen den Puls zu fühlen. Die Familie aß kaum mehr anderes als Reis, *Tso* und eingelegten Rettich. Fleisch gab es nur noch für die Armee und für Parteimitglieder. Auf den wenigen Fotos, die meine Eltern mir schickten, sahen sie dünn und ausgemergelt aus. Mehrere Jahre lang brachte ich es kaum mehr über mich, Fleisch zu essen. Wie konnte ich es mir gut gehen lassen, solange meine Familie darbte? Ich bekam Albträume und fühlte mich schuldig, sie im Stich gelassen zu haben. Doch nun lag ein Ozean zwischen uns, und es gab nichts, womit ich ihnen hätte helfen können. Noch nicht einmal Geld konnte ich schicken, wir hatten selber kaum welches.

Der schwarze Ford wurde konfisziert und unser Haus verstaatlicht. Die neuen Herren quartierten zahlreiche Familien darin ein, meinen Angehörigen blieben nur mehr drei Räume. Und für die mussten sie auch noch Miete bezahlen! Vater ließ diese Herabsetzung unbeteiligt mit sich geschehen. Dr. Yang, der bekanntlich Arzt war und kein Feuerwehrmann, wusste nichts mehr zu erwidern. Eine Nervenkrankheit ließ ihn schließlich arbeitsunfähig werden. Die einst so große Familie wurde in alle Winde zerstreut. Als Vater erkrankte und nichts mehr verdiente, verließ ihn auch seine Konkubine mit ihrem Sohn.

Gott sei Dank konnte Hsiuchu den Eltern die letzten Jahre zur Seite stehen; auch mein jüngster Bruder Wanch'uan lebte noch in der Nähe. Andere kehrten nach Ningpo zurück. Wir sorgten uns, dass meine Angehörigen in noch größere Schwierigkeiten geraten würden, wenn wir ihnen weiter aus Amerika schrieben. Aus dem gleichen Grund schickten auch sie uns keine Briefe mehr. Siebzehn Jahre lang hatten wir keinerlei Verbindung miteinander. Erst nach 1976 konnten wir ihnen wieder schreiben und sie schließlich auch besuchen, als China seine Grenzen zaghaft öffnete. Aber da waren die Eltern längst tot. Mein Vater starb 1957 an einer Herzkrankheit, ebenso zwei Jahre später meine Mutter. Hsiuchu teilte es uns in knappen Worten mit. Nur Todesnachrichten durften noch heraus aus China. Ende der Sechzigerjahre wurde die Grabstätte der Eltern dann von den Roten Garden verwüstet. Dass meine toten Angehörigen keinen Ort auf Erden haben, macht mir bis heute zu schaffen.

Das geschah zur Zeit der »Kulturrevolution«. Diese groß angelegte Kampagne sollte den allmählichen Machtverlust der Führungsclique um Mao kompensieren. Es war Terror von unten auf Geheiß von oben. Er richtete sich gegen alles, was sich der maßlosen Herrschsucht der Kommunisten entzog, inklusive vermeintlicher Abweichler innerhalb der Partei. Selbst Chen Yi, der Kriegsheld und vormalige Bürgermeister, fiel in Ungnade und starb als gebrochener Mann unter Hausarrest. Im ganzen Land wurden Bibliotheken und Klöster verwüstet, Universitäten geschlossen, fähige Fachleute durch unfähige Kader ersetzt und rechtschaffene Menschen der aberwitzigsten Vergehen bezichtigt. Der Amoklauf der Roten Garden sollte auch den letzten Resten traditioneller Kultur, bürgerlicher Lebensart und weltläufigen Denkens den Garaus machen.

Zu diesem Zeitpunkt war von unserer Familie schon nicht mehr viel übrig. Mein Bruder Wanchün zum Beispiel war bereits vorher unter die Räder gekommen. Nachdem seine Autowerkstatt nicht zu halten gewesen war, hatte er sich als Vertreter für Eisenwaren, Türschlösser und Wasserhähne versucht. Das war auch eine Zeit lang gut gegangen, er war ja kontaktfreudig und kannte viele Leute. Aber dann muss er irgendetwas Anerkennendes über die Kuomintang gesagt haben. Dafür steckte man ihn erst ins Gefängnis, anschließend in ein Arbeitslager in der Mandschurei. Dort, schon halb in Sibirien, musste er vierzehn Jahre lang im Straßenbau schuften. Schließlich sollte er als unbrauchbar entlassen werden. Seine Frau Wang Wan-yi und ihre vier Söhne, die sich schon kaum mehr an den Vater erinnern konnten, waren unterdessen einer Gehirnwäsche unterzogen worden, damit sie sich von ihm lossagten. Als Wanchün freikommen sollte, kündigte er ihnen brieflich seine Rückkehr an. Doch er starb noch im Lager.

Auch Hsiuchus Familie wurde übel mitgespielt. Vincent hatte bekanntlich an einer westlichen Universität studiert und es obendrein mit den Katholiken gehalten. Zur Strafe schickte man ihn zur »Umerziehung« aufs Land, wo er Mist schaufeln und Steine klauben musste, statt als Arzt helfen zu können. Hsiuchu blieb mit den vier Töchtern auf sich allein gestellt. Zu Beginn der Kulturrevolution wurde ihre Wohnung dann mehrfach durchsucht. Die Rotgardisten durchwühlten alles, und einer drückte seine Zigarette auf einem Porträt unseres Vaters aus, zum Zeichen der Verachtung wie als Drohung, was mit Klassenfeinden nun geschehen würde. Daraufhin verbrannte Hsiuchu fast alle Familienbilder. Nur die Fotoecken blieben in den Alben kleben, markierten die Leerstellen einer zerstörten Familiengeschichte. Auch Vaters Bücher und Diplome, unsere Studienunterlagen, meine Briefe aus Amerika, all das verbrannte sie vorsorglich. Die Yangs gehörten der falschen Klasse an. Glück war kompromittierend, Wohlstand ein Kapitalverbrechen, Bildung ein Sicherheitsrisiko.

Lilys Schicksal war ebenfalls traurig. Sie hatte ihren Freund geheiratet und drei Kinder mit ihm bekommen. Als ehemalige Kapitalisten mussten sie alle möglichen Quälereien erdulden. Als ihre Mutter in Hongkong im Sterben lag, beantragte sie ein Besuchsvisum. Ihr kleiner Sohn durfte sie begleiten, ihr Mann und die Töchter aber mussten in Schanghai bleiben. Nach dem Tod der Mutter entschloss sich Lily schweren Herzens, nicht wieder zurückzukehren.

Zeitversetzt schien sich für meine Familie manches zu wiederholen, das mir aus Roberts Erzählungen vertraut geworden war: die Verfolgung und Entrechtung, der Raub des Eigentums, die Schinderei in Arbeitslagern. Durch Chinas »Befreiung« geriet mein als nur vorübergehend gedachter Aufenthalt in Amerika zu einer unwiderruflichen Emigration. Mein Land verstieß mich, und so verstieß ich umgekehrt mein Land. Ich kümmerte mich nicht um Kontakte zur Diaspora und las keine chinesischen Zeitungen oder Bücher mehr. Ich wurde ganz »Julie«, während »Chenchu« auf der Strecke blieb. Die Geburt von David und Hannah verstärkte die Isolation zunächst noch. Abgeschnitten von den Meinen kam ich alleine in der Fremde nieder. Nicht einmal davon wagten wir meiner Familie zu schreiben. Die Kinder würden womöglich nie ihre Großeltern, ihre Tante und ihre vielen

Onkel kennenlernen. Von Beginn an sprach ich nur englisch mit ihnen. Mein China gab es nicht mehr. Dieser Bruch ist nie verheilt. Gottlob bescherten mir David und Hannah dafür das Glück einer eigenen Familie in Amerika.

Was wäre wohl aus mir geworden, wenn ich in Schanghai geblieben wäre? Eine Biologin wohl kaum. Eher hätte ich versucht, doch noch Medizin zu studieren. Hätte ich, wie Hsiuchu, einen Arzt geheiratet? Oder vielleicht besser einen Parteibonzen, um die Familie schützen zu können? Vermutlich aber hätte ich uns alle nur in noch größere Gefahr gebracht, hätte, wie Wanchün, mit meinen Ansichten nicht hinter dem Berg halten können. Wie dem auch sei, in Amerika lähmten mich Gewissensbisse, Wut und Ohnmacht über Jahre hinweg. Ich sonderte mich vom Leben ab und fand nur schleppend, nur unvollständig zu ihm zurück. In den *Sprüchen der Väter* heißt es: »Wer aber ist reich? Der, welcher mit seinem Los einverstanden ist.« Andererseits sagt man, dass es ohne Unzufriedenheit keinen Fortschritt gäbe. Zeitlebens habe ich versucht, zwischen diesen beiden Polen die Mitte zu halten.

# »Der Bub ist da!«

Bei Machtübernahme der Kommunisten lebten noch etliche Tausend Juden in Schanghai. Überwiegend solche russischer und irakischer Herkunft, aber auch einige Mitteleuropäer, die sich eine neue Existenz aufgebaut hatten. Doch nun begann abermals ein Exodus, die Freistatt Schanghai wurde geräumt. Die meisten gingen ins neu gegründete Israel, britische Staatsbürger bevorzugten Hongkong. Die Jeschiwa siedelte fast geschlossen nach Brooklyn über. Viele andere Flüchtlinge aber, die Verwandte in den Staaten hatten, harrten wegen des unerbittlichen amerikanischen Quotensystems vergeblich auf eine Einreiseerlaubnis. Schließlich machten sich 108 Personen aus dieser Gruppe mit der *General Gordon* nach San Francisco auf. Treibgut im Strom der Zeit, hofften sie auf eine Ausnahmegenehmigung. Doch die Behörden kannten kein Erbarmen. In einem plombierten Zug wurden diese Flüchtlinge via Chicago nach New York verfrachtet, von wo sie in ihre deutsche »Heimat« abgeschoben werden sollten. Nur von dort aus, so die staatliche Logik, durften sie ihre Einwanderungsgesuche stellen. Ihnen wurde lediglich gestattet, in New York Besuch von ihren Angehörigen zu empfangen. Da fanden sich dann Familien zusammen, die einander zehn Jahre lang nicht gesehen hatten, und schon wurden sie wieder auseinandergerissen.

Auch die Eltern meines Freundes Harry Methner gehörten zu dieser Gruppe. Er erreichte sogar, dass er in ihrem Beisein auf Ellis Island heiraten durfte, dann aber wurden sie wie alle anderen nach Europa abgeschoben. Die meisten kamen in ein Auffanglager in Bremerhaven, wo sie dann bis zu zwei Jahre lang lebten. So lange dauerte es, bis die Letzten ihre Einreiseerlaubnis erhielten, sofern sie nicht längst aufgegeben hatten. Dass Vertreter dieser Gruppe es bei ihren Bittbesuchen im Kanzleramt ausgerechnet mit dem Staatssekretär Hans Globke zu tun bekamen, jenem NS-Juristen, der den Kommentar zu den Nürnberger Gesetzen mit herausgegeben hatte, das zählt zu den absurdesten Fußnoten dieser Zeit.

Verglichen mit solchen Schicksalen hatte ich wahrlich Glück gehabt. 1951 nahm ich eine Assistentenstelle an der Universität von Kansas an, parallel machte ich meinen Doktor in Chicago. Eine wichtige Inspiration dafür lieferte Alfred Kinsey, der später als akribischer Erforscher der menschlichen Sexualität berühmt wurde, von Hause aus jedoch Insektenkundler war. Mit einer exemplarischen Studie über die geographische Variabilität von Gallwespen hatte er gerade die Diskussion um die Mechanismen der Artenbildung neu belebt. Etwas Vergleichbares unternahm ich nun anhand der Verbreitungsmuster bestimmter Blattlaus-Populationen.

Verborgene Gesetzmäßigkeiten in der Natur aufzuspüren und die daraus resultierenden Prozesse zu untersuchen war von Beginn an eine der Triebfedern meiner Arbeit. Meine Assistentenstelle im Agrarstaat Kansas zielte jedoch mehr auf praktische Ergebnisse ab. Anhand der Fruchtfliege *Drosophila,* die damals weltweit zum wichtigsten Versuchstier der Genetiker avancierte, untersuchte ich die Resistenz gegen Insektizide. Doch bald schon wandte ich mich der Grundlagenforschung zu, beschäftigte mich systematisch mit Biostatistik und entwickelte Ende der Fünfzigerjahre die numerische Taxonomie. Dieses neue Spezialgebiet, das moderne statistische Verfahren in die Biologie einführte, sorgte für große Kontroversen und machte mich in der Fachwelt nachhaltig bekannt. Für fast alle damaligen Projekte musste ich unendlich viel zählen, rechnen und Daten vergleichen. In jenen Jahren kamen gerade die ersten Computer auf. Der einzige Rechner der Universität stand im Untergeschoss des Verwaltungsgebäudes und nahm ein ganzes Zimmer ein. Nur nachts hatte ich diese Maschine für mich, und so blieb ich oft von früh bis spät an der Hochschule.

Mitunter war die Arbeit auch ein Trost: Wenn ich Sorgen hatte, konnte ich mich in sie vertiefen, sie trug mich über manche Krise hinweg. Dass es mit unserer Ehe nicht zum Besten stand, war mir zwar bewusst, doch wie verzweifelt Julie manchmal über ihre Lage war, verstand ich damals nicht. Zu sehr war ich in meine Forschungen vertieft, zu sehr mit der Sicherung unserer Existenz beschäftigt. Auch war es für mich natürlich leichter, mich in die amerikanische Gesellschaft einzuleben, und anders als Julie plagten mich weder Heimweh noch ernsthafte Sorgen um meine Eltern. Erst viele Jahre später konnten wir uns offen mit diesen seelischen Nöten auseinandersetzen. Hätte Julie darauf bestanden, dass ich mehr Zeit zu Hause verbringen sollte, oder hätte sie ihre eigene Karriere weiterverfolgt, wäre die meine sicher weniger steil verlaufen. Andererseits wären wir beide froh gewesen, wenn sie etwas hinzuverdient hätte. Auch hatte jener Posten am Enrico-Fermi-Institut ihr sehr zugesagt, und durch den Kontakt zu Kollegen war sie aufgeblüht. Nur ungern gab sie ihn deshalb auf, als wir nach Kansas zogen. Wenig später hätte uns dieses Intermezzo fast noch ins Unglück gestürzt. Als herauskam, dass sie widerrechtlich gearbeitet hatte, bestand die Gefahr, dass sie ausgewiesen werden würde. Und zwar nach Taiwan, wo sie natürlich keine Menschenseele kannte. Sie war mit einem Kuomintang-Pass eingereist, der zunächst auch noch einmal von einem Kuomintang-Konsul verlängert worden war, der damals faktisch schon als taiwanesischer Konsul amtierte. In dieser heiklen Lage ließ ich sie vorsorglich in meinen österreichischen Pass eintragen, damit man uns nicht trennen konnte. Durch unsere Heirat galt Julie automatisch als österreichische Staatsbürgerin. Das zog aber, wie wir erst hinterher erfuhren, die Gefahr nach sich, dass man sie nach Österreich hätte ausweisen können! So schickte ich meinen Pass erneut zur Botschaft, um sie wieder daraus streichen zu lassen.

Das jüdische Flüchtlingshilfswerk beriet uns in dieser Angelegenheit und erbot sich, notfalls einen Musterprozess zu führen. Julie dürfe nur dorthin abgeschoben werden, wo sie hergekommen sei. Zurück aufs chinesische Festland aber könne man sie nicht schicken, da dort nun die Kommunisten regierten. Damals herrschte in Amerika eine stark antikommunistische Einstellung, so dass das ein cleveres Argument war. Zu guter Letzt wurde sie als Flüchtling aus Rotchina anerkannt und erhielt eine Einwanderungskarte. Fünf Jahre später konnte sie damit Amerikanerin werden. Erst als klar war, dass sie auf Dauer bleiben durfte, konnten wir uns bewusst für Nachwuchs entscheiden. Als Mutter eines Amerikaners war sie dann doppelt abgesichert. Überglücklich konnte ich per Telegramm die Geburt eines gesunden Buben nach Wien melden:

> *28 VII 53 GRATULIERE DEN GROSSELTERN DAVID JONATHAN SOKAL GEBOREN DREIEINVIERTEL KILO KUESSE BERTL +*

Die Geburt selbst verlief dramatisch. Unser Sohn wurde mit Hilfe einer Zange zur Welt gebracht, und im ersten Moment sah es wegen der dadurch verursachten Deformation so aus, als ob er zwei Köpfe hätte. Der Arzt versuchte mich zu beruhigen: »Keine Sorge, in ein paar Tagen hat er nur noch einen.« David wirkte überraschend chinesisch und erinnerte uns stark an Julies Bruder Wanchün. Als ich aus der Klinik nach Hause zurückkehrte, in die ehemalige Militärbaracke in Lawrence, Kansas, die wir provisorisch bezogen hatten, setzte ich mich erst einmal ermattet auf die Stufen nieder. So groß die Vaterfreude auch war, brachte sie doch zugleich eine schwere Verantwortung mit sich. Unser Leben wurde durch David noch einmal ernster und gravierender. Allerdings nahm er uns allein durch seine bloße Existenz auch eine große Sorge ab: Er war der erste richtige Amerikaner von uns dreien und verbesserte schlagartig unseren behördlichen Status.

Vor allem deswegen reiste ich 1954 zurück nach Wien. Es war keine Heimkehr, denn ich hatte nicht vor zu bleiben. Ich wollte in meiner Geburtsstadt ein amerikanisches Dauervisum mit Arbeitsgenehmigung beantragen, um dann nach Ablauf der vorgeschriebenen fünf Jahre um meine Einbürgerung nachsuchen zu können. Das Geld für die Überfahrt musste ich mir leihen. Von New York aus durchquerte ich schließlich meinen dritten Ozean, um nach fünfzehn Jahren wieder an den Ausgangspunkt meiner Odyssee zurückzukehren. In Le Havre nahm ich den Frühzug nach Paris, wo ich den Tag über Zeit hatte, mir die

Stadt anzusehen. Als ich am nächsten Abend todmüde in Wien eintraf, waren die Eltern nicht wie verabredet am Bahnsteig. Erst wollte ich sie anrufen, hatte aber kein Kleingeld. So nahm ich mir ein Taxi und fuhr zu unserer alten Wohnung in der Favoritenstraße. Nach jahrelangen demütigenden Auseinandersetzungen hatten die Eltern sie schließlich zurückbekommen. Der Zwischenmieter, ein ehemaliger Nazibeamter, hatte das Feld geräumt, freilich nicht ohne meinem Vater die Verfahrenskosten abzupressen und die Übersiedlungsauslagen für sich und seine Töchter noch dazu.

Diesmal brannte kein Licht im Mezzanin des altvertrauten Hauses. Ich musste erst die Hausbesorgerin wecken – es war eine andere als zu meiner Zeit –, um überhaupt hineinzukommen. Die Palmen waren verschwunden, die Portiersloge war fort, der Teppich fehlte. In den Aufzugschacht war eine Bombe gefallen, aber glücklicherweise nicht explodiert. Ich stieg die Treppe hoch und läutete an der Tür. Es stand noch immer Sokal daran, oder vielmehr wieder. Meine Mutter kam schlaftrunken heraus und sah mich an wie ein Gespenst. Denn ich hatte mich um einen Tag vertan. »Der Bub ist da!«, weckte sie den Vater, der verwundert im Nachthemd herausschlurfte. Und wieder erschien er mir für Sekunden seltsam fremd. Wir hatten uns sieben Jahre lang nicht gesehen.

*Aber du sage mir nun*
*und gib mir wahrhafte Kunde,*
*Wie du geirrt in der Fremde,*
*zu welchen Orten der Menschen*
*Du auf der Fahrt gekommen,*
*in welche wohnlichen Städte,*
*Hin zu wilden, grausamen*
*Menschen oder gerechten,*
*Welche die Götter scheuen*
*und gastlich die Fremden empfangen.*
*Sag uns, warum im Herzen du weinst*
*und aufseufzt vor Kummer.*

Homer, *Odyssee*, achter Gesang

Die meisten Möbel in der Wohnung waren neu. Ausgerechnet den Flügel aber hatten sie zurückbekommen, und auf einer Anrichte standen Großmutter Julies silberne Sabbatleuchter. Ich schlief im Salon, von dessen Vorkriegsglanz freilich kaum mehr etwas übrig war. Ein Tiroler Bauerntisch und die dazugehörige Sitzecke im Speisezimmer entpuppten sich als beschlagnahmtes Nazigut. Die Stadt Wien hatte den Eltern nach ihrer Rückkehr 1947 eine provisorische Wohnung angeboten, aus der dann auch etliche Möbelstücke in die Favoritenstraße mit übersiedelt waren. Über der Sitzbank hing ein fast lebensgroßes Porträt von mir. Ein Herr Ballabene, akademischer Maler in Wien, hatte es unter Zuhilfenahme einer Fotografie angefertigt. Unter normalen Verhältnissen hätte er sich mit einer solchen Arbeit wohl nicht abgegeben, doch in der Nachkriegszeit waren Farben und Chemikalien für Künstler schwer zu bekommen gewesen. So hatte er mit meinem Vater einen Tauschhandel abgeschlossen: Farben gegen Bilder. Es hingen noch weitere Gemälde von ihm in der Wohnung: *Sonnenblumen*, *Wiener Stadtpark* und *Der Auszug von KZ-Insassen nach ihrer Befreiung*.

Natürlich kam ich mit höchst gemischten Gefühlen zurück nach Österreich. Objektiv betrachtet waren wir zweifellos Opfer der Gewaltherrschaft gewesen. Doch was hätte ich wohl getan, wenn der Nationalsozialismus nicht mit Antisemitismus gepaart gewesen wäre? Wenn die Nazis zwar eine Diktatur im Stile Mussolinis errichtet hätten, aber ohne Rassenwahn und Judenverfolgung? Wäre ich dann nicht ein loyaler Österreicher geblieben, wäre womöglich auch zum Krieg eingezogen worden? Wahrscheinlich ja. Auch meine Eltern hätten wohl versucht, es unter solchen Verhältnissen auszuhalten. Wäre es mir dann besser ergangen? Wahrscheinlich nein. So aber brachte ich es als Wissenschaftler zu weit mehr, als ich in Österreich je hätte erreichen können.

Wien hatte sich scheinbar wenig verändert. Nur gab es überall Kriegsschäden, und an allem musste gespart werden. Das Spital etwa, in dem damals mein Leistenbruch operiert worden war, lag in Trümmern. Um die Ecke gab es eine Filiale der Stadtbibliothek, und so nahm ich meine geliebten Gänge zur Bücherei wieder auf. Ich wollte lediglich sechs Wochen bleiben, wegen bürokratischer Komplikationen wurden jedoch volle fünf Monate daraus. Der Zustand der Unbehaustheit, den ich nun seit unserer erzwungenen Emigration aus Österreich zu ertragen hatte, wollte noch immer kein Ende nehmen. Während dieser fünf bangen Monate saß Julie mit dem Kind allein in Kansas. Wie würde sie dort zurechtkommen, fast ohne Geld? Es war niemand da, der ihr hätte zur Seite stehen können. Um uns zu unterstützen, gab ihr der Leiter meines Fachbereichs etwas Heimarbeit. Charles Michener war und ist die Weltautorität für die Systematik der Bienen. Für ihn durfte sie alle Arten von Bienen sortieren, bestimmen, aufspießen und abzeichnen. Sie konnte aber nur dann ungestört arbeiten, wenn unser Sohn schlief, und so saß sie oft bis vier Uhr morgens am Schreibtisch. Wenn sie sich endlich für ein paar Stunden ins Bett legte, in dem auch David schlief, umstellte sie es mit Stühlen, so dass er nicht hinausfallen konnte. Gelegentlich hielt sie ihm ein Foto von mir vor, damit er mich nicht ganz vergessen würde.

Mit Müh und Not ließen sich die Probleme mit der Einwanderungsbehörde schließlich klären. Uns beiden fiel ein Stein vom Herzen, als ich zu Neujahr 1955 endlich nach Hause zurückkehrte. Kurze Zeit später war Julie dann wieder schwanger.

*8 XI 55 NUMMER ZWEI HANNAH JUDITH 3,74 KILO MUTTER KIND WOHL BLEIBT GESUND GRUESSE KUESSE BRIEF FOLGT +*

Einer kommt, einer geht. Im Januar 1957 erlitt mein Vater unerwartet einen Herzinfarkt und starb drei Tage später. Bis Mutters Brief mich erreichte, war er bereits beerdigt worden. Am folgenden Freitag fuhr ich in die Synagoge nach Topeka, um das Kaddisch zu sprechen, das jüdische Totengebet. Während dieser Woche stiegen viele Erinnerungen an die Kindheit in mir auf. Ich bereute manch verpasste Gelegenheit, manch versäumtes Gespräch mit dem Vater. Traurig war auch, dass er keine Möglichkeit mehr gehabt hatte, David und Hannah zu sehen. Immerhin hatte er sich aus der Ferne für beide Enkelkinder begeistert, hatte uns gemeinsam mit der Mutter Geld und Pakete geschickt, mit Spielsachen, Kinderbekleidung und etwas Schönheitspflege aus dem bewährten Sortiment von Farben-Sokal.

Erst meine zweite Reise nach Wien trug tatsächlich den Charakter einer Rückkehr. 1959 legte ich ein Sabbatjahr in London ein, gemeinsam mit Julie und den Kindern. Mehrere Male besuchten wir dort Tante Frieda und Cousine Fela; Onkel Lonio war damals leider schon verstorben. Und sobald es sich einrichten ließ, fuhren wir mit unserem nagelneuen Simca quer durch Europa nach Wien. In der Vorstadt hielten wir noch einmal an, um David und Hannah zurechtzumachen. Meine Mutter hatte die Kinder ja noch nie gesehen. Weder sie noch unsere Vorfahren hätten es sich je träumen lassen, dass Chinesen in die Familie kommen könnten. Freilich hätten sie auch nie geglaubt, dass diese Familie nur mit knapper Not überhaupt noch bestehen würde. Wieder öffnete sich also die Tür. Die Wohnung war auf Hochglanz poliert, alle Lichter brannten. Die Mutter kam heraus. Sie beachtete Julie und mich jedoch kaum, sie sah nur die Kinder. Und vom ersten Augenblick an war es Liebe.

# Epilog

## Was aus den Menschen wurde …

Robert und Julie Sokal leben heute in einer Seniorenresidenz auf Long Island. Gefragt, in welcher Phase ihres Lebens sie sich am innigsten geliebt hätten, antworteten sie übereinstimmend: »Jetzt.« Ihre Kinder wurden im jüdischen Glauben erzogen. David ist als Finanzberater tätig und lebt mit seiner Frau, einer katholisch getauften Amerikanerin, und der gemeinsamen Tochter in der Nähe von New York. Hannah betreut als städtische Angestellte den sozialen Wohnungsbau in New Haven. Sie hat mit ihrem Mann, einem Afroamerikaner jüdischen Bekenntnisses, zwei Töchter und einen Sohn. Nach anfänglichem Widerstreben haben sie den konfiszierten Bauerntisch mitsamt Sitzecke in ihr Heim integriert. Auch einige andere Motive aus der weltumspannenden Lebensgeschichte der Sokals wirken nach. Sowohl die Kinder wie auch die Enkelkinder haben zum Beispiel Erich Kästners *35. Mai* mit lebhafter Anteilnahme gelesen. Und Hannah möchte neuerdings von ihrer Mutter das Mah-Jongg-Spiel beigebracht bekommen.

Roberts weitere wissenschaftliche Laufbahn verlief geradlinig und übeaus erfolgreich. Nach der Dissertation widmete er sich zunächst vor allem der Biostatistik oder Biometrie. Sein gemeinsam mit James Rohlf verfasstes Lehrbuch, in Fachkreisen als »die Bibel« geläufig, hat mittlerweile Generationen von Studenten auf der halben Welt in dieses Metier eingeführt. Noch in den

Fünfzigerjahren begründete er zusammen mit Peter Sneath eine eigene Spezialdisziplin, die numerische Taxonomie: die Klassifizierung von Organismen mittels mathematischer Methoden und einer Technologie, die eben erst erfunden worden war – dem Computer. Anfangs umstritten, gehören von Sokal entwickelte Verfahren wie die Clusteranalyse längst zum Standard in der Biologie wie auch in vielen anderen Disziplinen von der Medizin bis zur Marktforschung. Das größte und folgenschwerste lebenswissenschaftliche Projekt unserer Tage, die Entschlüsselung des menschlichen Genoms, wäre ohne seine rechnerischen Vorarbeiten undurchführbar.

Später zählten Populationsdynamik, Humangenetik und Migrationsforschung zu seinen Schwerpunkten. Für seine Datenbank der europäischen Ethnogeschichte etwa durchforstete er 891 Völkerschaften, die im Laufe der letzten 4000 Jahre auf diesem ruhelosen Kontinent umhergewandert sind. Dass ausgerechnet ein Emigrant jene Themen wiederbelebte, die durch den Biologismus der Nationalsozialisten in Misskredit geraten sind, dass er just die Biostatistik revolutionierte, die niemand anderer als Francis Galton, der »Vater der Eugenik«, begründete – das lässt sich als eine pikante Pointe der Wissenschaftsgeschichte ansehen und als ein Sieg der Vernunft. Noch heute nimmt Sokal, über die Jahre mit zahlreichen Ehrungen ausgezeichnet, schreibend und forschend am wissenschaftlichen Leben teil.

Klara Sokal starb 1979 in Wien. Gemeinsam mit ihrem Mann Fritz liegt sie im Familiengrab auf dem Zentralfriedhof beerdigt. Unweit davon befinden sich sowohl das Grab ihrer Eltern, Isidor und Jeanette Rathner, als auch das seiner Eltern, Rubin und Julie Sokal.

Ihre Schwester Frieda und ihr Schwager Lonio Lagstein lebten nach dem Krieg bei ihrer Tochter Fela in London. Sie hatte einen Offizier der tschechischen Exilarmee geheiratet und zwei Kinder mit ihm. Ihr Medizinstudium konnte sie nicht wieder aufnehmen, arbeitete jedoch eine Zeit lang als Apothekerin, später als Lehrerin. Lonio Lagstein starb Anfang der Fünfzigerjahre, Frieda 1966 im Beisein ihrer Schwester Klara. Fela blieb bis zu ihrem Tod 2002 in London wohnen.

Kurt Rathner dagegen, der als Sechsjähriger nach Manchester evakuiert worden war, ging als junger Mann noch einmal auf und davon: nach Australien. Durch Zufall machte Robert Sokal ihn 1993 dort ausfindig. Abgesehen von Fela, mit der Kurt in England Kontakt gehalten hatte, war dies nach 55 Jahren der erste Verwandte, mit dem er sprechen konnte. Er ist Vater von fünf Kindern.

Otto Schnepp brachte es zum Professor für Chemie an der University of Southern California in Los Angeles. In den Achtzigerjahren war er als Wissenschaftsattaché an der amerikanischen Botschaft in Peking tätig.

Lily Chen ging Ende der Fünfzigerjahre von Hongkong in die USA, wo sie eine Stelle am Brookhaven National Laboratory bekam, keine vierzig Kilometer vom Wohnort der Sokals entfernt. Eines Tages erzählte ihr ein Kollege von seiner Begegnung mit einem Österreicher und einer Ningponesin … Seither stehen sie miteinander wieder in herzlicher Verbindung.

Professor Yuanting Chu trat nach der Machtübernahme in die Kommunistische Partei ein und brachte es zum Mitglied der Volksversammlung.

Hsiuchu Yang starb 2004 in Schanghai. Eine ihrer Töchter bewohnt mit Ehemann und Sohn eine kleine Wohnung in jenem Haus, das einst als »Yangs Dorf« bekannt war.

## Wie dieses Buch enstand ...

Vor einigen Jahren erzählte mir Sonja Mühlberger, die einst als Flüchtlingskind am Whangpu zur Welt kam, von ihrer Bekanntschaft mit Robert und Julie Sokal. Selbst mit einer Chinesin liiert, ließ mich diese Geschichte aufhorchen. Dank Julie konnte man hier die Zeit des Schanghaier Exils zum ersten Mal von beiden Seiten her erzählen. Denn in allen Flüchtlingsmemoiren, aber meist auch in der wissenschaftlichen Literatur, fungieren die Chinesen bestenfalls als Komparsen. Von 2003 an habe ich das Ehepaar Sokal dann mehrfach auf Long Island besucht und ausgiebige Gespräche mit ihnen geführt. Das zutage geförderte Material reicherten wir in umfänglichen Schriftwechseln weiter an. Zugleich recherchierte ich vor Ort an allen wichtigen Schauplätzen.

Einige Male standen dabei Menschen, die mir als Figuren längst vertraut geworden waren, plötzlich leibhaftig vor mir. Etwa Julies Schwägerin Wang Wan-yi, von der sie vor zwanzig Jahren das letzte Mal gehört hatte. Mit Hilfe mehrerer Polizeistationen in Ningpo konnten wir sie tatsächlich ausfindig machen. Wie sie dann, im Damensitz auf dem Gepäckträger thronend, zusammen mit ihrem Sohn angeradelt kam, werde ich nie vergessen.

Mit fast allen chinesischen Gewährsleuten dieser Generation gestalteten sich die Gespräche jedoch unerwartet mühsam. Mir scheint, dass es in China eine gänzlich andere Erinnerungs- und Verdrängungskultur gibt als in der westlichen Welt. So trifft man dort so gut wie keine Nostalgie – und die beschwört ja noch die süßen Seiten der Vergangenheit. An die bitteren will erst recht niemand rühren. Nicht allein, weil dies wehtun würde, sondern weil es belastendes Material zutage fördern könnte. Zehn Jahre Kulturrevolution haben selbst die Gedächtnisse verwüstet. Es konnte lebensgefährlich sein, sich an die falschen Dinge zu erinnern; und so ganz opportun ist dies wohl bis heute nicht.

Symptomatisch dafür war der Besuch bei Julies Schwester Hsiuchu. So bereitwillig sie uns empfing, so langwierig war doch auch mit ihr die Erinnerungsarbeit. Entsprechend elektrisiert war ich, als sie schließlich ein Fotoalbum hervorholte. Endlich würde die Familiengeschichte Gestalt annehmen! Doch das Album war leer. Leer bis auf ein paar wenige nichtssagende Bilder. Alle anderen hatte sie vor vierzig Jahren schon verbrannt. Nur die Fotoecken klebten noch auf dem matten Anthrazit der Pappe, letzte Indizien eines einst blühenden Familienlebens. Diese elfenbeinfarbenen Dreiecke auf grauem Grund, Platzhalter einer ausgelöschten Vergangenheit, haben sich mir stärker eingeprägt, als jedes Foto es vermocht hätte.

So glich denn die Arbeit an diesem Buch oft genug einer archäologischen Rekonstruktion, die aus verschütteten Fragmenten vergangenes Leben wiedererstehen zu lassen sucht. Insgesamt spiegelt der Bericht weniger den damaligen, zwangsläufig beschränkten Kenntnisstand der jugendlichen Helden wider, sondern ist aus der wissenden Rückschau erzählt. Die persönlichen Geschichten von Robert und Julie fußen auf den Interviews, während für die unpersönlich gehaltenen Teile, die vor allem den zeit- und kulturgeschichtlichen Hintergrund schildern, ich allein verantwortlich zeichne. Freilich durchdringen die verschiedenen Ebenen einander, und eine Zerlegung dieses Gemeinschaftswerkes in seine Bestandteile wäre vermutlich noch komplizierter als deren Verknüpfung.

Die Schreibweise der chinesischen Namen orientiert sich an der seinerzeit gebräuchlichen Umschrift nach Wade-Giles, wobei ich jedoch häufiger der eingebürgerten deutschen Schreibart den Vorzug gegeben habe. Zu verschiedenen Zeiten und in verschiedenen Sprachen waren jeweils unterschiedliche Umschriften in Gebrauch. Obwohl manches an diesen Systemen mittlerweile antiquiert anmutet, ist die so hervorgerufene Patina doch durchaus erwünscht. Denn wir sind ja schließlich Nostalgiker.

*Berlin, im Dezember 2007*
*Stefan Schomann*

# Dank

Eines Nachmittags erwähnte Sonja Mühlberger beiläufig Robert und Julie Sokal – und brachte den Stein so ins Rollen. Sie hat meine Arbeit auch später freundschaftlich begleitet und mir allein schon durch ihre unbefangene Art immer wieder Mut gemacht.

Weitere »Schanghailänder« steuerten Einsichten und Episoden bei, insbesondere Warner Bergh, Fred Fields, Gerda Gentsch, Illo und Ernest Heppner, William Schurtman.

Hsiuchu Yang, oder, um der chinesischen Konvention die Ehre zu geben, Yang Hsiuchu, konnte ihrer Schwester Chenchu noch mit manch kostbarer Kindheitserinnerung zur Seite stehen.

Was den Sprachentransfer angeht, wäre ich ohne Bao Er-li, Cheng Ying, Tilman Lesche, Song Xin-yan und, wie so oft, Alice Grünfelder nie auf einen grünen Zweig gekommen. Dass Tess Johnston, die *Grande Dame* der Kulturgeschichte Schanghais, das Manuskript geprüft hat, rechne ich mir zur Ehre an. Ihrem Archiv konnte ich manche Stichprobe entnehmen; hätte ich mehr Zeit gehabt, säße ich womöglich heute noch dort.

Für Rat und Tat danke ich außerdem sehr herzlich: Till Bartels, Louis Begley, Mira Beham, Helmuth Braun, Christiane Breustedt, Blandina Brösicke, Charles Coles, Svea und Jürgen Feldhoff, Gabriele Geiger, Susanne Geipert, Gong Lie-fei, Karin Gross, Peter Hibbard, Henry Hong, Lionel von dem Knesebeck, Eduard Kögel, der Buchhandlung Kohlhaas & Company, Anne Laxy, Lu Ming-yu, Christine Meyke, Ursula Nagy, dem Old China

Hand Reading Room, den überraschend hilfsbereiten Besatzungen diverser Polizeistationen in Ningpo und Schanghai, Paul Rosdy, Thomas und Stefan Maria Rother, Barbara Schaefer, Silke Schauder, Wolf Jobst Siedler jr., Heribert Steinbauer und Reingard Grübl-Steinbauer, Lily Tang, Tanja und Max von Unger, Irene Wagner, Wang Fa-liang, Wang Wan-yi, Margot Weber, Wei Da-jie, Stefan Weidle, Willi Winkler, Holger Wolandt, Isabel Wolte, Wu De-xuan und Zhou Jiong.

Von Herzen danke ich schließlich meiner Freundin Hui. Ohne sie hätte ich dieses Buch womöglich nie begonnen, sicherlich aber nie zustande gebracht. So stellt es buchstäblich »einen Kristall der Liebe« dar – wo men de ai qing de jie jing!

Mein allergrößter Dank gilt Julie und Robert Sokal. Sie ließen nicht nur standhaft zahllose Fragen über sich ergehen und opferten diesem Unternehmen viele Tage. Sie ertrugen auch einen eigentümlichen Eingriff in ihr Leben, dem weniger großherzige Naturen sich früher oder später verweigert hätten: die Metamorphose von der Person zur Figur, und von der Erinnerung zur Erzählung.

# Quellen

## Literatur

Für diejenigen, die sich weiter in das Thema des Schanghaier Exils vertiefen möchten, hier eine Übersicht über die wichtigsten Publikationen.

Mittlerweile gibt es eine erfreulich große Zahl von Schicksalsberichten und Memoiren von Zeitzeugen. An erster Stelle sei Ernest Heppners *Fluchtort Shanghai* genannt, ein bewundernswertes Stück Erinnerungsarbeit und eine wertvolle Quelle dazu. Zu den frühesten deutschsprachigen Veröffentlichungen gehörten die Bücher von Alfred Dreyfuß, Peter Finkelgruen, Julius Kaim, Alfred Kneucker und Franziska Tausig. Auf Englisch liegen unter anderem Erinnerungen von Ursula Bacon, Hans Cohn, Horst Eisfelder, Theodor Friedrichs, Hannelore Heinemann Headley, Rena Krasno, Anna Lincoln, Mildred O'Leary Katemopoulos, George Reinisch, Evelyn Pike Rubin und Sigmund Tobias vor. Berl Falbaum, Antonia Finnane und Steve Hochstadt haben darüber hinaus lesenswerte Sammelbände herausgebracht.

Auch Sonja Mühlberger, die vermutlich jüngste, weil noch im Mutterleib ausgewanderte Emigrantin, hat ein kleines Büchlein mit Kindheitserinnerungen veröffentlicht: *Geboren in Shanghai*. Da die sogenannte Erlebnisgeneration unausbleiblich wegstirbt, werden in Zukunft wohl vermehrt die Nachfahren alter »Shanghailander« deren Geschichten veröffentlichen. Ein Beispiel hierfür liefert Vivian Jeanette Kaplans Bericht *Von Wien nach Shanghai*. Michèle Kahn hat in *Shanghai* versucht, den Stoff in Form eines Romans zu bewältigen; von Tom Bradby gibt es einen spannenden Krimi, *Der Herr des Regens*.

Zu den journalistischen Klassikern jener Zeit gehören Ernest Hausers *Shanghai, City for Sale* und Percy Finchs *Shanghai and Beyond*. Noch heute beeindrucken die China-Reportagen des unnachahmlichen Egon Erwin Kisch, der dort schon damals als »Iasendel Lepoltel« geläufig war. Karl Eskelunds mitreißende Geschichten aus der gleichen Zeit sind leider nur mehr schwer aufzutreiben, lohnen aber jede Mühe. Die legendäre *Gelbe Post* des Adolf Josef Storfer dagegen ist vor einigen Jahren in einem Reprint erschienen, vorzüglich herausgegeben von Paul Rosdy. Ein eindrückliches Bild der unmittelbaren Nachkriegszeit liefert Jack Birns' Fotoband *Assignment Shanghai*. Unter den Künstlern der Emigration sind vor allem David Ludwig Bloch und Friedrich Schiff zu nennen.

Je weniger Zeugen des Schanghaier Exils noch leben, desto zahlreicher wird die wissenschaftliche Literatur darüber. Die erste umfassende Studie legte 1971 David Kranzler vor; alle weiteren Publikationen ruhen auf seinen Schultern. So etwa die von Marcia Reynders Ristaino und James Ross. Astrid Freyeisens groß angelegte Forschungsarbeit über *Shanghai und die Politik des Dritten Reiches* zählt mittlerweile ebenfalls zu den Standardwerken.

Eine überaus lesenswerte Gesamtdarstellung über das Schanghai jener Jahre hat Harriet Sergeant vorgelegt; auch Barbara Baker, Alan Balfour, Noel Barber, Stella Dong, Peter Hibbard, Tess Johnston, Steffi Schmidt und Frederic Wakeman widmeten sich eingehend dieser unerschöpflichen Metropole. Die natürlich auch zahlreiche Spezialgebiete eröffnet. So hat Gerd Kaminski mehrfach über die Verbindungen zwischen Österreich und China publiziert, Michael Philipp unter anderem über das

Exiltheater geforscht, Andreas Steen über die Musikindustrie und Matthias Messmer über die vielfältigen interkulturellen Beziehungen. Bernard Wasserstein spürte den Geheimagenten nach, Gail Hershatter untersuchte das horizontale Gewerbe, Maysie Meyer forschte den Bagdader Juden in Schanghai nach. Eine bewegende Lektüre bilden auch Hillel Levines Recherchen über Chiune Sugihara.

Im deutschsprachigen Raum leitete der von Hajo Jahn herausgegebene Band *Zwischen Theben und Schanghai* eine gründlichere Beschäftigung mit dem Thema ein. Die vielleicht wichtigste Station war die Ausstellung *Leben im Wartesaal*, die im Jüdischen Museum Berlin zu sehen war. Daran schloß sich der breit angelegte Sammelband *Exil Shanghai* an, herausgegeben von Georg Armbrüster, Michael Kohlstruck und Sonja Mühlberger. Eine überaus ergiebige Quelle bildet auch die Schanghai gewidmete Doppelnummer der österreichischen Zeitschrift *Zwischenwelt*, die 2001 erschienen ist.

Im Schanghai jener Jahre war die Lokalgeschichte zugleich auch Weltgeschichte, und umgekehrt. Chinesische und chinesischstämmige Autoren widmen sich heute ebenfalls verstärkt dieser Epoche; freilich ist nur ein Bruchteil davon auf Englisch verfügbar. In Schanghai selbst folgen Professor Pan Guang (Guang Pan) und seine Mitarbeiter seit Jahren den Spuren der jüdischen Emigranten. Lynn Pan hat mehrere exzellente Studien zur Stadtgeschichte vorgelegt, der Fotograf Deke Erh etliche Bildbände über die Relikte von Alt-Schanghai. Weitere Untersuchungen stammen beispielsweise von Bangqing Han, Weijian Liu, Hanchao Lu, Auyi Wang, Wen-hsin Yeh, Meng Yue und Zhongli Zhang. Vor kurzem hat auch Monto Ho seine bewegte Lebensgeschichte unter dem Titel *Several Worlds* veröffentlicht. Bestürzend, doch für ein wahrhaftiges Bild dieser Zeit unerläßlich ist die Lektüre von Iris Changs *The Rape of Nanking*.

Frankreich besitzt seine eigene große Tradition der Schanghai-Literatur. Einen guten Überblick bietet der opulente Katalog *Le Paris de l'Orient*, der zu einer Ausstellung des Musée Albert-Kahn herauskam. Wichtige Monographien stammen unter anderem von Marie-Claire Bergère, Guy Brossolet, Christian Henriot und Françoise Kreissler. Anne-Marie Cousin hat eine hübsche kleine Anthologie herausgebracht.

Auch einige Dokumentarfilme handeln vom Schanghaier Exil. Der überzeugendste stammt von Joan Grossman und Paul Rosdy: *The Port of Last Resort (Zuflucht in Shanghai)*. Bereits Anfang der achtziger Jahre drehte Lutz Mahlerwein einen ersten Film darüber. Später widmeten sich auch Diane Perelsztejn, Ulrike Ottinger, Peter Finkelgruen und Otto Tausig dem Thema.

Last not least: der Klang von Schanghai. Die Symphonie dieser Großstadt erklingt auf der bei Winter & Winter erschienenen CD *Metropolis Shanghai.*

Für die Bereitstellung eines reichen Fundus bin ich der Staatsbibliothek zu Berlin, der Bibliothek des Jüdischen Museums Berlin und der Cambridge Public Library (der in Massachusetts) besonders verpflichtet. Alle paar Monate die unter Federführung von Ralph Harpuder stehende Website www.rickshaw.org zu besuchen, war jedesmal eine Freude und gab manche Anregung. Einmal mehr hat Schanghai nun eine abenteuerliche Geschichte hervorgebracht, und ich schätze mich glücklich, zur Gesellschaft jener zu gehören, die von dieser fernen, ganz und gar unwahrscheinlichen Stadt einfach nicht lassen können.

# Bildnachweis

Dokumentationsarchiv des österreichischen Widerstandes:
Bildteil II, S. 1 unten

Österreichische Nationalbibliothek:
Bildteil I, S. 12

Ullstein Bild:
Bildteil I, S. 2, S. 5, S. 9 unten links

United Nations Archives Unit:
Bildteil II, S. 12 oben

www.histamar.com.ar:
Bildteil I, S. 8 oben

Aus: Jack Birns, *Assignment Schanghai. Photographs on the Eve of Evolution*, erschienen bei University of California Press:
Bildteil II, S. 5

Aus: *Gelbe Post* Reprint, erschienen bei Verlag Turia + Kant, Wien:
Bildteil II, S. 1 oben rechts und links

Aus: *The Jews in Shanghai*, erschienen bei Shanghai Pictorial Publishing House:
Bildteil I, S. 7 oben, S. 9 oben und unten rechts

Vorsatz und Nachsatz sind Originale von Schanghai-Postkarten aus den Dreißiger Jahren.

Alle anderen Bilder stammen aus dem Privatbesitz von Juli und Robert Sokal. Der Verlag dankt für die freundliche Abdruckgenehmigung.